| 한국의 선거 60년사 |

노태우, 김영삼 정부의 선거

민주화 과정의 출발과 지역주의의 폭발

4

김욱 저

마인드탭
MIND TAP

이 저서는 2011년 대한민국 교육부와 한국학중앙연구원(한국학진흥사업단)의 한국학총서사업(모던코리아 학술총서)의 지원을 받아 수행된 연구임
(AKS−2011−DAE−3102)

한국의 선거 60년사 ④

노태우, 김영삼 정부의 선거: 민주화 과정의 출발과 지역주의의 폭발

머 리 말

한국의 선거사를 연구하고 공부한다는 것은 두 가지의 의미를 갖는다. 하나는 한국의 현대사를 선거라는 현상을 통해 보다 객관적인 시각에서 바라볼 수 있다는 것이다. 선거과정과 결과에 대한 해석은 물론 주관적이지만, 선거 자료 자체는 모두가 받아들일 수 있는 객관적인 실체이다. 따라서 비록 그 해석이 논자에 따라 주관적일 수는 있지만, 객관적 자료에 바탕하고 있다는 점에서 선거사 연구는 기존의 정치사 연구에 비해 객관성을 유지하는 데 있어서 유리하다.

선거사 연구의 다른 의미는 기존의 선거 연구가 가지고 있던 한계를 극복하는 데 도움이 된다는 것이다. 대부분의 기존 선거 연구가 통시적인 시각을 가진 분석보다는 그 당시의 주요 문제와 현안을 분석하는 데 초점을 맞추고 있다. 따라서 한국의 선거 과정과 결과가 역사적으로 어떻게 변천해 왔는가를 종합적으로 분석하는 작업은 기존 선거 연구가 결여하고 있는 통시적 시각과 역사적 맥락을 보충하는 데 크게 기여할 수 있을 것이다.

이 연구는 한국의 선거 60년사를 시기별로 나누어 진행되고 있으며, 본 저자는 그 중에 노태우·김영삼 정부 시기의 선거를 담당하고 있다. 노태우 정부와 김영삼 정부 시기의 선거는 한국 민주화 과정의 초기에 이루어진 선거이다. 따라서 이 시기의 선거는 한국 민주주의의 나아갈 방향을 결정하는 데 결정적인 영향을 미쳤다고 할 수 있다. 물론 선거 과정에서 여러 가지 문제점이 노출된 것이 사실이나, 그래도 커다란 혼란 없이 민주화 초기 시기의 선거가 실시되었다는 사실은 그 후 한국 민주주의가 조금씩 발전해 나아가는 데 긍정적으로 작용했다고 평가할 수 있을 것이다.

노태우·김영삼 정부 시기의 선거가 가지는 특징은 바로 지역주의의 폭발적인 분출이었다. 권위주의 시절 한국 선거의 가장 큰 균열구조는 도시 대 농촌, 그리고 그의 문화적 기반이었던 "민주화" 대 "안정과 성장" 대결 구도였다. 그런데 민주화가 진행되면서 기존의 균열구조가 약화되었고, 그에 대신하여 지역 대결 구도가 한국 선거의 가장 중요한 균열축이 되었다. 이 시기에 고착화된 지역주의와 지역 대결 구도는 그 이후 시기의 선거에서도 계속 그 독점적인 지위를 이어오다가 최근에 들어서야 세대 및 이념 대결 구도의 등장으로 다소 약화되는 모습을 보이고 있다. 그러나 여전히 한국의 선거에서 지역주의를 빼고 논의하는 것이 불가능할 정도로 그 영향력은 상당하다.

본인은 이 두 가지, 즉 민주화 과정의 출발이라는 역사적 맥락, 그리고 지역주의의 폭발이라는 정치균열구조의 특성을 중심으로 이 연구를 수행하고자 하였다. 이를 통해 한국의 근현대사 연구 및 선거 연구 두 연구 모두에 기여하고자 하였다. 다만 본인의 정체성이 역사학자보다는 선거연구자에 가깝기 때문에 역사 연구보다는 선거 연구에 조금 더 치우친 면이 있었을 것임을 밝힌다.

이 연구를 진행함에 있어서 많은 사람과 기관의 도움이 있었다. 한국학중앙연구원 한국학진흥사업단의 재정적 지원은 본 연구의 기반을 마련해 주었다. 중앙선거관리위원회는 본 연구에 필요한 다양한 기초 자료를 제공해 주었다. 그리고 이 연구 총괄을 맡아 진행해 온 신두철 교수님과 신 교수님을 옆에서 도와 온 조예진 간사에게 깊은 감사를 드린다. 또한, 함께 연구를 진행하면서 본인에게 많은 자극과 아이디어를 제공해 준 서복경 교수님, 엄기홍 교수님, 지병근 교수님(가나다 순)에게도 고마움을 표시하고 싶다. 그리고 출간을 위해 애써 주신 마인드탭 김중용 대표와 김인숙 과장을 비롯한 스태프에게 감사드리며, 원고 수정이 지연된 점에 대해서 다시 한 번 미안한 마음을 전하고 싶다.

이 연구의 진행 시기, 특히 집필 시기는 본인에게 있어서 개인적으로 무척 힘든 시기였다. 이 힘든 시기를 이겨내면서 연구를 마칠 수 있었던 것은 가족의 사랑 덕분이었다. 너무도 부족한 나에게 과분한 사랑을 베풀고 먼저 하늘나라로 간 아내, 그리고 옆에 있어 주는 것만으로도 큰 위로가 되는 두 아들에게 나의 사랑을 고백한다.

2016. 11.

김 욱

차 례

제1장 서 론

제2장 노태우, 김영삼 정부 시기의 역사적 배경과 정치적 의미

제3장 노태우 정부 시기의 선거

제4장 김영삼 정부 시기의 선거

제5장 결론: 노태우, 김영삼 정부 시기의 선거에 대한 종합 평가와 시사점

제 1 장 서 론

CHAPTER

01 서 론

민주주의는 완성형이 아니고 하나의 과정이라고 한다. 그러한 의미에서 민주화 과정은 장기적이고 지속적인 과정이라고 볼 수 있다. 모든 과정에서 출발점은 매우 중요하다. 전체 과정의 기본 틀을 결정하는 시기이기 때문이다. 노태우, 김영삼 정부 시기의 선거가 가지는 중요성이 바로 여기에 있다. 이 시기는 한국에서 민주화 과정이 본격적으로 출발한 시기이며, 따라서 당시의 선거는 향후 한국 선거 정치 및 민주주의의 발전 방향에 지대한 영향을 미칠 수밖에 없었던 것이다.

권위주의나 전체주의에서 벗어나 새로 민주주의를 시작하는 신생 민주주의 국가에 있어서 선거는 특별한 의미를 갖는다. 자유롭고 공정한 경쟁 선거의 도입만큼 민주주의의 탄생을 특징지어주는 것은 찾기 어렵기 때문이다. 독재자가 물러난 이후 처음 치러지는 선거는 '정초선거'(founding election)라고 불리는데, 이는 보통 투표참여율이 매우 높으며, 새로운 레짐의 시작을 알리는 사건이 된다.

이러한 정초선거의 중요성은 선거 결과보다는 새로운 질서에 정당성을 부여하는 데에서 찾을 수 있다. 정초선거란 민주주의에 대한 국민투표이자, 동시에 민주주의의 도래를 축하하는 행사이기도 한 것이다. 이러한 정초선거의 대표적인 사례로는 1994년 남아프리카공화국의 선거를 들 수 있으며, 한국의 경우 민주화 이후 처음 실시된 1987년 12월 제13대 대통령선거가 일종의 정초선거의 역할을 했다고 할 수 있을 것이다.

그런데 정초선거를 뒤 이어 치러지는 선거야말로 성공적인 민주주의의 정착에 대한 확실한 시험이 된다. 두 번째 선거부터는 과거 독재자를 물러나게 만들면서 국민들이 느꼈던 자신감과 행복감이 앞으로의 어려운 여정에 대한 보다 현실적인 평가에 의해 대체된다. 이처럼 현실적인 상황에서, 과연 신생민주주의 국가에서의 선거가 계속해서 제대로 작동할 수 있는가 하는 것이 문제이다.

따라서 신생민주주의 국가에서 지속적인 경쟁적 선거의 유지는 민주주의 공고화에 매우 중요한 기준이 된다. 그러나 단순히 정기적인 선거의 실시가 곧 민주주의 공고화를 의미하는 것은 아니다. 선거의 실시는 민주주의의 필요조건일 뿐, 충분조건은 아니기 때문이다. 선거의 질 유지, 그리고 그의 바탕의 되는 정치문화와 선거문화의 성숙이 뒤따라야만, 민주주의 공고화의 길로 접어들었다고 평가할 수 있을 것이다.

이러한 맥락에서 민주화 과정의 초기 시기라고 할 수 있는 노태우 정부와 김영삼 정부 하에서 실시된 선거에 대한 연구는 그 목적과 의의를 찾을 수 있다. 새로 시작하는 민주정치 및 선거제도는 어떠한 과정을 거쳐서 틀이 만들어졌는가? 민주화 과정의 첫 번째 선거(정초선거)는 얼마나 공정했으며, 또한 얼마나 많은 유권자들이 참여했는가? 이제 막 시작된 절차적 민주주의가 이 두 정부를 거치면서 어떻게 자리잡아 갔는가? 선거문화와 정치문화는 지속적으로 발전해 왔는가? 이러한 질문들에 답을 구하는 과정에서, 우리는 한국 민주화 초기 단계의 선거를 보다 폭넓은 관점에서 분석해 보고, 나아가 이 시기가 한국 민주주의의 공고화에 역사적으로 어떤 역할을 수행했는가를 평가할 수 있을 것이다.

노태우 정부와 김영삼 정부 시기의 선거가 가지는 또 한 가지 중요한 정치적 의미는 사회 균열구조 및 선거 갈등구조로서 지역주의의 폭발적 성장이다. 민주화가 시작되면서 과거 권위주의 시절 존재하던 경제성장과 민주주의 두 가치 간의 갈등(그리고 그의 표출로서 도농 간 갈등)이 약화되고 그 대신 지역 갈등이 압도적인 지위를 차지하게 된 것이다. 그리고 이러한 지역주의 및 지역 갈등의 부상은 향후 한국의 선거 및 정당체계의 발전에 지대한 영향을 미치게 된다.

이 글에서는 위의 두 가지 이론적 관점, 즉 민주화 과정의 출발 및 공고화, 그리고 지역주의의 폭발적 성장이라는 관점을 중심으로 노태우, 김영삼 정부 시기의 선거를 역사적으로 고찰해 보고자 한다. 이는 역사적 시각과 이론적 시각의 결합이라고 할 수 있다. 다시 말하면, 이 글은 이 시기의 선거를 단순한 역사적 사실 중심으로 서술하기보다는 민주화 과정과 지역주의라는 명시적인 이론적 시각을 가지고 이 시기의 선거를 재해석하고 의미를 부여하는 작업이라고 할 수 있을 것이다.

이 글에서는 노태우, 김영삼 정부 시기에 실시된 총 8회의 선거를 다루고 있다. 이에는 제13대 대선(1987년)과 제14대 대선(1992년), 제15대 대선(1997년) 등 3회의 대통령선거, 제13대 총선(1988년), 제14대 총선(1992년), 제15대 총선(1996년) 등 3회의 국회의원 선거, 그리고 최초의 지방의회의원선거(1991년), 제1회 전국동시지방선거(1995년) 등 2회의 지방선거가 포함된다(<표 1-1> 참조). 이 글에서는 각각의 선거에 대해서 당시의 정치적 상황, 선거제도, 선거행태와 선거운동, 선거결과 및 의의 등을 분석하고 논의한다. 그리고 노태우, 김영삼 두 정부 시기의 선거 각각에 대해서 총괄적으로 평가해 보고자 한다.

〈표 1-1〉 노태우·김영삼 정부 시기의 선거 총괄

	1987	1988	1991	1992	1995	1996	1997
대선	13대 (노태우 당선)			14대 (김영삼 당선)			15대 (김대중 당선)
총선		제13대		제14대		제15대	
지방선거			지방의회의원		제1회 전국동시		

제 2 장 노태우, 김영삼 정부 시기의 역사적 배경과 정치적 의미

CHAPTER

02 노태우, 김영삼 정부 시기의 역사적 배경과 정치적 의미

제1절 역사적 배경: 대통령 직선제 개헌과 제6차 국민투표

노태우, 김영삼 정부 시기의 선거가 가지는 의미를 이해하기 위해서는 그 역사적 배경에 대한 이해가 필수적으로 필요하다. 여기서는 제5공화국 시대의 권위주의 체제가 무너지고 보나 민주적인 제6공화국 헌법이 새로 만들어지는 역사적 과정을 간략하게 살펴보고자 한다.

1. 직선제 개헌 운동과 6·29 선언

1985년 2월 12일 제12대 총선에서 제1야당으로 부상한 신한민주당(신민당)의 이민우 총재는 1985년 5월 20일 12대 국회 본회의 대표연설에서 "대통령직선제로의 헌법 개정은 국민에게 정부선택권을 되돌려주는 헌법 정상화이며 국민적 합의의 실현"라고 주장하며 국회에 '헌법개정특별위원회'를 구성할 것을 제안했다. 신민당의 직선제 개헌 주장의 근거는 크게 네 가지였다. 첫째, 제5공화국 헌법은 유신헌법과 마찬가지로 사실상 평화적 정권교체가 불가능한 선거인단에 의한 간접선거로 대통령을 뽑게 되었다는 점, 둘째, 대통령이 입법·사법·행정 삼권 위에 군림하는 독재체제의 구조를 갖고 있다는 점, 셋째, 대통령의 임기가 7년이라 국민의 신임을 상실했을 경우에도 장기집권이 가능하다는 점, 넷째, 대통령 자신은 불신임 받는 제도가 없는데도 불구하고 일방적으로 국회를 해산할 수 있는 권한을 갖고 있다는 점이었다.

그러나 전두환 대통령은 1986년 1월 16일 연두국정연설에서 개헌에 대한 반대 입장을 분명히 했고, 여당인 민주정의당(민정당) 또한 전두환의 발언을 지지했다. 민정당은 직선제가 불가능한 이유를 네 가지로 들었다. 첫째, 86 아시안 게임과 88 올림픽과 같은 국제적 행사 앞에 대통령 선거는 국력낭비라는 점, 둘째, 오히려 국민이 원하는 것은 대통령직선제가 아니라 1인 장기집권 방지와 평화적 정권교체이라는 점, 셋째, 이미 현행 헌법에 대통령 7년 단임제의 전통 확립을 국민들에게 공약했기에 이를 성실히 준수해야 할 의무가 있다는 점, 넷째, 개헌에 대해 국민적 합의를 보기 어렵기 때문에 선거가 끝난 후 재론하는 것이 옳다는 점이었다.

이에 반발한 신민당과 민주화추진협의회(민추협)는 2월 12일 '1천만 개헌서명운동'을 시작한다고 선언하고 3월 11일 '서울지부 개헌추진결성대회'를 시작으로 부산, 광주, 대구, 대전 등 전국 대도시에서 개헌추진결성대회를 개최했다. 이와 때를 같이 하여 민주통일민중운동연합(민통련)을 비롯한 재야운동 단체 또한 3월 5일 기자회견을 갖고 "군사독재 정권을 물리치고 국민의 손으로 민주헌법을 쟁취해야 한다"며 법조계, 언론인, 종교계, 대학교수 등 각계 인사 303 명의 서명을 받아 '군사독재 퇴진 촉구와 민주헌법 쟁취를 위한 범국민 서명운동'을 전개해 나가겠다고 밝혔다.

상황이 악화되자 1986년 4월 30일 청와대와 3당(민정당, 신민당, 한국국민당) 대표 간 회담에서 전두환 대통령은 국회에서 여야 합의를 전제로 "임기 중에라도 헌법을 개정할 용의가 있다"며 한 발 물러섰으며, 6월 24일 국회는 여야합의로 '헌법개정특별위원회구성결의안'을 통과시켰다. 이어 7월 30일 국회는 총 45명의 국회의원(민정당 22명, 신민당 17명, 한국국민당 4명, 무소속 1명)으로 '헌법개정심의특별위원회'(개헌특위)를 구성했다. 개헌특위에서 신민당과 한국국민당은 대통령 직선제를 골자로 하는 개헌안을, 민정당은 의원내각제를 골자로 하는 개헌안을 각각 8월 8일과 25일에 제출하며 절충을 벌여나갔으나 양측은 합의에 이르지 못했다. 이로 인해 개헌특위는 파행을 거듭하여 유명무실한 기구로 전

락했고, 이 바람에 국회도 공전되는 사태가 빚어졌다. 급기야 9월 29일 이민우 신민당 총재와 김영삼 상임고문, 그리고 김대중 민추협공동의장 3인은 직선제 개헌을 위한 여야 실세대화를 촉구하며 헌법개정특위활동을 중단하겠다고 선언했다. 이어 10월 9일부터 전북 군산에서 직선제개헌추진대회를 시작으로 장외투쟁을 시작했다. 11월 29일에는 서울에서 집회를 개최하려 했으나 야당 지도자들의 가택연금과 대회장소 원천봉쇄로 집회는 무산되었다.

정치권이 대통령직선제 개헌문제를 놓고 지루한 공방을 벌이고 있던 1987년 1월 14일 서울대학교 학생 박종철이 경찰의 고문을 받다 사망하는 사건이 발생했다. 박종철은 치안본부 대공분실에서 물고문과 전기고문을 받아 사망했으나 경찰은 이를 단순한 쇼크사로 은폐하려했다. 사건 발생 5일 만인 1월 19일 정부는 물고문 사실을 인정하고 관련 경찰관 2명을 구속하고 다음날에는 김종호 내무부장관과 강민창 치안본부장을 해임하면서 사건을 수습하려 했다. 그러나 신민당과 민추협, 그리고 재야단체와 종교계 등은 전두환 정부를 규탄하며 2월 7일 명동성당 집회를 시작으로 서울, 부산 등 8개 도시에서 시위 및 노상추모회를 열어 경찰과 충돌하여 700여 명이 연행되기도 했다.

정치권의 개헌공방과 박종철 고문치사사건으로 사회가 혼란스러운 와중에 전두환 대통령은 4월 13일 특별담화에서 현행 헌법에 의해 연내에 대통령선거를 실시하고 개헌문제는 서울올림픽 이후로 미루겠다는 소위 '4·13 호헌조치'를 발표했다. 이날은 통일민주당(통민당) 창당발기인 대회가 있던 날로 김영삼 창당준비위원장은 '4·13 호헌 조치'는 "전두환 정권이 영구집권 음모를 드러낸 반민주적·반국가적 폭거"라고 주장했다. 아울러 시민단체, 종교계, 학계, 문화계도 성명서를 발표하며 호헌조치를 완강히 반대하기 시작했다. 특히, 5월 18일 천주교정의구현사제단 김승훈 신부가 박종철 고문치사 사건이 은폐·축소 조작되었음을 발표하면서 반대 운동은 증폭되기 시작해 6월 민주항쟁으로 이어졌다.

박종철 고문치사 사건

서울대 학생 박종철은 서울대 민주화추진위원회사건 관련 수배자의 소재를 파악하려던 경찰관들에 의해 치안본부 대공분실(서울 용산구 남영동)로 연행된 후 물고문을 받다가 1987년 1월 14일 숨졌다. 처음에 경찰은 고문 받다가 숨진 사실을 숨기고, 경찰관이 박종철에게 수배자의 소재를 추궁하며 "책상을 '탁' 치니 '억'하고 쓰러졌다"며 단순 쇼크사라고 발표하였다. 그러나 박종철 사체를 최초로 검안한 의사 오연상과 사체부검에 입회했던 가족의 증언에 의해 물고문과 전기고문의 심증을 굳히게 하는 기사가 신문 등에 보도되었고, 국민들은 경찰의 발표 내용에 의심을 품게 되었다. 그러자 경찰은 자체 수사에 착수하여 사건발생 5일 만인 1987년 1월 19일 물고문 사실을 시인한 후 경찰관 2명을 관련 혐의로 구속했다.

전두환 정부는 1월 20일 당시 김종호 내무부장관과 강민창 치안본부장을 해임하고, 고문근절 대책을 수립하는 선에서 사태를 수습하려 하였다. 그러나 신한민주당(당시에는 상도동계와 동교동계 국회의원이 신한민주당을 탈당하기 전이었음)과 민추협 등 재야단체·종교계 등이 전두환 정권을 규탄하는 집회와 항의농성 등을 시작하며 공세에 나섰다. 박종철 사망 49재인 3월 3일에는 신한민주당과 재야단체 및 학생들이 전국 주요도시에서 '고문추방 및 민주화 평화대행진'을 개최하려 하였으나 경찰의 원천봉쇄로 열리지 못하였다.

이후 잠잠해지는 듯하던 규탄분위기는 새로운 사실이 폭로되면서 다시 격화되었다. 1987년 5월 18일 천주교정의구현사제단 김승훈 신부가 당국은 철저하게 박종철 고문치사 사건을 은폐했고 과정 일체도 조작해 국민들을 속였다고 폭로했다. 그는 박종철을 고문한 경찰관은 모두 5명이고, 경찰간부 3명이 사건을 축소·조작했다고 주장했다. 이 같은 주장은 검찰의 수사결과 사실로 드러나 5월 21일 고문에 가담했던 경찰관 3명이 공범으로 추가 구속되고, 5월 29일에는 사건을 축소·조작했던 경찰간부 3명도 범인 도피죄가 적용되어 구속되었다.

이 같은 사회적 분위기 속에 1987년 5월 26일 전두환 대통령은 노신영 국무총리를 비롯하여 장세동 안기부장, 정호용 내무장관, 김성기 법무장관, 서동권 검찰총장, 이영창 치안본부장 등 관련부서의 개각을 단행하여 국면 전환을 시도하였다. 하지만 박종철 고문치사 사건 은폐·조작은 전두환 정권에 대한 국민의 불신과 분노를 최고치에 달하게 하였으며, 야당과 재야단체가 '박종철 고문살인 은폐조작 범국민규탄대회'를 개최하는 등 '6월 민주항쟁'을 촉발하는 계기가 되었다. 박종철 고문치사 사건은 한 대학생의 죽음으로만 그친 것이 아니라 6월 민주항쟁을 촉발해 결국 전두환 정권의 4·13 호헌조치를 무력화시키고 대통령직선제를 쟁취하게 한 역사적 사건이었다.

1987년 5월 27일 통민당과 재야단체인 민주통일민중운동연합 및 종교계 지도자 80여 명은 '민주헌법쟁취 국민운동본부'(국민운동본부)를 결성했다. 국민운동본부는 야당과 재야 운동세력이 '최대민주화연합' 노선에 입각해 '직선제 개헌'이라는 최소 강령에 합의하여 형성된 연합전선이었다. 출범 이후 국민운동본부는 직선제 개헌을 위한 전국적인 서명운동을 시작했고 6월 민주항쟁을 실질적으로 이끌었다. 6월 9일 연세대학교 시위 도중 최루탄을 맞고 중태에 빠져 끝내 사망한(7월 5일) 이한열 사건은 이러한 민주항쟁의 촉매제가 되었다. 6월 10일 전국 22개 주요 도시에서 약 24만 명(이하 국민운동본부 집계)이 모인 가운데 개최된 국민운동본부 주최의 '박종철군 고문살인 은폐·조작 및 호헌철폐 국민대회'는 6월 18일 '최루탄 추방 대회'에서 1백만 군중으로 불어났고, 급기야 6월 26일 '민주헌법쟁취 국민평화대행진'에서는 전국 34개 도시와 4개 군·읍에서 약 130만 명이 참가한 대규모 집회로 번져나가 6월 민주항쟁 중 최대 규모의 시위 상황을 연출했다.

[그림 2-1] 1987년 6월 10일 서울 롯데쇼핑센터앞 차도 시위 군중

결국 상황 전개에 위기감을 느낀 정부와 여당은 결국 6월 민주항쟁에 굴복하고 대통령직선제를 받아들일 수밖에 없었다. 6월 29일 노태우 민정당 대표위원은 대통령직선제 개헌요구 수용을 포함한 8개항의 민주화 조치를 담은 이른바 '6·29 선언'을 발표했다. 이어 7월 1일 전두환 대통령은 특별담화를 통해 노태우 선언을 수용한다는 뜻을 밝힘으로써 대통령직선제 개헌은 공식화되었다.

6·29 선언

6·29 선언은 1987년 6월 29일 노태우 당시 민정당 대표위원이 발표한 선언으로 구체적으로 다음의 8개항을 포함하고 있다: ① 대통령직선제 개헌 수용, ② 대통령선거법의 공정한 개정, ③ 김대중의 사면·복권 및 시국관련 사범의 대폭석방, ④ 새 헌법의 국민기본권 강화, ⑤ 언론의 자율성 보장, ⑥ 지방자치 및 교육자치 실현, ⑦ 정당의 건전한 활동보장, ⑧ 사회정화 조치 강구.

당시의 6·29 선언은 노태우가 독자적으로 선언했다는 모양새를 갖춤으로써 다가올 대통령선거를 유리하게 치르고자 전두환 대통령과 사전 교감 하에 이루어졌던 것이라고 추후에 밝혀졌다.

2. 헌법개정특별위원회의 재가동과 헌법개정안 마련

1987년 7월 2일 노태우 민정당 대표위원은 통민당을 방문하여 김영삼 총재와 회동하여 개헌협상을 민정당과 통민당 중진의원 4명씩으로 구성된 '8인 정치회담'에서 주도하기로 합의했다. 양당이 동수로 구성하기로 한 것은 표결 없이 전원합의를 도출하기 위한 것이었다. 정치회담은 7월 31일 첫 회동을 시작으로 8월 31일까지 회의를 통해 헌법 개정안에 대해 부칙을 제외한 전문과 본문 130개 조문에 대한 협상을 끝냈다. 이 때 새 헌법 발효시기와 차기 국회의원선거 시기는 합의되지 못했다. 그러나 9월 2일 노태우 민정당 총재와 김영삼 통민당 총재의 회동 후 9월 8일부터 속개된 '8인 정치회담'에서 남은 쟁점사항을 합의하여 9월 16일에 협상을 마무리했다.

국회도 여야 간의 협상에 발맞추어 8월 14일 헌법개정특별위원회를 재구성했다. 8월 31일일에는 '개헌안 기초 10인 소위원회'를 산하에 구성했고 '8인 정치회담'에서 합의된 개헌안을 넘겨받아 조문화작업을 시작했다. 그 결과 9월 18일 국회는 재적의원 272명 중 여야 의원 262명의 공동명의로 헌법개정안을 발의하여 정부에 이송했다.

전문, 본문 제130조 및 부칙 제6조로 구성된 제9차 헌법개정안은 제5공화국 헌법 조문의 약 37%를 개정한 것으로 제5공화국 헌법에 비해 한층 민주적인 헌법으로 평가받았다. 그 주요 내용은 다음과 같다. 먼저, 통치구조의 배열 순서를 제5공화국 헌법에서 우선순위로 정한 정부 → 국회 → 법원 → 헌법위원회 → 선거관리에 순서에서 국회 → 정부 → 법원 → 헌법재판소 → 선거관리의 순서로 변경해 국민의 대표기구인 국회를 헌법적으로 더 중요시했다. 둘째, 국회의 국정감사권을 부활시키고, 정기국회의 회기를 90일에서 100일로 연장하며, 회기제한 규정을 삭제하는 등 국회의 지위와 역할을 강화했다. 그러나 국회의 국무총리와 국무위원에 대한 해임결의권을 해임건의권으로 축소하여 국회의 행정부 견제 권한은 오히려 축소되는 결과를 가져오기도 했다.

헌법 개정 절차

우리나라의 헌법 개정은 국회나 대통령이 개정안을 발의하여 국회의 의결과 국민투표를 거쳐 확정된다.

1. 발의: 헌법 개정안은 국회 재적의원 과반수 또는 대통령이 발의할 수 있다(제한: 이때 대통령의 임기연장 또는 중임변경을 위한 헌법 개정은 그 헌법 개정 제안 당시의 대통령에 대하여는 효력이 없다).
2. 공고: 발의된 헌법개정안에 대해 대통령이 20일 이상 공고해야 한다.
3. 의결: 국회는 개정안이 공고된 날로부터 60일 이내에 의결해야 하며, 국회의 의결은 재적의원 2/3 이상의 찬성을 얻어야 된다. 이때 표결방법은 투표용지에 안건에 대한 가부와 투표한 의원의 성명을 기재하는 기명투표로 해야 한다. 또한 헌법개정안은 일반 법률안과 달리 수정통과 시킬 수 없으며, 전부로서 가부투표에 회부되어야 한다.
4. 국민투표: 국회에서 찬성으로 의결할 경우 30일 이내에 국민투표에 부쳐야 하며, 국회의원 선거권자 과반수의 투표와 투표자 과반수의 찬성을 얻으면 헌법 개정은 확정된다.

5. 공포: 헌법 개정안 국민투표에서 통과되면 대통령은 즉시 이를 공포해야 하며, 대통령은 헌법 개정에 관하여 거부권을 행사할 수 없다.

현행 대한민국 헌법은 9차 개정 헌법으로 1988년 2월부터 효력이 발생하여 오늘날까지 유지되고 있다.

셋째, 헌법개정안의 가장 핵심적인 내용으로 대통령 선거방식을 통일주체 국민회의에서 선출한 종래의 간접선거방식에서 국민직선제로 바꾸었으며 7년 단임제에서 5년 단임제로 임기를 축소시켰다(<표 2-1> 참조). 아울러 대통령의 비상조치권과 국회해산권을 폐지하여 권한을 축소시켰다. 이는 국회의 국무총리와 국무위원 해임결의권을 해임건의권으로 축소시킨데 따른 것으로 각 기관의 자율성을 확대하기 위한 조치였다. 마지막으로 종래의 헌법위원회를 폐지하고 헌법재판소를 신설하여 법률의 위헌 여부, 탄핵, 정당 해산에 관한 심판, 국가기관 간의 권한 쟁의, 헌법소원에 대한 심판 등을 관장하도록 했다.

〈표 2-1〉 제9차 헌법개정안 중 대통령 선거 관련 주요 변화

구 분	제5공화국 헌법	제9차 헌법개정안
대통령 선거방법	대통령선거인단에 의한 간접선거	국민 직접선거
대통령후보자 추천	정당 또는 대통령선거인단이 추천	법률에 위임
대통령 임기	7년 단임	5년 단임
대통령선거 실시 시기 (임기 만료)	임기만료 30일 전	임기만료 70-40일 전
대통령 후보자가 1인일 때 당선 결정	재적 대통령선거인 과반수의 찬성	선거권자 총수의 3분의 1 이상 득표
대통령선거 결과 최고득표자가 2인 이상일 때 당선 결정	규정 없음	국회 재적의원 과반수가 출석한 공개회의에서 다수표를 얻은 자

자료: 중앙선거관리위원회, 「대한민국선거사」 제4집, p.456.

3. 국민투표와 제6공화국의 탄생

1987년 10월 27일 헌법개정안에 대한 국민투표가 실시되었다. 총 선거인수 25,619,648명 중 20,028,672명이 투표하여 78.2%의 투표율을 보였다, 시·도별 투표율은 경상북도가 91.8%로 가장 높았고 충청남도(89.7%), 전라남도(88.3%) 순이었다. 투표율이 가장 낮은 곳은 서울로 65.4%이었고, 그 다음으로 낮은 곳은 광주시(65.6%)였다.

제6차 국민투표의 투표율은 지난 1980년 제5차 국민투표의 투표율(95.5%)보다 무려 17.3% 포인트 낮고, <표 2-2>에서 보는 바와 같이 역대 국민투표 중 1969년에 실시한 제2차 국민투표를 제외하고는 가장 낮았다. 역대 국민투표는 대부분 집권자의 정권 연장이나 집권 편의를 위해 실시되었기 때문에 정권 차원에서 언론이나 행정력을 동원하여 투표율을 높이려고 하였다. 1980년의 제5차 국민투표만 해도 전두환 정권이 비상계엄령 하에서 언론과 행정력을 총동원하여 투표참여 계몽활동을 벌였고, 그 결과 역대 가장 높은 투표율이 나왔다. 따라서 제6차 국민투표의 투표율을 이전의 국민투표 투표율과 비교하는 것은 별 의미가 없다. 제6차 국민투표의 투표율은 국민들의 자발적인참여에서 나왔기 때문에 국민투표에서 나올 수 있는 일반적인 투표율이라고 할 수 있다.

국민투표

많은 민주국가들은 국가 문제에 대한 시민들의 관여를 정치 지도자 후보 중에서 자신들의 선택을 표현하는 투표에만 제한시키고 있다. 그러고 나면, 그 국가의 정책은 유권자들로부터의 직접적인 개입 없이 선출된 지도자들에 의해서 결정된다. 그러나 일부 민주국가들은 특수한 상황의 경우 유권자들로 하여금 특정 정책이 추진되어야 할 지의 여부에 대해 직접 선거를 통해 결정할 수 있도록 허용하기도 한다. 이러한 선거에 대한 선택을 국민투표(referendum)라고 한다.

미국은 전국가적 차원의 국민투표에 대한 아무런 법적 규정도 갖고 있지 않지만, 많은 지방정부와 주정부들은 그러한 규정을 갖고 있다. 캘리포니아 주가 대표적인데, 주 차원에서 사용되는 경우는 국민투표보다는 주민투표라는 표현이 더 잘 어울린다. 국가 차원에서 국민투표를 정기적으로 활용하고 대표적인 국가로는 프랑스와 스위스가 있는데, 특히 스위스는 국민투표에 상당히 의존하고 있다. 한국의 경우 헌법개정안에 대하여 국민투표에 붙여서 확정하도록 하고 있으며(강제적 국민투표, 제130조 2항), 대통령은 필요하다고 인정할 때에는 외교·국방·통일 기타 국가안위에 관한 중요정책을 국민투표에 붙일 수 있다(선택적 국민투표, 제72조). 기타 국민투표에 관하여 필요한 사항은 국민투표법에 정하고 있다.

〈표 2-2〉 역대 국민투표의 투표율

구 분	국민투표일	투표인수	기권수	투표수	투표율(%)
1차	1962. 12. 17	12,412,798	1,826,800	10,585,998	85.3
2차	1969. 10. 17	15,048,925	3,444,887	11,604,038	77.1
3차	1972. 11. 21	15,676,395	1,265,681	14,410,714	91.9
4차	1975. 2. 12	16,788,839	3,384,594	13,404,245	79.8
5차	1980. 10. 22	20,373,869	919,943	19,453,926	95.5
6차	1987. 10. 27	25,619,648	5,590,976	20,028,672	78.2

자료: 중앙선거관리위원회, 「대한민국선거사」 4집, p.471.

개표 결과 투표자 20,028,672명 중 18,640,625명이 찬성하여 93.1%의 높은 찬성률을 기록했다. 반대는 5.5%(유효투표수 대비)였다. 따라서 국민투표에 부쳐진 헌법개정안은 투표권자 과반수의 투표와 투표자 과반수의 찬성을 얻어야 확정된다는 헌법 규정을 만족하였고, 새로운 헌법 하에 제6공화국이 탄생하게 되었다.

제6차 국민투표의 특징은 다음과 같다. 먼저, 찬성률이 국민투표사상 가장 높았다는 점이다. 아울러 <표 2-2>에서 알 수 있듯이, 지역별로 살펴보았을 때 최고 찬성률(93.7%, 서울)과 최저 찬성률(92.4%, 충북·전북·경남)의 차이가 불과 1.3% 포인트에 불과할 정도로 고른 찬성률을 보였다는 점도 특징적이었다. 이는 민주화 및 대통령직선제 개헌에 대한 국민들의 욕구가 아주 높았다는 점, 특히 국민들이 직접 참여하여 선출하는 대통령선거에 대한 기대감이 반영된 결과였다.

둘째, 대도시가 대체로 저조한 투표율을 보인 반면, 농촌지역으로 갈수록 높은 투표율을 보였다는 점이다. 투표율이 가장 낮은 곳은 서울로 65.4%였으며, 다음으로 광주 65.6%, 인천 71.5%, 부산 72.4%로 나타났다. 반면, 투표율이 가장 높은 곳은 경북으로 91.8%로 서울과 비교했을 때 26.4% 포인트 차이가 났으며, 다음으로 충남 89.7%, 전남 88.3%, 강원 86.9% 순으로 나타났다. 이러한 소위 도저촌고(都低村高) 현상은 권위주의 시대의 선거에서부터 나타나던 현상이었다.

도저촌고

도저촌고(都低村高)는 한국의 투표율을 설명함에 있어서 도시(특히 대도시)에서 투표율이 낮고(都低), 농촌 지역에서 투표율이 상대적으로 높게(村高) 나타나는 현상을 설명하기 위한 용어이다. 이러한 현상은 과거 권위주의 시대의 선거에서 두드러지게 나타났는데, 그 원인은 당시 투표 참여가 유권자의 자발적인 참여보다는 외부의 동원 압력에 의해 이루어졌기 때문이었다. 당시 도시민에 비해서 농촌 유권자들은 네트워크 측면, 그리고 전근대적 사고 방식 등으로 인해 외부의 동원 압력에 보다 취약했던 것이다.

이러한 현상은 민주화 이후에도 한 동안 지속되었으나, 한국 사회가 점차 더 발전하고 동원된 투표가 줄어들면서 최근의 선거에서는 이러한 현상이 거의 사라지고 있는 추세이다.

셋째, 헌정사상 최초의 여야합의에 의한 개헌이었다는 점도 주요한 특징 중의 하나였다. 1948년 제헌 이후 제6차 국민투표에 이르기까지 9차례의 헌법 개정이 있었다. 그러나 제8차까지 헌법 개정은 주로 집권자의 장기집권의 의도 아래 기획된 것이 많았고, 심지어 비상계엄령이 선포된 상황에서 이루어져 명실상부하게 여야가 합의 하에 개정한 경우는 단 한 번도 없었다. 반면, 1987년의 헌법 개정은 권위주의세력과 민주화세력 간의 협상과 타협에 의한 민주화 이행에 있어 법적 토대를 마련했다는 점에서 의미가 깊다. 즉, 6·29 선언과 제9차 헌법 개정은 엘리트 간 합의로 종래 '민주 대 반민주'라는 균열구조를 해체하고 앞으로 다가올 제6공화국 정통성의 토대가 되었다고 평가할 수 있다.

〈표 2-3〉 제6차 국민투표 시도별 결과

구분	투표인수	투표수	유효투표수			투표율 (%)	찬성율 (%)
			찬성	반대	계		
서울	6,393,728	4,183,386	3,921,067	207,300	4,128,367	65.4	93.7
부산	2,259,577	1,636,843	1,515,709	96,967	1,612,676	72.4	92.6
대구	1,262,486	935,896	869,421	54,860	924,281	74.1	92.9
인천	933,522	667,579	624,513	33,397	657,910	71.5	93.5
광주	513,958	337,047	312,441	20,516	332,957	65.6	92.7
경기	3,284,968	2,674,509	2,489,639	125,272	2,623,911	81.4	93.4
강원	1,042,573	905,700	841,597	51,245	829,842	86.9	92.9
충북	852,999	737,332	681,548	44,142	725,690	86.4	92.4
충남	1,781,759	1,598,503	1,486,264	89,423	1,575,687	89.7	93.0
전북	1,296,644	1,092,510	1,009,932	66,960	1,076,892	84.3	92.4
전남	1,660,186	1,466,305	1,361,788	82,287	1,444,075	88.3	92.9
경북	1,882,286	1,728,173	1,606,634	96,308	1,702,942	91.8	93.0
경남	2,177,019	1,838,563	1,699,659	112,446	1,812,105	84.5	92.4
제주	277,943	226,326	211,413	11,579	222,992	81.4	93.4
합계	25,619,648	20,028,672	18,640,625	1,092,702	19,733,327	78.2	93.1

자료: 중앙선거관리위원회, 「대한민국선거사」 4집, p.4713.

제2절 정치적 의미: 민주화 과정의 출발과 지역주의의 폭발적 성장

앞에서 언급한 바와 같이, 노태우, 김영삼 정부 선거가 가지는 정치적 의미는 크게 두 가지이다. 하나는 민주화 과정의 초기 단계에서 실시되었다는 측면에서 이들 선거가 한국 민주주의 공고화에 어떻게 기여했는가 하는 것이다. 다른 하나는 이들 선거에서 나타난 사회 균열 구조 혹은 선거 갈등구조로서 지역주의의 등장과 폭발적 성장이다. 민주화가 시작되면서 과거 권위주의 시절 존재하던 경제성장과 민주주의 두 가치 간의 갈등(그리고 그의 표출로서 도농 간 갈등)이 약화되고 그 대신 지역 갈등이 압도적인 지위를 차지하게 된 것이다.

물론 이러한 지역주의 및 지역 간 갈등구조의 부상은 향후 한국의 선거 및 정당체계의 발전 방향에 지대한 영향을 미치게 된다. 이번 절에서는 특히 지역주의의 개념, 그리고 각 지역별 지역주의의 역사적 발전 과정에 초점을 맞추고자 한다. 그러나 지역 갈등의 의미를 파악하기 위해서는 한국 사회의 갈등 구조와 그 역사적 변화 과정을 먼저 살펴볼 필요가 있다.

1. 한국 정치사회 갈등 구조

1) 역사적 변화 개요

해방 이후 한국 정치사회는 좌파-우파, 혹은 진보-보수 두 이념간의 대결이 주도했다. 물론 그 당시 한국 사회는 산업화가 본격적으로 진전되지 않은 상태였으며, 따라서 좌-우 이념 갈등은 서구에서와 같이 자본과 노동 두 계급 간의 경제적 이해 갈등에 기초한 것이라기보다는 지식인 차원에서의 사상적 논쟁의 성격을 띠었다. 이처럼 경제적 기반이 취약했기 때문에, 좌-우 이념 갈등은 1948년 건국과 함께 쉽게 종식될 수 있었다. 결과는 보수 세력의 압도적 승리였다.

보수 세력이 장악한 제1공화국과 2공화국 동안에는 뚜렷한 정치적 갈등 구조가 나타나지 않았다. 당시의 주요 정치적 갈등은 이승만 대통령 개인에 대한 여야 간 갈등의 양상을 띠었다. 다만 이승만 정권의 붕괴를 가져 온 4·19 혁명의 주도 세력이 도시의 지식인과 학생이었다는 사실에서 알 수 있듯이, 당시에는 교육 수준과 거주지의 차이에 따른 문화적 갈등(전통적 문화 대 근대적 문화)이 저변에 깔려 있었던 것으로 추측할 수 있다.

제3공화국에서는 도시와 농촌 유권자의 문화적 갈등이 주요 정치적 갈등으로 표출되었다. 이 양자 집단의 투표 성향에 커다란 차이가 존재했다. 소위 '여촌야도'라는 표현으로 집약되고 있듯이, 농촌 유권자들은 여당을, 그리고 도시 유권자들은 야당을 지지하는 성향을 보여왔다. 이러한 도시-농촌 간 투표 성향의 차이는 물론 전통적 문화와 근대적 문화 간의 문화적 갈등을 반영하였다. 전통적 가치를 중시하던 농촌 유권자들이 경제발전을 강조하는 여당을 지지한 데 반해, 상대적으로 교육 수준이 높고 근대적인 가치를 중시하던 도시 유권자들은 인권과 민주주의를 강조하는 야당에게 상대적으로 높은 지지를 보였다.

제4공화국과 5공화국의 권위주의 시대에는 이러한 문화적 갈등에다가 경제적 이해 관계에 기반한 이념 갈등이 중첩된다. 산업화가 진전되면서 도시 근로자의 숫자가 급증하게 되고, 이들의 이해 관계를 대변하는 진보적 세력이 형성된다. 해방 이후 진보 세력이 노동자 없는 관념적인 진보였던 데 반해, 권위주의 시대의 진보 세력은 일정 수준에서 노동자의 이익을 대변했다는 점에서 차별성을 가졌다.

따라서 권위주의 시대의 주요 정치적 갈등은 한편에는 경제발전을 강조하면서 이를 주도하는 대기업의 이익을 대변하는 여당, 그리고 다른 한편에는 인권과 민주주의를 강조하면서 상대적으로 노동자의 이익을 중시하는 야당 간의 대결로 표출되었다. 여당은 전통적 문화를 가진 농촌민과 대기업의 이익을 대변하는 보수 세력의 지지를 받았으며, 반면 야당은 상대적으로 높은 교육 수준과 근대적 문화를 가진 도시민과 도시 근로자들의 이익을 대변하는 진보 세력의 지지를 받았다.

민주화 이후 초기, 즉 이 글이 초점을 맞추고 있는 노태우, 김영삼 정부 시기에는 지역 갈등이 대표적인 한국 사회의 갈등 구조로서 자리를 잡았다. 도시－농촌 간의 문화적 갈등, 그리고 대기업－노동자 간의 이념 갈등은 상대적으로 약화되었고, 그 대신에 호남과 영남, 그리고 충청, 이 세 지역 간에 첨예한 정치적 갈등이 발생했다. 이러한 지역 갈등과 지역주의의 확산에는 소선거구제의 도입이라는 제도적 요인과 함께, 한국 정당의 동질화가 크게 작용하였다고 본다. 민주화가 되면서 과거에 존재했던 여당과 야당 간의 입장 차이(여당은 경제성장, 야당은 민주주의)가 희석되면서, 정치인과 유권자 모두 지역이라는 새로운 요인에 무게를 두게 되었던 것이다.

이처럼 민주화 이후 지역 갈등이 대표적 갈등 구조로 자리 잡았지만, 그렇다고 기존의 문화적 갈등과 이념 갈등이 완전히 사라진 것은 아니었다. 특히 이념 갈등은 지역 갈등과 어느 정도 중첩되는 현상을 보였는데, 호남 유권자들은 영남 유권자들에 비해 진보적인 입장을 취하는 경우가 많았다. 따라서 민주화 초기, 1990년대의 주요 갈등은 지역 갈등에 이념 갈등이 약간 중첩되면서 어느 정도 영향력을 발휘했던 것으로 보아야 할 것이다.

2000년대에 들어서면서, 지역주의와 지역 갈등은 한편으로는 지역정당 체제로 공고화되면서, 다른 한편으로는 그 성격이 변화하고 있다. 초기 지역주의가 특정 지도자에 대한 정서적 유대 관계를 강조하는 성격이었다면, 최근의 지역주의는 특정 지도자보다는 정당 중심으로 공고화되면서, 정서적 측면보다는 정책적, 공리주의적 성격을 강하게 띠면서 그 강도는 다소 약화되는 현상이 나타나고 있다. 소위 3김 이후에도 특정 정당이 특정 지역에서 계속 세력을 유지하고 있다는 측면에서 공고화를 말할 수 있지만, 그 대신 정당 간 정책적 차별성이 커지면서 과거와 같은 무조건적인 지지와는 다른 공리주의적 형태를 띠고 있는 것이다. 기존의 영남－호남－충청 간의 갈등 외에 수도권과 지방 간의 갈등이라는 새로운 형태의 지역 갈등이 등장하고 있는 것도 바로 이러한 지역 갈등의 정책적, 공리주의적 성격 강화와 무관하지 않다.

지역 갈등이 다소 약화되는 것과 동시에, 이념 갈등의 중요성이 상대적으로 증가하고, 세대 갈등이 새롭게 부상하고 있다. 정치적 갈등 구조의 다변화가 이루어지고 있는 것이다. 여기서 이념 갈등의 상대적 중요성이 커진 것은 지역 갈등의 약화와도 관련이 있지만, 보다 중요하게는 이념 갈등과 새로 부상한 세대 갈등 간의 밀접한 연관성 때문이다.

최근의 세대 갈등은 기본적으로 문화적 갈등으로서, 그 기저에는 정치문화의 변동이 자리잡고 있다. 보다 구체적으로는 젊은 세대를 중심으로 탈물질주의적 가치(post－materialistic values)가 부상하면서, 기성 세대의 물질주의적 가치와 대조를 이루고 있다. 그런데 이러한 기본적 가치관의 차이, 즉 가치 갈등은 단순히 세대 갈등으로 표출될 뿐만 아니라, 더 나아가 이념 갈등의 성격 변화 및 강화에도 영향을 미치고 있는 것이다.

탈물질주의

탈물질주의(post-materialism)는 정치문화 변동 연구의 선구자 격인 잉글하트(Ronald D. Inglehart)라는 정치학자가 만들어낸 개념으로, 물질주의에 반대되는 개념이다. 물질주의가 안보와 경제적 안정 등과 같은 물질적, 경제적 가치를 중시한다면, 탈물질주의는 정의, 인권, 환경 보호, 삶의 질과 같은 보다 추상적인 가치를 중시한다. 주로 서구의 고도화로 산업화된 사회를 대상으로 연구를 한 잉글하트는 이들 사회의 정치문화가 물질주의적 가치 중심에서 탈물질주의적 가치 중심으로 변화하고 있음을 주장하였다. 즉 물질적인 가치를 중시여기는 산업사회가 후기산업사회를 맞이하면서 물질 외에 보다 추상적이고 정신적인 가치를 중시하게 되었다는 것이다. 그런데 이러한 변화는 소리 없이 정치는 물론 사회 전반에 커다란 혁명적 변화를 초래하는 것으로서, 잉글하트는 이를 '조용한 혁명'(silent revolution)이라고 불렀다.

잉글하트의 탈물질주의 주장은 다음의 두 가지 이론적 가설에 기반하고 있다. 하나는 '결핍 가설'(scarcity hypothesis)이고 다른 하나는 '사회화 가설'(socialization hypothesis)이다. 결핍 가설이란 한 개인이 중시하는 가치는 그가 살고 있는 사회경제적 환경을 반영하는 것으로서, 상대적으로 공급이 부족한 것들에 대해 가장 커다란 가치를 부여하게 된다는 것이다. 예를 들어 물질적, 경제적인 재화가 부족한 환경에서는 물질적인 가치를 중시하는 경향이 있으며, 반대로 물질은 풍부하나 정신적인 만족도가 떨어지는 사회적 환경에서는 정신적인 가치에 우선순위를 부여하는 경향이 있다는 것이다. 물론 이러한 결핍 가설은 물론 매슬로(Maslow)의 '필요의 위계'(hierarchy of needs) 이론과도 밀접한 연관이 있다.

사회화 가설이란 한 개인의 가치관은 그가 살고 있는 사회경제적 환경을 그대로 반영하는 것이 아니라 주로 어린 시절의 사회화 과정을 거치면서 확립된다는 것이다. 따라서 아무리 객관적으로 풍요로운 사회에서 자란 개인이라 하더라도, 불안정한 문화적 배경에서 어린 시절의 사회화를 경험했다면 경제적인 안정을 느끼지 못하고 매우 물질주의적인 가치정향을 가질 수 있다는 것이다. 다시 말하면, 객관적인 거시경제적 상황보다는 각 개인이 어린시절 주관적으로 경험한 사회화의 환경이 더욱 중요한 요인이 된다.

이러한 사회화 가설이 갖는 또 다른 시사점은 한 사회의 근본적인 가치 변화는 하룻밤 사이에 발생하는 것이 아니고, 오랜 기간에 걸쳐 점진적으로 그리고 보이지 않게 서서히 발생하는 것이다. 결국 한 사회의 가치변화는 개인 차원에서 이루어지기보다는 각 세대가 경험하는 환경의 차이를 통해, 즉 세대교체(generational replacement)를 통해 점진적이고 지속적으로 이루어진다.

서구 사회를 기반으로 개발된 탈물질주의 이론의 한국에 대한 적용 가능성과 적실성에 대해서는 상당한 논란이 존재한다.

2) 갈등의 유형 분류

한 사회의 갈등을 분류하는 방법은 여러 가지가 있지만, 가장 기본적인 방법은 그 갈등의 원천이 문화적 차이인지, 아니면 경제적 이해의 차이인지에 따라 분류하는 것이다. 물론 문화와 경제적 관계는 서로 밀접한 연관이 있으며, 서로 영향력을 주고 받는다. 그리고 문화적 갈등의 주요 발생 원인 중의 하나가 바로 경제발전과 그에 따른 경제적 환경의 변화이다. 그러나 일단 개념적으로 문화적 갈등과 경제적 갈등, 이 둘을 구분하는 것은 유용하다. 그리고 여기서 문화적 갈등이라 함은 보다 구체적으로 사상의 차이, 정서적 차이, 그리고 가치관의 차이를 포함한다.

또 한 가지 갈등을 분류하는 방법은 갈등의 원천과는 상관없이, 갈등의 표현 양식, 즉 이것이 개인의 사회경제적 변수를 중심으로 표현되는 것인지, 아니면 가치나 태도의 차이를 중심으로 표현되는 것인지에 따라 분류하는 것이다. 세대 갈등, 계급 갈등, 도농 갈등, 지역 갈등 등은 개인의 사회경제적 요인에 따라 갈등을 표현하고 있으며, 반면에 이념 갈등, 가치 갈등은 개인의 이념과 가치관의 차이에 따라 갈등을 표현한다.

이처럼 갈등의 원천과 갈등의 표현 양식을 구분하는 것은 중요하다. 예를 들면, 세대 갈등은 비록 사회경제적 요인으로 표현되고 있지만, 그 원천을 보면 문화적 갈등의 성격이 강하다. 또한 이념 갈등은 가치나 태도를 중심으로 표현되고 있지만, 그 원천에는 직업이나 계급과 같은 경제적 요인이 일정 부분 작용할 수 있다.

앞에서 언급한 한국 정치사회의 주요 갈등은 이념 갈등, 도농 갈등, 지역 갈등, 세대 갈등, 가치 갈등 등이다. 이 다섯 가지 갈등을 그 원천과 표현 방식에 따라 분류하면 <표 2-4>와 같다.

〈표 2-4〉 한국 정치사회의 주요 갈등의 내용, 원천, 표현 방식

	갈등의 주요 내용	주요 원천	표현 방식
이념 갈등	보수-진보, 좌-우	문화적(사상, 가치) 차이 +경제적 이해	가치와 태도
도농 갈등	도시민-농촌민	문화적(가치)	사회경제적
지역 갈등	영남-호남, 혹은 영남-호남-충청	문화적(정서), 경제적	사회경제적
세대 갈등	젊은 세대와 기성 세대	문화적(가치)	사회경제적
가치 갈등	물질주의-탈물질주의	문화적(가치)	가치와 태도

3) 주요 갈등 구조의 변화 과정

앞에서 살펴 본 한국 정치사회의 주요 갈등 구조의 변화를 위의 갈등 유형에 따라서 요약하면 <표 2-5>와 같다. 해방 이후 건국까지의 기간 동안 좌파-우파 간 이념 갈등이 중요하게 작용했는데, 이 당시의 이념 갈등의 주요 원천은 경제적 갈등이라기보다는 사상적 혹은 관념적 갈등이었다. 제1~2공화국 시기에는 도-농 갈등이 어느 정도 잠재되었는데, 이러한 갈등의 원천은 전통적 가치와 근대적 가치 간에 발생하는 문화적 갈등의 성격을 띠었다. 제3공화국 들어서, 이러한 도-농 갈등이 보다 강화된다.

〈표 2-5〉 시기별 한국 사회의 주요 갈등과 원천

	주요 갈등	갈등의 축	갈등의 원천	비 고
해방 이후~건국	이념 갈등	좌파-우파, 보수-진보	문화적 (사상의 차이)	건국과 함께 정치적 요인으로 해소
제1~2공화국	도농 갈등	도시민-농촌민	문화적 (전통적-근대적 가치)	정치적 표출 정도 약함
제3공화국	도농 갈등	도시민-농촌민	문화적 (전통적-근대적 가치)	도시와 농촌 간 근대화의 속도 차이

제4~5공화국	도농 갈등	도시민-농촌민	문화적 (전통적-근대적 가치)	도시와 농촌 간 근대화의 속도 차이
	이념 갈등	보수-진보	문화적 (사상의 차이) + 경제적 (기업-노동 이익)	산업화로 인한 경제적 이해 갈등의 발생
민주화 초기 (1980년대 후반~2000년)	지역 갈등	영남-호남-충청	문화적 (지역정서) +경제적 (지역 이익)	정서적 측면 상대적으로 중요
	이념 갈등	보수-진보	문화적 (사상의 차이) + 경제적 (기업-노동 이익)	다소 약화되면서, 지역 갈등과 중첩
2000년대 이후	지역 갈등	영남-호남-충청, 수도권-지방	문화적 (지역정서) +경제적 (지역 이익)	경제적 측면이 상대적으로 중요해지면서 수도권-지방 갈등 새로 부상
	이념 갈등	보수-진보	문화적 (사상의 차이) + 경제적 (기업-노동 이익) + 문화적 (물질주의-탈물질주의 가치)	기존의 이념 갈등에 물질주의-탈물질주의의 가치 갈등이 추가되면서 기존의 경제적 측면은 상대적으로 약화
	세대 갈등	젊은 세대-기성 세대	문화적 (물질주의-탈물질주의 가치)	이념 갈등과도 상당히 중첩

제4~5공화국의 권위주의 시대에는 제3공화국에서 이어져 내려오는 도시와 농촌 간 문화적 갈등 외에 보수-진보 간 이념 갈등이 추가된다. 여기서의 이념 갈등은 해방 이후의 이념 갈등에 비해 사상적 측면이 약화되면서, 경제적 이해관계의 차이가 다소 반영되고 있다는 특징을 갖는다. 급속한 산업화에 따라 대기업으로 대변되는 발전 이익과 노동자들의 이익 간의 분화와 갈등이 일정 수

준 발생하게 되었기 때문이다.[1] 따라서 권위주의 시대 이념 갈등의 원천은 사상적 갈등과 함께 경제적 갈등도 함께 포함하고 있다고 할 수 있다.

민주화 이후 초기에는 지역 갈등이 급부상하게 된다. 이러한 초기 지역 갈등은 특정 정치지도자와 유권자의 정서적 유대감에 근거했다는 점에서 경제적 측면보다는 문화적 측면이 상대적으로 더 강했다고 할 수 있다. 한편 권위주의 시대의 도-농 갈등과 이념 갈등은 다소 약화되었으나, 완전히 사라진 것은 아니었다. 특히 이념 갈등은 어느 정도 지역 갈등과 중첩되면서 일정한 영향력을 유지했다고 할 수 있다.

2000년대 들어서, 지역 갈등은 그 성격이 다소 변화하게 된다. 특정지도자와의 정서적 유대감이 약화되고, 정책적, 공리주의적 성격이 강화되면서, 지역 갈등은 지역정당 구도로서 한편으로는 더욱 공고화된다. 그리고 이전에 비해 지역 갈등의 문화적 측면보다는 오히려 경제적 측면이 강조된다.

한편 지역 갈등 외에 세대 갈등과 이념 갈등의 상대적 중요성이 부상하면서, 한국 정치사회의 갈등 구조는 다변화된다. 여기서의 세대 갈등은 물질주의 가치와 탈물질주의 가치 간의 문화적 충돌을 상당 부분 반영하고 있다. 그리고 이념 갈등 또한 권위주의 시대의 이념 갈등과 달리 가치 갈등의 측면이 더욱 강화된다. 다시 말하면, 새로운 이념 갈등은 사상 갈등의 측면, 경제적 이해 갈등의 측면, 그리고 물질주의-탈물질주의 가치 갈등의 측면을 모두 담고 있는 매우 복합적인 성격을 띠고 있다.

2. 지역주의 개념의 다양성

여기서 지역주의라는 용어를 사용하고 있지만, 사실 지역주의가 무엇을 의미하는지 분명하지 않다. 또한 기존의 연구에서 지역주의라는 용어와 관련되어 사용되는 용어의 수를 헤아려 보아도, 지역감정, 지역정서, 지역주의적 성향, 지역 갈등, 지역주의적 투표, 지역주의 선거연합, 지역주의 정당균열, 지역구도 등

---

1 물론 한국에서의 이념 갈등의 경제적 기반은 오랜 계급 투쟁의 역사를 가진 유럽 국가에서만큼 공고하지 못하다. 다만 산업화로 인해 과거에 거의 존재하지 않던 경제적 기반이 어느 정도 마련되었다는 것을 강조하는 것이다.

을 비롯하여 매우 많다. 물론 이러한 다양한 용어의 사용은 연구의 목적과 초점이 다르기 때문에 나타나는 불가피한 현상으로 이해할 수 있지만, 문제는 이들에 대한 분명한 개념 정립이 이루어지지 않고 있다는 것이다.

지역주의는 적어도 다음의 몇 가지 차원에서 구분되어야 한다. 첫째는 미시-거시적 구분이다. 즉 지역주의를 미시적 수준(즉, 개인의 수준)에서 파악할 것인가, 아니면 보다 거시적인 현상으로서 이해할 것인가의 문제이다. 위에서 사용한 용어 중에서, 지역감정, 지역정서, 지역주의적 성향, 지역주의적 투표는 기본적으로 개인적 수준에서의 개념으로 볼 수 있다. 물론 이러한 개인의 속성을 거시적 수준에서 집합할 수는 있지만, 그것은 결국 개인의 속성으로 환원될 수 있다. 반면, 지역갈등, 지역주의 선거연합, 지역주의 정당균열 등은 기본적으로 거시적 수준의 개념으로서, 개인 수준으로의 완벽한 환원이 어렵다.

둘째는 지역주의를 미시적 수준에서 파악하는 경우, 그것이 심리적인 개념인지 행태적인 개념인지 구분해야 할 것이다. 지역감정, 지역정서, 지역주의적 성향은 모두 개인의 태도나 정서를 나타내는 심리적 혹은 문화적 개념이라고 할 수 있으며, 반면 지역주의적 투표는 개인의 투표 행위라는 실제 행동을 나타내는 행태적 개념이다. 개인의 태도와 행동과의 구분은 너무나도 당연한 것이지만, 이러한 구분은 많은 경우에 흐려지곤 하여, 마치 지역감정과 지역주의적 투표를 거의 동일한 개념으로 착각하는 경우도 있다.

셋째는 사회적인 현상으로서의 지역주의와 정치적인 현상으로서의 지역주의의 구분이다. 물론 사회 현상과 정치 현상은 밀접한 연관성을 갖고 있기 때문에 앞에서의 구분과는 달리 그리 명확할 수는 없다. 앞에서 언급한 용어 중 지역감정, 지역정서, 지역주의적 성향, 지역갈등은 일반 사회적인 현상을 나타내는 개념으로서, 그 자체에 정치적인 성격은 별로 없다. 반면, 지역주의적 투표, 지역주의 선거연합, 지역주의 정당균열 등은 뚜렷하게 정치적인 개념이라고 할 수 있다.

앞에서의 논의를 표로 정리하면 <표 2-6>과 같다. 미시적, 심리적 차원에서의 지역주의 개념은 그것이 사회적 영역에서는 지역감정, 지역정서, 혹은 지역주의적 성향 등을 의미하지만, 정치 영역으로 이전해 오면 지역주의적 정치성향으로서 표출된다. 미시적, 행태적 차원에서의 지역주의 개념은 사회 영역

〈표 2-6〉 지역주의 개념의 분류

정치-사회 / 거시-미시 (심리-행태)	사회 영역	정치 영역
미시 (심리)	지역감정, 지역정서, 지역주의적 성향	지역주의적 정치 성향
미시 (행태)	지역주의적 행태 (동향 사람과 사돈 맺기 등)	지역주의적 투표
거시	지역갈등	지역주의 선거연합 (지역주의 정당구도)

에서는 동향사람과 사돈 맺기, 동향사람과 사업상 거래 하기 등 여러 가지의 행태로 나타날 수 있지만, 정치 영역에서 지역주의적 투표라는 용어로서 대표된다. 마지막으로 거시적 차원에서의 지역주의 개념은 사회영역에서는 지역 갈등, 그리고 정치영역에서는 지역주의 선거연합(혹은 지역주의 정당구도) 등의 용어로서 표현될 수 있다.

이렇게 다양한 지역주의 개념 중에서 우리가 주로 설명해야 할 것은 무엇인가? 일단 정치학 분야의 연구에서는 정치적인 현상이 우리의 주요 관심사가 되는 것은 당연하다. 즉, 지역주의적 투표, 지역주의 선거연합 등과 같은 정치적 개념이다. 지역 감정, 지역 정서, 지역주의적 성향, 지역 갈등과 같은 사회적, 심리적 개념의 경우는 정치적 현상을 설명하는 데 도움이 되는 매우 중요한 요인임에는 틀림없으나, 그 자체가 정치학 연구의 궁극적인 대상이라고 보기는 어렵다.

보다 어려운 결정은 미시 수준에서의 지역주의적 투표와 거시 수준에서의 지역주의 선거연합(혹은 지역주의 정당균열) 둘 중의 하나를 선택하는 일이다. 대부분의 정치학자의 입장에서 볼 때, 정치적으로는 보다 의미있는 현상은 지역주의 선거연합이라는 거시적 현상임에 틀림없다. 정치학의 연구 대상이 궁극적으로는 거시적 정치 현상이기 때문이다. 따라서 정치적 의미와 관심이라는 측면에서만 보면, 지역주의 선거연합이 우리가 궁극적으로 설명해야 할 현상이라고 할 수 있다.

그러나 거시적 현상은 궁극적으로 개인의 행동이라는 미시적 현상의 결과라는 소위 '환원주의자'(reductionist)의 입장에서 보면, 지역주의에 대한 궁극적 이해는 지역주의적 투표라는 개인적 수준에서의 현상에 대한 이해를 통해서만 가능하다. 우리 사회 전체는 행동할 수 없다. 행동은 결국 개인 수준에서 이루어지며, 이러한 개인들의 행동이 어우러진 결과가 지역주의 선거연합이라는 거시적 현상으로 나타나는 것이다. 다시 말하면, 미시적 기초(즉 지역주의적 투표에 대한 이해)가 없는 거시적 분석과 설명은 무의미하다는 것이다. 이러한 '방법론적 개인주의'(methodological individualism)의 관점에서 보면, 지역주의 연구에 있어서 가장 기초적인 분석 대상은 개인 수준에서의 지역주의적 투표라고 할 수 있다.

방법론적 개인주의

방법론적 개인주의 (methodological individualism)는 복잡한 사회 현상에 대한 설명은 궁극적으로 인간 개인에 대한 설명으로 환원되거나 공식화되어야 한다는 원칙이다. 개인만이 궁극적인 실재이며 행동의 주체이기 때문에, 군대, 교회, 민족, 정당, 계급 등과 같은 사회구조는 어떤 의미에서 허구라고 말하는 존재론적 주장을 따르기도 한다.

이러한 방법론적 개인주의는 정치학, 경제학, 사회학에서 거시적이고 구조적인 현상에 대한 설명을 개인주의 심리학이나 합리적 행위의 연역적 모델의 관점의 설명으로 환원시킨다. 이것은 미시 경제학에서 가장 뚜렷하게 나타나며, 정치학에서는 합리적 선택이론가들에 의해서 주로 채택되고 있다.

방법론적 개인주의의 강력한 반대는 방법론적 총체주의(methodological holism)라고 할 수 있다. 방법론적 총체주의는 개인적인 현상에 대한 모든 설명이 그들이 소속되어 있는 보다 큰 전체의 관점에서 이루어질 수 있다고 본다.

3. 지역별 지역주의의 역사적 발전과정

여기서는 호남, 영남, 충청 세 지역에서의 지역주의의 역사적 발전과정을 간략하게 살펴본다. 역사적 사실의 나열보다는 발전과정에서의 특징, 그리고 특히 세 지역에서 지역주의가 어떻게 다르게 형성되고 변화하고 있는지를 설명하는 데 초점을 맞추고 있다.

호남에서의 지역주의적 투표는 김대중이라는 특정 정치지도자를 중심으로 형성되었다. 1980년대 이전에는 주로 대통령선거에서 김대중 후보 개인에 대한 상대적으로 높은 지지로 나타나다가, 1980년대 후반부터는 모든 선거에서 김대중 후보는 물론 김대중이 이끄는 정당에 대한 폭발적인 지지로 확산, 발전하였다. 김대중이라는 정치지도자가 2002년 대선 전까지 워낙 오랜 동안 성공적인 정치활동을 해 왔기 때문에, 지역주의의 뿌리가 매우 깊을 뿐만 아니라, 따라서 지역주의적 투표의 강도도 상대적으로 매우 높다.

김대중의 은퇴 후에도 호남의 지역주의는 여전히 높은 강도를 유지하고 있다, 이제는 단순한 한 개인에 대한 지지를 넘어서 지도자의 출신 지역과 상관없이 특정 정당에 대한 견고한 지지로 이어지고 있다. 호남의 지역주의적 투표는 타 지역에 비해 매우 전략적인 것으로 평가되고 있다. 특히 호남 지역을 대표하는 정당의 대통령 후보들 중에 한 명을 선택함에 있어서, 후보의 출신 지역 등 개인적 요인보다는 후보의 당선 가능성을 가장 중요한 요인으로 꼽고 있다. 예를 들어, 당선 가능성이 낮은 호남 출신 후보보다 당선 가능성이 높은 영남 출신 후보를 더 선호해 왔다는 것이다.

영남에서의 지역주의적 투표는 처음에는 영남출신 정치지도자를 중심으로 형성되었다. 호남 지역과는 달리 여러 정치지도자가 존재했는데, 1980년대 이전에는 대통령 선거에서 박정희에 대한 상대적으로 높은 지지로 나타나던 것이, 1980년대 후반부터는 노태우, 김영삼 및 그들이 이끄는 정당에 대한 집중적인 지지로 나타났다. 노태우, 김영삼이 경쟁한 13대 대선에서는 경북과 경남으로 지역주의적 투표가 분리되기도 했지만, 3당합당 이후에는 다시 영남이 합쳐졌다고 볼 수 있다.

영남 지역주의의 특징은 정당지도자의 출신지역 여부에 상관없이 유지되고 있다는 점이다. 1997년 15대 대선부터는 영남 출신이 아닌 이회창이 대통령 후보로 나왔지만, 이회창과 그가 이끄는 한나라당에 대한 집중적인 지지는 2000년 이후에도 계속 유지되었다. 그리고 그 이후에도 한나라당과 새누리당에 대한 영남의 높은 지지는 유지되고 있다. 이처럼 정치지도자의 출신지역을 떠나서 특정 정당에 대한 지지가 유지된다는 것은 한국의 지역주의가 상당히 공고화되었음을 의미하는 것이다.

충청지역의 지역주의적 투표는 김종필이라는 충청 지역 출신 지도자에 의해 유지되어 왔다. 특히 1980년대 후반부터 영호남 지역에서 지역주의가 급작스럽게 강화되면서, 그에 대한 일종의 반작용으로서 충청 지역에서도 김종필 및 그가 이끄는 정당에 대한 지역주의적 투표가 폭발적으로 나타나게 되었다. 김종필이 후보로 나오지 못하는 대통령선거에서는 김종필과 연합한 후보(14대에서는 김영삼, 15대에서는 김대중)에게 지역주의적 투표가 이루어졌으며, 국회의원 선거와 지방선거에서는 김종필이 이끄는 자민련에 대한 집중적인 지지로 이어졌다.

그러나 점차 김종필의 정치적 영향력이 줄어들면서 충청지역의 지역주의적 투표도 약화되는 추세이다. 특히 2000년 이후부터는 지역주의적 투표가 상당히 약화되어 충청지역을 대표하는 정당들이(자민련, 자유선진당 등) 고전한 것으로 평가되고 있다. 예를 들어, 2002년 대선에서는 충청지역 출신인 이인제가 민주당 후보로 나오려다 경선에서 패배해 무산되었으며, 김종필도 다른 후보와의 연합을 하지 않았기 때문에 전통적인 의미의 지역주의적 투표는 거의 찾기 어려웠다. 다만 선거운동 과정에서 충청지역 출신이 아닌 노무현 후보가 '신행정수도의 충청권 이전'이라는 정책공약을 제시함으로써, 충청지역 유권자의 높은 지지를 확보하였는데, 이는 과거의 그 지역 출신 정치지도자를 중심으로 한 지역주의적 투표가 정책이나 이슈를 중심으로 한 새로운 형태의 지역주의적 투표로 발전할 가능성을 시사한 것이라고 평가할 수 있다. 보다 최근에 와서는 2012년 대선을 앞두고 자유선진당이 새누리당과 합당하면서 충청 지역정당이 사라지게 되었다. 그에 따라 충청 지역주의도 다소 주춤한 상태이나, 그렇다고 완전히 사라졌다고 볼 수는 없다.

제 3 장 노태우 정부 시기의 선거

CHAPTER 03 노태우 정부 시기의 선거

제1절 제13대 대통령선거와 노태우정부의 출범

제13대 대통령선거는 제12대 대통령의 임기만료에 따라 1987년 12월 16일 실시하였다. 제13대 대통령선거를 몇 개월 앞두고 국민들이 '6월 민주항쟁'을 일으켜 그동안 호헌론을 고수해온 전두환 정권을 굴복시키고 대통령직선제 헌법개정을 이루어냈다. 따라서 제13대 대통령선거는 1971년 제7대 대통령선거 이후 16년 만에 직선제로 치러졌다.

제13대 대통령선거에는 8명의 후보가 출마하였다. 여당인 민주정의당에서는 노태우 후보가 출마했고, 야당에서는 양김(兩金)이 당시 국민들의 큰 관심사였던 후보단일화를 끝내 이루지 못하고 김영삼 후보는 통일민주당으로, 김대중 후보는 평화민주당으로 모두 출마하였다. 또한 김종필 전 민주공화당 총재도 신민주공화당 후보로 출마하였다. 선거전은 초반부터 노태우·김영삼·김대중 후보의 3자 대결구도를 보였다. 선거운동 과정에서 '군정종식', '안정과 혼란', '6·29 선언', 'TV 편파방송', '관권선거' 등의 문제가 쟁점이 되었다. 또한 세 과시를 위한 청중동원 경쟁이 벌어지면서 이전의 선거에서는 볼 수 없었던 100만 명 이상의 청중이 모이는 연설회가 여의도광장에서 3차례나 열렸다.

제13대 대통령선거는 16년 만에 직선제가 부활하여 국민들의 관심이 매우

켰고, 6월 민주항쟁 결과 민주화가 진척되어 가장 자유스러운 분위기에서 치러졌다. 하지만 지역감정이 심하게 표출되고, 연설회장에서 대규모 폭력사태가 발생하였으며, 흑색선전이 난무하여 매우 혼란스러운 모습도 보여주었다. 선거결과 민주정의당 노태우 후보가 역대 대통령선거 당선자 중 최저 득표율인 36.6%를 득표하여 당선되었다. 낙선한 김영삼·김대중 후보는 선거부정을 주장하며 선거결과에 승복하지 않겠다고 밝혔고, 6개월 후 제13대 국회가 개원된 후 국회에 선거부정 조사를 위한 특별위원회가 설치되기도 하였다.

1. 정치 상황: 야권 후보단일화의 실패와 4자 구도의 성립

1986년 말 직선제 개헌을 추진하는 과정에서 신민당은 내부적으로 노선상의 대립을 겪게 되는데, 이는 내부의 이중적인 권력구조에서 비롯된 것이었다. 당시 신민당의 지도체제는 총재직은 이민우가 맡고 있어 명목상의 지도부를 구성하고 있었지만 이는 형식에 불과했고, 김영삼과 김대중이 실질적인 지도력을 행사하는 구조를 지니고 있었다.

이러한 이원적 정당구조는 출범 직후 당의 지도체제를 둘러싼 갈등의 씨앗을 품고 있을 수밖에 없었는데, 1986년 12월 24일 소위 '이민우 구상'에서 최초로 표출되었다. 이민우 총재는 이날 7개항의 민주화 요치를 요구하면서 정부와 여당이 이를 수용할 경우 내각제 개헌도 긍정적으로 받아들일 수 있다고 밝혔다. 더군다나 1987년 2월 21일 김영삼과 김대중의 계보모임인 상도동계와 동교동계가 5월 정기전당대회에서 김영삼을 총재로 추대하기로 결정하자, 이민우 총재를 비롯해 이철승, 김재광 등의 '비주류연합'마저 반발하면서 당 내분은 악화일로를 걷게 되었다. 결국 4월 8일 양김은 분당 외에 달리 방법이 없다고 결론을 내리고 신민당 소속 국회의원 90명 중 계파의원 74명을 탈당시킨 후 13일 신당 창당발기인 대회를 거쳐 5월 1일 통일민주당(통민당) 중앙당창당대회를 개최하기에 이르렀다.

이민우 구상

이민우 구상은 1986년 12월 24일 당시 신민당 총재직을 맡고 있던 이민우가 발표한 구상으로, 정부와 여당에게 다음의 7개항의 민주화 조치를 요구하였다: ① 지방자치제 실시, ② 언론 및 집회 결사의 자유 등 기본권 보장, ③ 공무원의 정치적 중립, ④ 2개 이상의 건전한 정당제도 확립 보장, ⑤ 공정한 국회의원선거법 개정, ⑥ 용공분자를 제외한 구속자 석방, ⑦ 사면복권.

이민우 총재는 정부와 여당이 이러한 요구를 수용할 경우 내각제 개헌도 긍정적으로 받아들일 수 있다고 밝혔는데, 당시 민정당이 내각제를 받아들일 경우 상징적인 자리인 대통령으로 옹립하겠다고 이민우를 회유했기 때문에 이러한 구상이 나왔다는 일부 주장도 있다. 이러한 주장의 진위와는 상관없이, 이민우 구상은 당시 신민당의 명목상 지도자 이민우와 실질적 지도력을 행사했던 김대중, 김영삼 간의 내부 갈등을 표출한 것으로 널리 해석되고 있다.

통민당은 양김의 주도 아래 직선제 개헌운동을 전개해 노태우의 6·29선언을 이끌어내었고, 그에 따라 국민들은 16년 만에 대통령을 자신들의 손으로 직접 뽑을 수 있게 되었다. 그러나 1987년 10월 27일 직선제 개헌 국민투표가 국민들의 높은 찬성률이 통과되자, 김영삼과 김대중 양김 사이의 갈등이 표면화되기 시작했다. 1986년 2월 초 헌법 개정을 위한 '1천만 개헌서명운동'을 주도할 때만 하더라도 양김 간의 협력관계는 돈독했으며, 서로 상대방에게 대통령선거 후보를 양보할 수 있다는 견해를 피력하기도 했다. 그러나 1987년 6월 29일 노태우의 '6·29 선언'으로 직선제 대통령선거가 현실화되자 양김은 기존의 입장을 번복해 대통령선거 출마 의사를 직간접적으로 표명했다. 양김 간의 후보를 위한 경쟁은 7월 9일 김대중의 사면복권, 그리고 8월 8일 통민당 입당 및 상임고문 추대로 본격화되기 시작했다.

1987년 9월 7일 양김은 후보단일화를 위한 실무협의기구를 구성키로 합의하고 14일과 17일 연이어 회합을 가졌으나 후보단일화 시기와 방법에 대한 이견을 좁히지 못했다. 김영삼은 가급적이면 이른 시일 안에 개최하자는 입장이었다. 당 총재로서의 기득권을 최대한 이용하자는 계산 때문이었다. 이에 반해 상대적으로 당내 기반이 부족했던 김대중은 지지세력 확보를 위해 최대한 시기를 늦추고자 했다. 후보단일화 방법에서도 양김은 의견을 달리했다. 김영삼은 기존 대의원만으로 후보추대를 위한 전당대회를 개최하자는 입장이었던 반면, 김대중은 미창당 지구당의 조직을 정비하고 대의원 수를 늘려서 전당대회를 개최하자는 입장이었다.

9월 29일 양김은 다시 회동했으나 상대방에 후보 양보를 요구할 뿐 별다른 합의점을 찾지 못했다. 이어 10월 10일 김영삼은 대통령후보를 공식선언하면서 후보추대를 위한 임시전당대회를 개최할 것임을 발표했고, 10월 28일에는 김대중이 기자회견을 열고 신당창당을 공식선언했다. 10월 29일 통민당 내 김대중 고문의 정치계보인 동교동계 국회의원 25명을 비롯하여 각계 인사 51명은 신당창당준비위원회를 구성하고 11월 12일 중앙당창당대회를 개최하여 평화민주당(평민당)을 창당하고 김대중을 총재 및 대통령후보로 추대했다. 그리고 통민당은 11월 19일 전당대회를 통해 김영삼을 대통령후보로 추대했다. 이로써 양김은 각자 대통령후보로 출마하게 되었고 4개월에 걸친 후보단일화 논의는 실패로 돌아갔고 이 여파로 영호남의 분열이라는 사태가 초래되기에 이르렀다.

[그림 3-1] 후보단일화가 무산되어 가던 시점(1987년 10월 25일) 고려대학교에서 열린 거국내각쟁취실천대회에 참석한 김영삼과 김대중

한편, 1987년 9월 28일 김종필 전 민주공화당 총재도 정계복귀를 선언하고 창당에 나섰다. 김종필은 1979년 박정희 대통령 사망 후 민주공화당 총재가 되었으나 1980년 5·17 비상계엄 확대조치 당시 권력형 부정축재 혐의로 체포된 후 11월 「정치풍토쇄신을 위한 특별조치법」에 의해 정치활동이 규제되었었다. 1986년 2월 정치활동 규제에서 해금된 후 1년 만에 귀국하여 정국을 관망하고 있다가 대통령직선제 개헌이 현실화되자 정계복귀를 선언한 것이었다. 1987년 10월 5일 김종필은 민주공화당 시절의 각료, 국회의원을 주축으로 창당 작업에 들어가 10월 30일 중앙당창당대회를 개최해 신민주공화당(이하 공화당)을 창당했다. 창당대회에서 이들은 5·17 자체가 원천적으로 무효이며 신군부에 의해 붕괴된 조국근대화 세력의 소생과 재결집이 당연한 역사적 귀결이라 선언하면서, 김종필을 총재 및 대통령 후보로 추대했다.

여당인 민정당은 일찌감치 대통령후보를 결정했다. 민정당은 1987년 6월 2일 고위핵심간부회의에서 천거와 3일 중앙집행위원회의 제청을 거쳐 10일 '제4차 전당대회 및 대통령후보지명대회'의 투표를 통해 노태우 대표최고위원을 후보로 선정했다. 물론 형식은 대의원 투표를 통해 결정한 것이었지만 사실상 민정당 총재인 전두환 대통령의 지명에 의한 것이었다. 이로써 제13대 대통령선거는 민정당 노태우, 통민당 김영삼, 평민당 김대중, 공화당 김종필 후보의 4자 구도로 진행되게 되었다.

2. 선거제도 변화: 간접선거에서 직접선거로

제13대 대통령선거는 새로운 헌법에 의거하여 국민들의 직접선거로 실시되게 되었다. 1971년 제7대 대통령 선거 이후 16년 만에 직접선거가 실시된 것인데, 제13대 대통령선거에 적용할 은 제7대 대통령선거 당시의 선거제도를 근간으로 하면서 그 동안의 시대변화상을 반영하여 만들었다.

새로운 대통령선거법은 헌법 개정의 연장선상에서 만들어졌다. 1987년 7월 민정당과 통민당 중진의원 4명씩으로 구성된 '8인 정치회담'은 8월말까지 헌법 개정안 협상을 끝내고, 9월 8일부터 「대통령선거법」 제정을 위한 협상에 들어갔다. 협상 과정에서 민정당은 선거과열 방지와 선거비용 등을 감안하여 선거운동을 규제하는 쪽에 초점을 맞추었으며, 반대로 통민당은 표현의 자유와 선거운동 기회를 확대하는 쪽에 초점을 맞추었다.

선거법 제정 과정에서 정당 간 주요 쟁점은 선거운동 기간, 연설회 개최 횟수, 방송시설을 이용한 연설과 토론의 개최 횟수 등이었다. 선거운동 기간에 대해서 민정당은 20일을, 통민당은 40일을 주장하였는데, 8인 정치회담에서 양당의 주장을 절충하여 선거운동 기간을 30일로 결정하였다. 연설회 개최 횟수에 대해서도 양당은 비슷한 입장이었다. 민정당은 가능하면 횟수를 제한하고자 하였고, 통민당은 횟수를 늘리고자 하였다. 여기서도 절충이 이루어져, 후보자연설회는 시·도마다 3회씩, 연설원연설회는 구·시·군의 읍·면·동마다 1회씩 개최하기로 8인 정치회담에서 합의하였다. 한편 방송시설을 이용한 연설과 토론에 있어서는 양당의 입장이 바뀌었다. 민정당은 선거 과열을 막기 위해 이를 최대한 활용해야 한다는 적극적인 입장이었고, 반대로 통민당은 방송의 공정성 문제를 들어 소극적인 입장이었다. 이 문제 역시 8인 정치회담에서 절충점을 찾아, 후보자와 연설원 모두 TV·라디오 각각 20분 5회로 결정되었다.

8인 정치회담은 9월 19일까지 협상을 마치고 합의안을 국회 내무위원회에 넘겼고, 국회 내무위원회는 '선거관계법안심사소위원회'를 구성하여 법률안 입안에 들어갔다. 입안 과정에서 소위원회는 8인 정치회담에서 합의한 결과를 토대로, 4개 정당이 제출안 안과 중앙선관위 의견도 고려하여 법안을 작성하였다. 소위원회 안은 내무위원회를 통과하고 본회의로 넘겨져 출석위원 151명 중 148명 찬성, 3명 반대로 압도적인 표차로 가결되었다. 국회를 통과한 법안은 정부로 이송되어 1987년 11월 7일 법률 제3937호로 공포되었다.

새로운 「대통령선거법」의 제정으로 지난 제12대 대통령선거 당시의 제도와 제13대 대통령선거 제도는 대폭적으로 변화하였다. 간접선거에서 직접선거로, 임기는 7년 단임제에서 5년 단임제로 바뀌었고 선거운동방법이 3가지에서 9가지로 확대되었고, 선거비용 부담 주체가 국가에서 정당 또는 후보로 바뀌었다. 이 두 선거제도의 주요 내용에 대한 비교는 <표 3-1>을 참조하라.

〈표 3-1〉 제12대와 제13대 대통령선거 제도의 주요 내용 비교

주요 내용	제12대 대통령선거	제13대 대통령선거
선거 방법	대통령선거인단에 의한 간접선거	국민의 직접선거
대통령 임기	7년(중임불가)	5년(중임불가)
피선거권에 대한 국내 거주 요건	선거일 현재 계속하여 5년 이상 국내 거주	제한 없음 (거주 요건 삭제)
후보자 추천	정당원: 소속 정당이 추천 무소속: 대통령선거인 300인 이상 500인 이하의 추천	정당원: 소속 정당이 추천 무소속: 선거권자 5,000명 이상 7,000명 이하의 추천
기탁금	없음	정당추천후보자: 5천만원 무소속 후보자: 1억원
선거운동 방법	3가지(선거공보, 신문광고, 방송연설)	9가지(선전벽보, 방송연설, 방송대담·토론, 경력방송, 신문광고, 연설회, 기호표, 표지판, 현수막)
선거 비용	국가 부담	정당 또는 후보자 부담
투표용지 가인	없음	구시군위원회: 정당대리인 2명 가인 투표구위원회: 제1당과 제2당 정당추천위원 2명 가인
투표용지표 교부입회인	없음	정당과 후보자 등이 지명하는 1인 참여
군인 등의 부재자투표 방법	규정 없음	그 시설 안에 설치된 기표소에서 투표
당선인 결정 방법	대통령선거인의 과반수를 얻은 후보자(과반수 득표자가 없을 경우 2차, 3차 결선 투표)	유효투표의 다수를 얻은 후보자(단순다수제)

자료: 중앙선거관리위원회, 「대한민국선거사 제4집」, p. 456.

3. 선거운동: 민주화, 군정종식, 그리고 정치안정의 선거전략

제13대 대통령선거에서의 선거운동은 12·12사태, 군정 종식, 6·29 선언, 광주민주항쟁 등 정치적인 쟁점을 중심으로 진행되었다. 본격적인 선거운동이 진행되자 야당 후보들은 입을 모아 12·12 사태를 통해 집권한 전두환 정부의 정통성을 공격했다. 즉, 12·12사태가 군사 쿠데타이고 전두환 군사정권을 탄생시킨 시발점이며, 따라서 12·12사태 주역 중 한사람인 노태우의 당선은 군사정권의 연장선이 된다는 점을 부각시키고자 했다. 김영삼 후보는 10월 17일 부산에서 1백만 명이 모인 '군정종식 부산국민대회'와 11월 9일 통민당 전당대회에서 12·12사태는 군사반란이며 따라서 노태우 후보의 집권은 군정의 연장이라고 하면서 자신이야말로 군정 종식의 최고 적임자임을 역설했다. 김대중 평민당 후보 또한 12·12 사태는 국민들의 민주화 열망을 무산시킨 실질적인 쿠데타였으며 불법적인 정권탈취라고 주장했다. 이에 반해 노태우 민정당 후보는 12·12사태는 박정희 대통령 시해사건과 연루혐의가 있는 정승화 당시 육군참모총장을 연행하는 과정에서 발생한 불가피한 상황이었으며, 오히려 군부를 잘 알고 있고 군부의 지지를 받는 자신이야말로 군정 종식의 적임자라고 주장했다.

군정종식과 함께 안정론 또한 주요 쟁점으로 작용했다. 앞서 살펴보았듯이 대통령직선제 개헌을 둘러싼 1986년의 '1천만 개헌서명운동'과 1987년의 '6월 민주항쟁' 등의 과정은 전국적으로 많게는 백여만 명 이상이 동원된 시위상황을 발생했고 이 과정에서 사망하거나 부상당한 사건들도 적지 않았기 때문에 사회적으로 커다란 혼란상황을 연출했었다. 이러한 맥락에서 어떤 후보가 민주화 이행기에 사회적 안정을 가져올 수 있는가가 중요한 선거쟁점이 되었다. 특히 이슈의 규범적인 성격 때문에 서로 반대되는 의견을 두고 후보 간 논쟁을 벌이기보다는 누가 더 적격자인가에 대한 논쟁이 주를 이루었다.

안정론에 가장 적극적이었던 후보는 민정당의 노태우 후보였다. 그는 안정론을 6·29 선언, 경제 안정 및 성장, 그리고 국가 안보와 연결시키고자 노력했다. 6·29 선언 이후 시위가 없어졌다는 점, 그리고 제5공화국의 치적으로 경제적 안정을 강조하고, 계속적인 경제안정 및 성장은 정치적 안정 없이 이루어질 수 없으며, 야당 후보의 집권은 정치적 혼란과 분열을 초래할 것이라고 강조했다. 아울러 군인출신 대통령의 권위주의식 통치라는 부정적 이미지를 없애기 위해 '위대한 보통사람의 시대'라는 캐치프레이즈(catch phrase)를 내세웠다. 이에 반해, 김대중 후보는 안정론을 광주민주항쟁 문제의 해결 및 지역감정의 해소와 연결시키며 노태우 후보의 안정론에 대응했다. 그는 정치적 안정은 광주 문제의 해결 및 지역감정 해소를 통해서만이 가능하며 자신이야말로 안정과 개혁을 함께 달성할 수 있는 적임자라고 주장했다. 김영삼 후보는 안정론을 자신의 선거 캐치프레이즈인 군정종식과 연결시켰다. 그는 "노태우 후보가 대통령이 되면 한동안은 공동묘지와 같은 안정이 올지 모르나 민간 대통령이 뽑혀야 영원히 안정을 가져올 수 있다"고 주장하면서 군정종식을 통한 민주화만이 정치적 안정을 달성할 수 있는 길이라고 주장했다. 김종필 후보도 집권 경험이 있는 자신이 대통령이 되어야 안정을 실현할 수 있다고 주장했다.

[그림 3-2] 노태우, 김영삼, 김대중, 김종필 후보의 연설회

이러던 와중 11월 29일 발생한 'KAL기 폭파사건'은 정부여당의 안정론에 무게를 더해주었다. 노태우 후보는 12월 2일 KAL기 폭파사건의 배후에 북한이 있음을 언급하면서 이를 안정론과 연계하며 김영삼과 김대중 후보에 대한 공격거리로 활용했다. 특히 12월 5일 선거전날 폭파범 김현희가 서울로 압송되는 장면이 TV에 톱뉴스로 방송되면서 주목을 크게 받았으며 결국 선거가 여당의 후보인 노태우에게 유리하게 흘러가도록 작용했다.

KAL기 폭파 사건

KAL기 폭파 사건은 1987년 11월 29일 승무원과 승객 115명을 태우고 이라크 바그다드에서 출발하여 서울로 향하던 KAL858기가 버마(현재 미얀마) 해역 상공에서 폭파되어 탑승자 전원이 사망한 사건을 말한다. 당시 범인 김현희는 북한 공작원으로 밝혀졌으나 당시 전두환 정권과 여당이 대통령선거를 자신에게 유리하게 만들기 위해 안전기획부(현 국가정보원)를 통해 만든 자작극이라는 의혹이 제기되었었다. 그러나 그로부터 20년 후 2007년 노무현 정부 시절 국가정보원 과거사진상위원회는 이러한 조작설이 근거가 없다는 결론을 내렸다.

4. 투표율과 선거 관리: 높은 투표율과 과열로 인한 선거 폭력의 발생

1987년 12월 16일 실시된 제13대 대통령선거는 비교적 높은 투표율을 기록했다. 선거인수 25,873,624명 중 총 23,066,419명이 투표하여 82.9%의 투표율을 기록했는데, 이는 가장 가까운 1971년의 대통령선거 투표율 79.8%보다 약 9.4% 포인트 높은 것이었고, 가장 최근에 실시한 1985년 제12대 국회의원선거의 투표율 84.6%보다는 4.6% 포인트 높았다. 제13대 대통령선거의 투표율은 1963년 제5대 대통령선거 이후 직선제로 치러진 네 차례의 대통령선거 중에서 가장 높은 것이었다. 이와 같이 투표율이 높았던 이유는 16년 만에 대통령직선제가 부활되어 국민들의 관심이 매우 컸고, 초반부터 선거가 과열되었으며, 특히 지역감정이 심하게 표출되면서 유권자들이 자기 지역 출신에게 한 표라도 더 찍어주려는 심리가 작용한 것으로 볼 수 있다.

시도별 투표율을 비교해 보면(<표 3-2> 참조), 투표율이 가장 높은 곳은 광주직할시로 92.4%였고 충북·경북 91.0%, 강원 90.7%, 전북·전남 90.3%, 대구 89.9% 순이었다. 가장 낮은 곳은 서울과 인천으로 88.1%였다. 이전의 선거에서도 강원·충북·경북은 투표율이 대체로 높았고, 서울과 인천은 투표율이 낮았다. 그런데 가장 투표율이 높았던 광주와 가장 낮았던 서울을 비교하면 4.3% 포인트밖에 차이가 나지 않는다. 워낙 국민적 관심도가 높았고 투표율이 높았기 때문에, 지역 간 투표율 차이가 크게 나타나지 않았던 것이다.

제13대 대통령선거 특징 중의 하나는 검찰 및 경찰과 함께 시민단체와 종교단체가 적극적인 선거부정 감시활동을 했다는 것이다. 6월 민주항쟁을 주도했던 민주쟁취국민운동본부를 비롯하여 전국대학생대표자협의회, 민주쟁취천주교공동위원회, 대한예수교장로회청년회 등은 1987년 11월 17일부터 11월 25일 사이에 각각 공정선거감시단을 결성하고 감시활동을 시작하였다. 특히 6월 민주항쟁을 주도했던 국민운동본부는 1987년 11월 20일 '공정선거감시 전국본부' 발대식을 열고 군부독재 종식과 민주승리를 위한 공정선거감시 운동을 벌여나갈 것임을 선언하는 등 활발하게 활동하였다.

이러한 단체가 감시활동을 한 이유는 정부여당에 대한 불신 때문이었으므로 주요 감시 대상은 관권선거와 금권선거 등 정부여당의 선거부정 행위였다. 또한 투표통지표 교부입회인 및 투·개표참관인 활동, 투·개표소 주변의 감시활동 등도 하였다. 특히 투표통지표 교부 입회 과정에는 전국적으로 31,746명이 입회인으로 활동하였다. 그리고 국민운동본부는 선거일 하루 전인 1987년 12월 15일 신문에 '공정선거 국민행동요령'을 광고하여 국민들의 관심을 촉구하기도 하였다.

제13대 대통령선거 당시 검찰에 의해 입건된 선거사범은 총 827명이었다. 검찰은 이 중 116명은 기소하고, 나머지 711명은 불기소 처분하였다. 선거사범 중 구속된 사람은 154명이었다. 선거사범의 위반행위 유형을 보면 흑색선전이 전체 선거사범의 43.4%인 359명으로 가장 많았고, 그 다음은 선거 폭력(27.6%), 각종 제한규정 위반(11.8%), 투·개표 부정 및 방해(7.9%) 등의 순이었다.

〈표 3-2〉 제13대 대통령 선거 시도별 결과

구분	선거인수	투표수 (투표율 %)	후보자별 득표수 (득표율 %)			
			노태우	김영삼	김대중	김종필
서울	6,486,710	5,717,805 (88.1)	1,668,824 (30.0)	1,637,347 (29.1)	1,833,010 (32.6)	460,988 (8.2)
부산	2,290,038	2,024,324 (88.4)	640,622 (32.1)	1,117,011 (56.0)	182,409 (9.1)	51,663 (2.6)
대구	1,275,293	1,146,652 (89.9)	800,363 (70.7)	274,880 (24.3)	29,831 (2.6)	23,230 (2.1)
인천	955,271	841,983 (88.1)	326,186 (39.4)	248,604 (30.0)	176,611 (21.3)	76,333 (9.2)
광주	520,488	481,126 (92.4)	22,943 (4.8)	2,471 (0.5)	449,554 (94.4)	1,111 (0.3)
경기	3,352,554	2,962,014 (88.4)	1,204,235 (41.5)	800,274 (27.5)	647,934 (22.3)	247,259 (8.5)
강원	1,040,632	943,379 (90.7)	546,569 (59.3)	240,585 (26.1)	81,478 (8.9)	49,954 (5.4)
충북	854,232	777,739 (91.0)	355,222 (46.9)	213,852 (28.2)	83,132 (11.0)	102,456 (13.5)
충남	1,788,014	1,578,557 (88.3)	402,491 (26.2)	246,527 (16.1)	190,772 (12.4)	691,214 (45.0)
전북	1,298,522	1,172,867 (90.3)	160,760 (14.1)	17,130 (1.5)	948,955 (83.5)	8,629 (0.8)
전남	1,659,767	1,498,755 (90.3)	119,229 (8.2)	16,826 (1.1)	1,317,990 (90.3)	4,831 (0.3)
경북	1,878,025	1,709,244 (91.0)	1,108,035 (66.4)	470,189 (28.2)	39,756 (2.4)	43,227 (2.6)
경남	2,193,206	1,963,376 (89.5)	792,757 (41.2)	987,042 (51.3)	86,804 (4.5)	51,242 (2.6)
제주	280,872	248,598 (88.5)	120,502 (49.8)	64,844 (26.8)	45,139 (18.6)	10,930 (4.5)
합계	25,873,624	23,066,419 (89.2)	8,282,738 (36.6)	6,337,581 (28.0)	6,113,375 (27.1)	1,823,067 (8.1)

자료: 중앙선거관리위원회, 역대선거정보(13대 대통령선거).

제13대 대통령선거 때에 가장 큰 문제가 되었던 것은 선거 폭력이었다. 연설회장에서 각종 폭력사태가 발생하였다. 1987년 11월 29일 광주에서 개최된 노태우 후보의 연설회장에서 연단에 최루탄과 화염병을 던진 학생, 노태우 후보의 수행원들에게 각목을 던진 학생, 무개차를 타고 지나가던 노태우 후보를 향해 총류탄을 던진 학생, 동료 대학생 100여 명과 함께 함성을 지르고 최루탄과 화염병 및 돌을 던지며 연설을 방해한 학생들이 경찰에 체포되었다. 또한 1987년 12월 11일 서울에서 한양대학교 학생 3명이 피켓과 각목으로 민주정의당 선거운동용 차량의 유리창을 깨고 '노태우 살인마'라고 외치다가 경찰에 검거되었다. 12월 12일 서울 여의도 광장에서 개최된 노태우 후보자의 연설회장에서도 중앙대학교 학생이 '살인마'라고 외치며 연단에 최루탄을 던졌다가 경찰에 검거되기도 하였다.

제13대 대통령선거 때 새로 등장한 형태의 불법 선거운동은 서적 광고였다. 이는 후보자들의 지난날 행적이나 업적 또는 인간성 등을 찬양하고 향후 실천계획 등이 게재된 책을 발간한 후, 신문 등의 광고를 통해 후보자를 선전하는 방식이었다. 이 불법 서적광고는 주로 노태우, 김영삼, 김대중 후보와 관련된 것이었다. 민주정의당 노태우 후보에 관한 서적은 『노태우 약속 이렇게 실천한다』, 『위대한 보통사람들의 시대』, 『용기 있는 보통사람 노태우』, 『함께하는 정치 고루사는 사회』등이었다. 통일민주당 김영삼 후보에 관한 서적은 『신앙강론집 정직과 진실이 승리하는 사회』, 『김영삼 총재의 단식 투쟁기록 새벽을 열며』, 『왜 김영삼이어야 하는가』등이었다. 평화민주당 김대중 후보에 관한 서적은 『김대중 옥중서신』, 『김대중 수난사 인동초의 새벽』, 『행동하는 양심 김대중 어록』등이었다. 이러한 서적광고는 주로 출판사 명의로 하였는데, 책의 판매보다는 해당 후보자를 선전하기 위한 목적이었다. 불법 서적광고에 대해서는 선거관리위원회가 자제를 요청하는 공문을 발송하는 외에 특별한 처벌사례는 없었다.

종합적으로, 제13대 대통령선거는 오랜만에 직접선거로 실시되었고, 유력 후보자 4명의 지역적 지지 기반이 달라 지역감정이 심하게 표출되면서 선거운동 초반부터 과열 조짐을 보였다. 또한 선거결과를 예측하기가 쉽지 않아 더욱 과열된 측면도 있었다. 특히 민주화의 열기가 과도하게 표출되면서, 일부 젊은 학생들에 의한 폭력적인 행위가 많이 발생하는 문제를 드러내기도 했다. 그러나 이러한 과열 분위기 속에서도 전체적으로 선거관리에 있어서 큰 문제는 없었고, 높은 유권자 관심을 반영하여 비교적 높은 투표율을 기록했다.

5. 선거결과와 의미: 노태우의 당선과 미완의 민주화, 그리고 지역주의의 등장

개표 결과 민정당 노태우 후보가 유효투표수 22,603,411 표의 36.6%를 얻어 당선되었다. 2위는 통민당 김영삼 후보로 28.0%를 득표했고, 3위는 평민당 김대중 후보로 27.1%를 획득했다. 공화당 김종필 후보는 8.1% 득표에 머물렀다.

앞에서 보았던 <표 3-2>에 따르면, 노태우 후보는 전국 14개 시도 중 대구·경북과 인천·경기, 강원, 충북, 제주 등 7개 지역에서 1위를 차지했다. 김영삼 후보는 자신의 지역 기반인 부산 및 경남에서, 김대중은 자신의 지지 기반인 광주 및 전남북과 서울 등 4개 지역에서, 김종필은 충남에서만 1위를 차지했다. 이는 뒤에서 자세히 살펴 볼 지역주의 투표 현상이 그대로 드러나는 결과였다.

제13대 대통령 선거의 결과를 통해 다음과 같은 정치적 함의를 찾아볼 수 있다. 무엇보다도 먼저 지적할 수 있는 것은 양김의 후보 단일화 실패와 대선에서의 패배는 6월 민주항쟁 이후 민주화 이행이 미완성으로 끝났음을 의미하는 것이었다는 점이다. 실제 김영삼과 김대중의 득표율을 합하면 55.1%로 후보 단일화가 성사되었다면 민주세력이 집권할 수 있었다는 추론이 가능하다. 그러나 이들의 후보단일화 실패에 따른 노태우의 당선은 형식적으로는 민주적 정통성을 갖춘 정부의 등장이었지만, 실질적으로는 군정을 바탕으로 한 권위주의 정부의 연장선을 의미했다. 선거가 끝난 후 실시된 여론조사에 따르면, 국민 다수가 민주화 조치를 가장 주요한 국정과제로 제시하기도 했다. 아울러 야권의 후보단일화 실패는 정치권과 재야단체를 중심으로 자성론과 함께 다가올 제13대 국회의원 선거에서 야권 통합의 필요성을 강하게 제기하도록 만들었다.

둘째, 각 후보들이 자신의 출신지역에서만 절대적인 지지를 획득한 지역주의 투표 현상이 매우 심한 선거였다는 점을 들 수 있다. 당선인인 노태우 후보의 경우 자신의 출신 지역인 대구와 경북에서 68.1%의 지지를 받은 반면, 김대중 후보의 출신 지역인 광주·전남·전북에서는 9.9%의 지지율밖에 획득하지 못했다. 김영삼 후보는 자신의 출신 지역인 부산·경남에서 53.7%의 지지를 받았지만, 광주·전남·전북에서의 득표율은 1.2%에 불과했다. 김대중 후보는 자신의 출신 지역인 광주 및 전남북 지역에서 88.4%라는 압도적인 지지를 받았지만, 부산과 경남에서는 6.9%, 대구와 경북에서는 2.9%의 지지를 획득하는 데 머물렀다. 마지막으로 김종필 후보의 경우 자신의 출신 지역인 충남에서 45%의 지지를 획득한 반면, 타 후보 출신 지역에서는 3% 미만의 지지를 받는 데 그쳤다.

셋째, 노태우 당선자의 득표율이 36.6%에 불과해 민주적 정통성 논란을 불러일으켰다는 점을 지적할 수 있다. 1987년 개헌과 「대통령선거법」 제정을 통해 확정된 대통령선거제도는 기본적으로 단순다수제로 최다득표자를 당선자로 확정하는 제도였다. 따라서 선거가 다수 후보 간의 경쟁으로 치러질 경우 당선자가 과반의 득표를 하지 못하는 경우가 발생할 수 있으며, 이 경우 다수의 지배(rule of majority)라는 민주주의의 원칙을 훼손할 수 있다는 문제점이 발생한다. 그리고 1987년 대통령선거는 이를 정확하게 보여주었다.

대통령선거에서의 단순다수제와 절대다수제

대통령제를 실시하고 있는 대부분의 민주주의 국가들은 (미국은 예외적으로 선거인단에 의한 간접선거를 실시함) 직접선거로 대통령을 선출한다. 이 때 사용하는 방식은 단순다수제와 절대다수제로 나뉜다. 단순다수제(상대다수제라고도 불림)는 과반 득표 여부에 상관없이 최다득표자를 당선자로 확정하는 방식이다. 절대다수제는 과반 득표자가 있는 경우는 그 사람을 당선자로 확정하지만, 없는 경우는 상위 두 후보 혹은 일정 조건을 만족하는 후보만을 대상으로 2차 투표를 통해 과반 득표자를 유도하는 방식이다.

대부분의 절대다수제 대통령 선거는 제1차 투표에서 누구도 과반수 득표를 못했을 경우 상위 두 후보 간에 결선투표를 실시한다. 프랑스가 가장 대표적인 사례이다. 이러한 결선투표에서는 그 제도의 본질 상 제1차 투표에서 앞섰던 후보가 패배할 가능성이 발생한다. 다른 방식은 특정 조건을 만족하는 후보만을 대상으로 하는 것인데, 이 중 흥미로운 방식 중의 하나는 분포 조건을 사용하는 것이다. 대부분의 대통령선거가 전국적 투표에 의해 실시된다고 할 때, 승리 후보로 하여금 전국적 수준에서 뿐만 아니라 지역 수준에서도 일정 수준 이상의 지지를 받도록 요구하는 것이다. 이러한 방식은 아직 흔하게 사용되고 있지는 않지만, 이것이 후보자로 하여금 자신들의 지지 기반을 확대하도록 유도하는 것은 분명하다. 이러한 효과는 지역적으로 분열된 사회에서 중요하다. 예를 들어, 인도네시아의 경우 제1차 투표에서의 승리를 위해서는 과반수 이상의 지역(provinces)에서 최소한 20%의 득표를 해야 한다. 그러나 이러한 규칙은 자체적인 위험 요인을 수반하고 있는데, 어느 후보도 조건을 만족하지 못하는 경우도 발생할 가능성이 있는 것이다.

최근의 한 연구에 따르면, 대통령을 직접 선출하는 세계 91개 국가 중 61개 국가(프랑스, 러시아, 브라질 등)가 절대다수제를 통해 대통령을 선출하고 있다. 20개 국가(한국, 핀란드, 멕시코 등)는 단순다수제, 그리고 10개 국가는 혼합형이나 다른 방식을 사용하고 있다. 이처럼 절대다수제를 많이 사용하고 있는 이유는 아마도 입법부 의원 한 명과 비교할 때 한 명의 대통령의 경우 과반수 이상 유권자의 지지를 확인하는 것이 더욱 중요하기 때문일 것이다. 단 한번의 선거에서 최다득표를 한 후보가 무조건 당선되는 단순다수제는 수용하기 힘들 정도의 낮은 득표율에 기반한 승리를 초래할 수 있다. 극단적인 예로서, 1992년 피델 라모스(Fidel Ramos)는 단지 24%의 득표율로 필리핀 대통령이 되었다.

이처럼 극단적이지는 않지만, 1987년 한국의 제13대 대통령 선거에서도 노태우 후보가 과반에 훨씬 못 미치는 36.6%의 득표율로 대통령에 당선되었다. 그 이후의 대통령 선거에서도 과반 득표로 당선된 후보는 없다. 최근 한국에서도 대통령선거를 절대다수제로 바꾸자는 의견이 힘을 얻고 있다.

제2절 제13대 국회의원선거와 분점정부의 출현

제13대 국회의원선거는 1987년 10월 29일 공포된 제6공화국 헌법 규정에 따라 제12대 국회의원의 당초 임기를 다 채우지 않고 임기종료일을 1년 정도 남겨둔 1988년 4월 26일 실시되었다. 또한 제13대 국회의원선거는 1987년 12월 16일 제13대 대통령선거가 치러진지 불과 4개월 만에 실시된다는 특징을 가지고 있었다. 대통령선거에서 승리한 노태우 대통령은 민주정의당의 총재 자격으로, 그리고 패배한 3김(김영삼, 김대중, 김종필)은 사실상 당을 지휘하면서 지역구 또는 전국구 후보로 선거에 참여하였으므로, 제13대 국회의원선거는 제13대 대통령선거에 이어 '1노 3김'의 제2차 대결이라고 할 수 있었다.

선거전은 초반부터 연고지역에 따라 민주정의당, 통일민주당, 평화민주당, 신민주공화당의 4당 대결구도를 보였다. 갓 출범한 노태우 정부는 향후 정국안정을 위해 원내과반수 의석이 필요했고, 양김(김영삼, 김대중)은 정국주도권 장악을 염두에 두고 제1야당 경쟁을 벌이고 있었으므로 어느 때보다도 선거분위기가 뜨거웠다. 더욱이 그동안 여야 나눠먹기 식이라는 비난을 받아오던 중선거구제가 폐지되고 17년 만에 1선거구에서 1인을 선출하는 소선거구제로 치러지면서 후보자 간에 경쟁이 더욱 치열하여 위법행위도 많이 발생하였다.

분점정부와 여소야대

분점정부(divided government)는 대통령제 국가에서 행정부와 의회 간의 관계를 나타내는 용어로, 주로 미국의 양당제적 맥락에서 사용되는 용어이다. 미국의 경우 대통령이 이끄는 행정부가 의회가 대등한 권한을 가지고 있다고 보기 때문에, 두 개의 주요 정당(공화당과 민주당) 중 하나가 대통령직, 그리고 다른 정당이 의회 다수를 각기 차지하고 있는 상황을 분점이라고(즉, 정부를 나누어서 차지하고 있다고) 표현하고 있는 것이다. 한국의 경우 입법부보다는 대통령에게 더 많은 권한을 부여하는 경향이 있기 때문에, 언론에서는 분점정부라는 표현 대신에 여소야대라는 표현을 더 자주 사용하고 있다. 즉 대통령이 속한 정당을 여당으로 보고, 여당이 국회 내에서 야당보다 의원 수가 적은 상황을 의미하는 용어이다.
이러한 분점정부 현상이 정국 운영에 어떠한 영향을 미치는가에 대해서는 많은 논란이 존재한다. 이는 입법부의 행정부에 대한 감시와 견제를 강화해주는 효과가 있는 반면에, 심각한 교착상태를 초래할 가능성도 있다. 미국의 경우 분점정부 현상이 국정운영에 커다란 영향을 미치지 않는다는 견해가 우세하다. 그러나 같은 대통령제라고 할지라도 미국과 한국에서 이 현상이 가지는 의미와 영향은 다르게 나타날 수밖에 없다.

선거 결과 민주정의당은 전체의석의 41.8%인 125석을 차지하여 제1당이 되었지만 과반수의석에 미달하여 의정사상 최초로 분점정부(divided government) 혹은 여소야대 정국이 형성되었다. 평화민주당은 70석을 차지하여 제1야당이 되었고, 통일민주당은 59석, 신민주공화당은 35석을 차지하여 원내교섭단체를 구성할 수 있는 정당이 되었다. 여소야대로 국회운영의 주도권을 장악한 야3당은 정부가 요청한 대법원장의 임명동의안을 헌정사상 처음으로 부결시키고, 5공 청문회 등을 개최하여 전두환 정권시절의 각종 사건과 비리의 진상을 파헤치는 등 그 위력을 보여주었다. 하지만 1990년 민주정의당, 통일민주당, 신민주공화당이 합당함으로써 여소야대는 오래가지 못하였다.

1. 정치 상황: 통민당과 평민당의 통합 실패

1987년 대통령선거에서 야권의 패배는 통민당과 평민당의 분열로 후보단일화가 성사되지 못했기 때문이라는 평가가 우세한 가운데, 양당 지도부는 제13대 국회의원선거를 앞두고 야권 통합의 압력을 느끼게 되었다. 양당은 1988년 들어 2월 10일 각각 '야권단일화추진위원회'(통민당)과 '야권통합추진위원회'(평민당)를 구성하고 11일부터 13일까지 가진 합동회의에서 다음의 4개 항에 합의하였다: ① 양당은 야권대통합의 원칙에 합의한다, ② 통민당은 국회의원 소선구제를 수용한다, ③ 양당합동의원총회를 2월 15일에 개최하며 원내대책을 논의한다, ④ 통합의 세부적 내용을 결정하기 위하여 기구를 구성한다. 그리고 2월 23일 김영삼 총재와 김대중 총재가 회동해 통민당의 당론을 소선구제로 환원할 것과 재야의 신당창당 중지와 야권통합에 동참을 권고할 것, 그리고 양당의 통합추진기구를 조속히 재가동한다는 3개 항에 합의했다. 이어 양당은 3월 3일 임시전당대회를 열어 통합을 결의하고 150명씩 수임기구를 구성했다.

그러나 양당의 통합대회는 지도체제 문제로 난항을 겪으며 개최되지 못했다. 평민당 측이 양김의 공동대표제를 주장한 반면, 통민당 측은 양김이 아닌 제3의 인물로 통합신당의 단일지도체제를 형성하고 김대중 총재는 2선으로 후퇴해야한다고 주장했기 때문이었다. 게다가 1988년 3월 8일 국회에서 민정당 단독으로 소선거구제를 주요 골자로 하는 「국회의원선거법」을 통과시키자 통합문제는 김대중 총재의 거취문제로 좁혀지게 되었다. 3월 9일 김대중 총재가 기자회견을 통해 양당통합 전에 퇴진의사가 없음을 분명히 하자 3월 11일 통민당은 김명윤 총재직무대행의 성명을 통해 김대중 총재 퇴진 없는 야권통합은 아무런 의미가 없다며 통합 추진을 포기하겠다고 선언했다.

상황이 악화되자 김대중 총재는 3월 17일 총재직을 사퇴한다고 발표하기에 이르렀고 다음 날 통민당, 평민당, 한겨레민주당(가칭) 등 3당 통합대표들이 전체회의를 열어 통합을 위한 '6인 소위원회'를 구성하여 통합 활동이 재개하는 듯 했다. 그러나 3월 19일에 열린 6인 소위원회 회의장에 200여명의 청년과 학생들이 난입하여 통민당을 비난하며 폭력을 행사하는 사건이 발생했다. 통민당은 평민당이 이들을 동원했다고 주장하며 공식사과를 요청했으나 평민당은 이를 부인해 통합 협상은 다시 결렬 위기에 처했다. 결국 통민당은 3월 21일 통합협상의 결렬을 공식 선언했다.

2. 선거제도 변화: 선거법 개정과 소선거구제로의 전환

제13대 국회의원 선거에서의 최대 쟁점 중의 하나는 선거제도 개정이었다. 5공화국 하에서의 국회의원 선거제도가 문제가 있으며, 개정이 필요하다는 데에는 주요 정당들이 공감하였으며, 그에 따라 주요 정당들은 1988년 1월 중순부터 「국회의원선거법」 개정을 위한 협상에 본격적으로 들어갔다. 그러나 선거구제와 전국구의석 배분방식 등으로 첨예하게 대립하면서 합의에 이르지 못했다. 선거구제와 전국구의석 배분방식은 의석확보와 직접적으로 연결되어 있기에 각 정당은 첨예하게 대립할 수밖에 없었다.

선거제도와 선거구제

넓은 의미에서, 선거제도(electoral system)는 한 선거와 관련된 모든 규칙을 의미한다. 그러나 통상적으로 이 용어는 다음의 세 가지 측면에 제한되어 사용된다. 첫째는 표의 구조(structure of the ballot), 예를 들어, 정당별로 몇 명의 후보가 올라가 있는가이며, 둘째는 선거 공식(electoral formua), 표가 어떻게 의석으로 전환되는가이며, 셋째는 선거구 획정(districting), 영토를 다수의 분리된 선거구로 분할하는 일이다.

보다 일반적인 관점에서 보면, 선거제도는 크게 두 가지 기준에 의해 분류된다.

하나는 선거구 획정, 그 중에서도 선거구의 크기이고, 다른 하나는 선거 공식, 그 중에서 당선자 결정 방식이다. 선거구의 크기는 보통 소선거구, 중선거구, 대선거구로 구분하는데, 한 선거구에서 1명의 대표를 선출하면 소선거구, 2~4명의 대표를 선출하면 중선거구, 5명 이상을 선출하면 대선거구라고 부른다. 한편 당선자 결정 방식은 크게 다수제(단순다수제와 절대다수제)와 비례제, 그리고 혼합제(단순다수제와 비례제의 혼합)로 분류한다. 이 두 가지 기준의 결합 방식에 따라 다양한 선거제도가 가능한데, 선거제도의 유형에 대해서는 뒤에서 다시 설명할 것이다.

1988년 한국에서 진행된 선거구제 논쟁은 주로 단순다수제 하에서 선거구의 크기에 관한 것이었다. 야당은 소선거구제를, 민정당은 혼합선거구제(소선거구제와 중선거구제의 혼합)을 주장했는데, 결국 야당이 주장한 소선거구제를 채택하게 되었다. 보통 단순다수제는 소선거구제와 결합하는 것이 일반적이라고 할 수 있으며, 단순다수제가 중선거구제와 결합하는 것은 매우 이례적이라고 할 수 있다. 한 때 일본에서 사용된 적이 있으며, 한국에서는 제4공화국(유신정권)과 제5공화국(전두환 정권) 시절 2인 중선거구제가 사용되었다.

선거제도의 유형

선거제도는 당선자 결정방식에 따라 크게 다음의 세 가지 유형으로, 그리고 보다 세부적으로 7가지 유형으로 구분할 수 있다.

단순다수제와 절대다수제

1. 1인선거구 단순다수제: FPTP(first past the post)

절차: 각각의 1인선거구에서 한번만 투표하여 최다득표(과반수 이상일 필요 없음) 후보자를 당선자로 한다.

사용 국가: 방글라데시, 캐나다, 인도, 영국, 미국 등

2. 결선투표제

절차: 첫 번째 투표에서 아무도 과반수 득표를 하지 못하면, 선두에 있는 후보들(대개 1위와 2위 두 명)을 대상으로 제 2차 결선투표를 실시한다.

사용 국가: 이집트, 이란, 말리, 베트남 등

3. 절대다수제: 대안 투표제(alternative vote)

절차: 유권자는 후보자에 대한 선호 순위를 정한다. 제1 선호를 기준으로 과반수 이

상의 지지를 획득한 후보가 없는 경우, 최하위 후보가 탈락되며, 그 후보에게 투표한 사람들의 표가 제2 선호에 따라 다른 후보들에게 재분배된다.
사용 국가: 호주, 피지, 파푸아뉴기니(Papua New Guinea)

비례대표제
4. 명부제
절차: 유권자는 정당의 후보 명부에 투표한다. 다만 일부 국가에서는 명부에 있는 후보 개인에 대한 선호도 표현할 수 있도록 허용하고 있다.
사용 국가: 브라질, 체코 공화국, 이스라엘, 네덜란드, 러시아 등

5. 단기이양제(STV: Single Transferable Vote)
절차: 유권자는 후보자에 대한 선호 순위를 정한다. 후보자가 당선되기 위해서는 정해진 투표 수(쿼터)를 받아야 한다. 첫 번째 선호를 기준으로 이러한 쿼터를 초과한 후보는 당선자가 된다. 그들의 '초과'(surplus) 투표(즉 쿼터를 초과하여 얻은 표)는 이들 표에 표시된 제2선호 후보에게 분배된다. 어떤 후보도 쿼터에 달성하지 못할 경우에는, 최하위 후보가 탈락되며, 이들에 대한 투표 또한 다른 후보들에게 이양된다. 모든 의석이 채워질 때까지 이 절차를 계속한다.
사용 국가: 아일랜드, 몰타

6. 비례적 혼합제(MMP; Mixed Member Proportional)
절차: 유권자는 보통 2개의 표를 던진다. 한 표는 지역구 선거(대개 단순다수제를 사용함)에 사용되고, 다른 한 표는 비례대표 경쟁(대개 명부제)에 사용된다. 이 두 개 층은 서로 연결되어 있어 전체적으로 비례적인 결과를 얻을 수 있다. 정당에 대한 투표가 각 정당이 가져 갈 전체 의석 수를 결정한다. 일단 지역구 선거에서 승리한 후보들을 당선자로 정하고 난 후, 나머지 의석은 명부에서 차례로 채운다.
사용 국가: 독일, 뉴질랜드 등

병렬제(Parallel System)
7. 다수제적 혼합제(MMM; Mixed Member Majoritarian)
절차: 비례적 혼합제와 유사하나, 2개 층이 분리되어 있으며, 전체적으로 비례적인 결과를 도출할 기제를 갖고 있지 않다.
사용 국가: 일본, 한국, 태국 등 21개 국가

선거구제에 있어서 각 정당은 혼합선거구제(한 선거구에서 1~4명을 선출), 중선거구제(한 선거구에서 2~4명을 선출), 그리고 소선거구제(한 선거구에서 1명을 선출)하는 방식을 놓고 서로 대립했다. 민정당은 구·시·군 행정단위를 기초로 혼합선거구제를 주장했다. 즉, 인구수 25만 미만은 1인, 인구수 25만 이상 50만 이하는 2인, 50만 이상 75만 이하는 3인, 인구수 75만 이상은 4인을 선출하자는 것이다. 이에 반해 통민당은 민정당 안이 농촌지역에서는 여당이 의석을 독식하고, 야당성향이 강한 대도시에서는 동반당선을 노리는 '신판 게리맨더링'(gerrymandering)이라고 비난하면서 처음에는 평민당과 함께 소선거구제를 주장하다 1988년 1월 13일 이를 철회하고 인구비례에 의해 1선거구에서 2인 내지 4인을 선출하는 중선거구제로 당론을 변경하였다. 이러한 당론 변경의 이유는 야권이 분열한 상태에서 소선거구제가 자당에 불리할 것으로 판단했기 때문이었다. 공화당도 중선거구제를 주장했는데, 가장 세력이 약한 정당으로 동반당선을 통해 조금이라도 의석을 불리려는 판단에 기인했던 것으로 보인다. 이에 반해, 평민당은 시종일관 소선거구제를 주장했다. 통민당이 중선거구제로 당론을 변경하자 역대 독재정권이 기도해 온 나눠먹기 정치에 안주하려고 한다고 비판했다. 그리고 2월 20일에는 서울 명동성당에서 당원 및 학생 700여 명이 참여한 가운데 '소선거구제 및 민주국회의원선거쟁취 국민결의대회'를 개최하는 등 소선거구제 관철을 위해 총력을 기울였다.

게리맨더링

게리맨더링(gerrymandering)은 소선거구 단순다수제 선거에서 한 정당의 지지가 갖는 효율성, 즉 득표당 의석 비율을 극대화하는 방식으로 선거구의 경계를 결정하는 행위를 말한다. 이 용어는 1812년 미국 매사추세츠 주지사 게리(Gerry)에 의해 고안된 선거구에서 유래하였다. 이 선거구의 모양이 너무 길고, 좁고, 꾸불꾸불해서 도롱뇽(salamander)을 연상케 하였는데, 그래서 게리(gerry)와 맨더(mander)가 합쳐져서 'gerrymandering'이 되었다.

1988년 한국의 선거구제 협상에서 제기된 신판 게리맨더링은 소선거구제 하에서의 전통적인 게리맨더링을 뛰어 넘어섰다는 의미를 가지고 있다. 당시 민정당이 제안한 혼합선거구제가 소선거구제와 중선거구제를 혼합하는 과정에서 특정 정당(즉, 농촌에서 강세를 보였고 도시에서 상대적으로 열세를 보였던 민정당)에게 유리한 방향으로 만들려는 의도를 가지고 있다고 야당 측이 주장했던 것이다.

전국구 의석 배분방식에 있어서도 각 당은 첨예하게 대립했다. 전두환 정권 시절인 11대와 12대 국회의원선거 때 시행된 전국구 의석 배분제도는 전국구 전체의석(92석)의 2/3인 61석을 제1당에 배분하도록 하여 인위적으로 제1당을 다수당으로 만든다는 비판이 제기되었고, 이를 개혁해야 한다는 목소리가 높았다. 우선 여당인 민정당은 전국구 의석을 지역구 의석의 1/2에서 1/5로 축소하고 제1당에 배분될 의석을 기본적으로 2/3에서 1/2로 축소하되, 제1당의 의석비율이 50%를 미달할 때는 1/2을, 초과할 때는 의석비율로 배분할 것을 제안했다. 아울러 전국구 의석을 지역구 의석 5석 이상을 획득한 정당에게 배분할 것도 제시했다. 통민당은 전국구 의석을 지역구 의석의 1/3로 하고 배분 방식은 지역구 의석 10석 이상 차지한 정당에 한해 총득표비율로 해야 한다고 주장했다. 평민당은 전국구 의석을 지역구 의석의 1/5로 축소하자는데 있어서 민정당 안과 같았으나 배분 방식에 있어서는 지역구 의석 5석 이상, 또는 유효득표율 5% 이상 획득한 정당에게 총득표비율로 배분하지는 안을 제시했다.

선거구제와 전국구 의석 배분방식을 둘러싸고 각 당의 이해관계가 첨예하게 대립했음에도 불구하고, 그 결과는 민정당이 「국회의원선거법」안을 기습적으로 단독 처리함에 따라 다소 싱겁게 결정되었다. 민정당은 3월 3일 고위당직자회의를 갖고 기존의 혼합선거구제 당론을 소선거구제로 변경한데 이어 3월 7일 야당 국회의원들의 실력 저지에도 불구하고 「국회의원선거법」안을 국회내무위원회와 법사위원회를 통과시켰고, 1988년 3월 8일 새벽 2시 국회 본회의에 기습 상정하여 7분 만에 통과시켰다. 통과된 안의 주요 내용은 크게 두 가지이다. 첫째, 총 224개의 지역구 의석은 소선거구제로 선출한다는 것이며, 둘째 17석이 줄어든 전국구 의석은 지역구 의석 5석 이상을 획득한 정당에게 배분하되, 제1당의 지역구의석이 50% 미만일 경우 전국구 의석 1/2을 배분하고, 그 밖의 경우에는 지역구 의석 비율로 배분한다는 것이었다.

쟁점이 되었던 선거구제와 전국구 의석 배분 방식 외에도 의원 정수, 기호 결정 방식, 부재자투표용 기표소 설치 등에 있어서도 변화가 있었다. 제12대 국회의원 선거와 비교해서 제13대 국회의원선거에서 개정된 주요 내용은 <표 3-3>에 정리되어 있다.

〈표 3-3〉 제13대 국회의원선거법 주요개정 내용

구 분	개정 이전 (제12대 국회의원 선거)	개정 이후 (제13대 국회의원 선거)
국회의원 정수	276명(지역구 184, 전국구 92)	299명(지역구 224, 전국구 75)
지역구수	92개	224개
1개 지역구당 선출인원	2인	1인
전국구의원 정수	지역구의원정수의 2분의 1(92명)	지역구의원정수의 3분의 1(75명)
전국구의석 배분	지역구에서 5석 이상을 차지한 정당에게 지역구의석비율에 따라 배분하되, 제1당에게 전국구의석의 3분의 2를 우선 배분	지역구에서 5석 이상을 차지한 정당에게 지역구의석비율에 따라 배분하되, 제1당의 의석비율이 100분의 50미만일 때에는 제1당 에게 전국구의석의 2분의 1을 우선 배분
기탁금	지역구 정당추천후보자: 700만원 무소속후보자: 1,500만원 전국구후보자: 700만원	지역구 정당추천후보자: 1,000만원 무소속후보자: 2,000만원 전국구후보자: 1,000만원
선거인명부사본 교부	규정 없음	지역구후보자에게 교부
선거사무원수	지역구의 읍·면·동 수에 상당한 인원	선거사무소에 40인 이내, 선거연락소에 20인 이내, 투표구마다 3인 이내
선거운동방법	5가지(선전벽보, 선거공보, 합동연설회, 현수막, 후보자 성명게시)	5가지(선전벽보, 선거공보, 합동연설회, 현수막, 소형인쇄물)

현수막 게시 매수	구가 설치되어 있는 시는 10매 이내 기타 시는 3매 이내 군은 읍·면당 1매	구·시는 지역구 관할 동수 이내 군은 읍마다 2매 이내, 면은 1매
기호결정	추첨	국회의 다수의석 순, 국회에 의석이 없는 정당은 정당명의 가나다 순, 무소속후보자는 후보자 성명의 가나다 순
투표통지표 교부입회인	규정 없음	후보자 측에서 지명한 1인씩 참여
투표용지 가인	규정 없음	구·시·군 선거관리위원회에서 후보자를 추천한 정당의 대리인 2명과 투표구선거관리위원회는 제1당과 제2당이 추천한 투표 구선거관리위원회위원 2명이 가인
부재자투표용 기표소	규정 없음	부재자투표용 기표소 설치 의무화

자료: 중앙선거관리위원회, 「대한민국선거사 제5집」, p.53.

3. 선거쟁점과 선거운동: 새마을운동본부 비리사건, 그리고 안정과 견제의 선거운동

1988년 제13대 국회의원선거를 한 달 앞두고 전두환 전 대통령의 친동생인 전경환 새마을운동중앙본부회장이 횡령 및 탈세 혐의로 구속되는 사건(새마을운동본부 비리사건)이 발생해 정치권을 긴장 속으로 몰아넣었다. 사건의 발달은 1988년 3월 15일 새마을운동중앙본부 직원 600여 명이 의혹사건 진상규명을 요구하며 농성을 벌이면서 시작되었다. 3월 16일 야당들은 일제히 비난 성명을 발표하고 즉각적인 수사를 촉구했다. 검찰은 3월 21일부터 수사에 착수하여 31일 수사결과를 발표하고 전경환 회장을 횡령 및 탈세혐의로 구속했다. 검찰의 발표에 따르면, 전경환 회장은 제5공화국 통치기간 동안 새마을운동중앙본부회장을 지내면서 새마을운동본부 기금 등 각종 공금 73억 6천만원을 횡령하여 상가 매입 등에 사용했고 새마을신문사의 법인세 10억여 원을 포탈했으며 각종 이권에 개입하거나 알선하여 그 대가로 4억 1천여 만원을 수뢰했다고 한다. 사건은 검찰이 4월 16일 수사를 마무리함에 따라 일단락되는 듯 했지만 야권은 이를 국회의원선거에서 주요한 정치적 쟁점으로 삼고자 했다

[그림 3-3] 새마을운동본부 비리 사건으로 전경환이 구속되고 있다(1988년 3월 31일)

새마을운동본부 비리 사건

새마을운동본부 사건은 새마을운동중앙본부의 고위 간부직을 지낸 전경환이 이 기구를 통해 자행한 비리 사건이다.

1970년 초부터 정부 주도로 강력하게 추진한 새마을 운동을 민간인 주도로 바꾼다는 방침 아래, 1980년 12월 새마을운동중앙본부가 창설되었다. 당시 대통령 전두환의 친동생인 전경환은 약 7년 동안 이 기구의 초대 사무총장, 회장을 지내면서 온갖 부정행위를 일삼아 왔다. 중앙본부와 새마을신문사의 공금 약 100억원을 빼돌려 영종도 개발, 인창 상가 매입 등을 위해 사용하였고, 각종 탈세, 이권 개입, 청탁 등 부정 비리를 자행하였다. 또한 호주산 소와 쇠고기를 대량으로 도입하여 소값 파동을 일으켰으며 병든 소까지 도입하여 수천 마리가 죽고, 빚더미에 올라선 농민

들이 자살하는 등 많은 물의를 일으켰다.
풍문으로만 떠돌던 전경환의 비리는 전두환 대통령이 대통력 직에서 물러난 후부터 언론에 폭로되기 시작하였다. 국민의 빗발치는 여론에 밀려, 1988년 3월 31일 구속된 전경환은 업무상 횡령죄로 징역 7년 벌금 22억원의 형을 받았다.
이 사건은 1988년 제13대 국회의원 선거를 한 달 앞두고 터졌기 때문에 선거 과정에서 매우 중요한 쟁점으로 부상하였다.

먼저, 야당은 여당이 원내 다수당이 될 경우 제5공화국 비리문제를 제대로 다룰 수 없음을 강조했다. 통민당과 평민당의 김영삼과 김대중 총재는 전국순회 지원유세를 통해 새마을운동본부 비리사건을 부각시키며 노태우 정권도 전두환 정권과 하나도 다를 게 없다고 주장하는 한편, 거대여당으로 가려는 민정당의 독주를 견제해야한다며 자당을 지지해 줄 것을 호소했다. 득표 전략도 유사했는데, 양당은 제1야당의 지위를 목표로 자당의 주요 연고지인 부산/경남과 광주/호남을 각각 중심으로 수도권으로 세력을 확장해간다는 전략을 추진했다. 그러나 양당은 정치적 정체성에서 차이를 보였는데, 통민당이 정통 보수야당임을 강조한 반면, 평민당은 군사독재 시절 민주투사들이 모인 선명 야당임을 부각시키는 전략을 구사했다.

한편, 공화당의 김종필 총재 또한 새마을운동본부 비리사건을 비판하고 제6공화국은 힘의 논리로 유지된 제5공화국 체제의 연장일 뿐이라며 공격했다. 공화당 역시 통민당이나 평민당과 마찬가지로 김종필 총재의 연고지인 충남에서 바람을 일으키고자 하는 전략을 펼쳤다.

야당의 견제론과 권력형 비리사건 추궁전략에 대해 여당인 민정당은 대통령선거 승리 이후 대통령의 공약 실천을 위해 무엇보다 원내과반수의 안정의석이 필요하며, 이는 정국안정에 필수적임을 강조했다. 아울러 "새로운 헌법은 국정감사권, 총리 및 국무위원의 해임건의권 등 막강한 권한을 국회에 부여한 반면 행정부는 국회 견제수단을 갖고 있지 않다"며 원활한 국정운영을 위해서도 여당이 안정 의석을 확보해야 한다고 주장했다. 중앙당 차원의 안정론과 더불어 민정당은 지역구 차원에서 지역발전을 부각시키는 전략을 사용해 민심에 호소했다. 아울러 야당의 권력형 비리사건 공세에 대해서도 전경환 회장의 구속사례를 들어 부정부패 척결에는 성역이 있을 수 없다며 새마을운동본부 비리사건이 지나치게 선거 쟁점화되는 것을 차단하려 하는 한편 제5공화국과의 단절성과 차별성을 부각시키려 했다.

4. 투표율과 선거 관리: 낮은 투표율과 선거 과열로 인한 선거 사범 증가

투표 결과 총 선거인수 26,198,205명중 19,850,815명이 투표하여 75.8%의 투표율을 보였다. 이 투표율은 지난 1985년 제12대 국회의원선거의 투표율 84.6%보다 8.8% 포인트가 낮고, 4개월 전에 실시한 제13대 대통령선거의 투표율 89.2%에 비해서는 무려 13.4% 포인트가 낮았다. 시·도별 투표율을 보면 경북이 83.3%로 가장 높았고, 그 다음은 충북 83.1%, 제주 82.6%의 순이었다. 투표율이 가장 낮은 곳은 서울로 69.3%였고, 그 다음은 인천 70.1%, 경기도 71.3% 순이었다. 서울은 역대 국회의원선거에서 전통적으로 투표율이 낮았다.

이렇게 투표율이 낮았던 것은 민주화 과정에서 국민들의 주된 관심사였던 군정종식 및 전두환 정권의 비리 문제 등이 1987년 대통령선거 과정에서 어느 정도 해소되어 선거에 대한 관심이 상대적으로 줄어들었기 때문일 가능성이 크다. 아울러 지난 대통령선거에서 야권이 양김의 분열로 패배했음에도 불구하고 또 다시 야권통합에 실패함으로써 국민들 사이에 정치적 혐오감을 증대시켰다는 평가도 나왔다. 그리고 선거일 날씨가 좋아 특히 젊은 층 유권자들이 투표를 외면하고 야외로 나갔다는 분석도 있었다.

제13대 국회의원선거는 이전의 국회의원선거와 달리 한 선거구에서 국회의원 1명만 선출하게 되어 후보자들의 경쟁이 치열해짐에 따라 선거법 위반 행위도 많이 나타났다. 제13대 국회의원선거 때에 선거법 위반 행위를 단속한 기관은 검찰과 경찰이었다. 선거관리위원회는 직접 단속활동에 나서지는 않았다. 선거관리위원회가 단속반을 편성하여 본격적으로 단속활동을 벌이기 시작한 것은 제13대 국회의원선거가 끝나고 1년 후 1989년 4월 14일 실시한 동해시 재선거 때부터였다.

제13대 국회의원선거 때에 검찰에 의해 입건된 선거사범은 총 656명이었다. 검찰은 이 중 79명만 기소하고 나머지 577명은 기소하지 않았다. 이 중 구속된 사람은 24명이었다. 선거사범은 제12대 국회의원선거 때의 선거사범(입건 167명, 기소42명)보다 입건은 4배, 기소는 2배 정도 늘어났다. 선거사범이 늘어난 이유는 제12대 국회의원선거와 달리 소선거구제로 치러져 후보자 간 경쟁이 치열했고, 1노 3김이 제13대 대통령선거에 이어 또다시 대결을 벌이는 과정에 총력전을 펼치면서 위법행위가 많이 발생했기 때문이라고 할 수 있었다.

제13대 국회의원선거 때에 입건된 선거사범 656명의 위반행위 유형을 보면 후보자 비방이 163명으로 가장 많았고, 그 다음은 각종 제한규정 위반과 부정선거운동이 각각 105명, 금품제공 등이 99명, 허위사실공표 66명, 사위투표 18명, 벽보 등 방해 17명, 선거자유방해 13명 등의 순이었고, 기타 유형은 70명이었다. 이 중 가장 대표적인 위반 사례는 소위 '돈봉투 우편발송 사건'이었다. 선거일을 이틀 남겨둔 1988년 4월 24일 경북 안동에서 민주정의당 권중동 후보 측이 현금 2만원과 '민주정의당 권중동'이라고 고무인이 찍힌 선전인쇄물이 들어있는 봉투 4,455개를 우체국을 통해 관내 유권자들에게 발송하려고 하다가 발각되었다. 이 사건은 통일민주당 오경의 후보와 당원 10여 명이 누군가로부터 제보를 받고 안동우체국에 찾아가 발송 작업 현장을 확인한 후 언론에 공개하고 검찰에 고발하였으며, 검찰이 압수 수색을 하여 사건의 전모가 밝혀졌다.

투표율 저하와 의무투표제 도입

투표율의 저하는 비단 한국뿐만 아니라 전 세계적인 추세이다. 이러한 투표율의 지속적인 저하를 막기 위한 제도적 장치로서 의무투표제(혹은 강제투표제)를 도입하고 있는 국가가 상당 수 있으며, 국내에서도 이 제도의 도입에 대한 논의가 이루어지고 있다. 일반적으로 투표는 민주시민의 권리이자 의무라고 한다. 그런데 대부분의 국가에서 투표의 권리 측면만을 강조하고, 의무 측면은 강조하지 않고 있다. 이것이 자발적인 투표이다. 그런데 일부 국가에서는 투표의 권리 측면과 함께 의무 측면을 강조하고 있으며, 이들 국가에서 시행하는 제도를 넓은 의미에서 의무투표제의 개념이라고 할 수 있다.

그런데 실제로 투표의 의무 측면을 어느 정도 강조하는가에 따라 다양한 종류가 존재한다. 어떤 국가에서는 투표가 의무임을 법적으로 선언만 할 뿐, 투표 불참자에 대한 법적 제재는 가하지 않고 있다. 법적 제재를 가하는 경우에도, 어떤 국가는 이를 매우 강하게 집행하는 반면, 일부 국가에서는 약하게 집행하거나, 혹은 실제로 집행하지 않는 경우도 있다. 또 어떤 국가는 법적으로는 투표가 의무임을 선언하지 않고 있지만, 실질적으로는 다양한 비공식적 제재를 통해 모든 유권자를 투표장으로 동원하고 있다.

의무투표제의 종류는 법적 제재의 유무, 그리고 제재 집행의 강도에 따라서 다음의 세 가지로 분류할 수 있다:

1. 선언적(명목적) 의무투표제: 법적 규정만 있고 실질적인 제재가 존재하지 않거나, 제재가 존재한다고 하더라도 전혀 집행되지 않는 경우
2. 연성 의무투표제: 실질적인 제재가 존재하나 제재가 그리 강력하게 집행되지 않는 경우
3. 강성 의무투표제: 실질적인 제재가 존재하며, 또한 강력하게 집행되는 경우

현대적 형태의 의무투표제는 19세기말과 20세기 초반 유럽과 중남미 지역에서 두 차례에 걸친 도입 운동을 타고 널리 확산되었다. 그리고 그 후 보다 산발적으로 아시아태평양 지역과 중동 지역에서도 도입되었다. 2009년 현재 앞에서 정의한 의무투표제를 사용하고 있는 국가는 약 29개이다. 지역별로 보면, 유럽 6개 국가, 미주 16개 국가, 아시아태평양 6개 국가, 그리고 중동과 아프리카 1개 국가이다. 전체적으로 보면, 중남미의 신생민주국가들이 상당한 비중을 차지하고 있는 것을 알 수 있다. 그러나 이들 대부분의 중남미 국가들이 선언적, 혹은 연성 의무투표제를 실시하고 있는 반면에, 유럽과 아시아 태평양 지역의 국가들은 강성 의무투표제를 실시하는 경향이 높게 나타나고 있다.

의무투표제는 가장 잘 알려진 투표율 제고 효과 외에도 시민에 대한 정치 교육, 정치적 불평등의 완화 등 다양한 긍정적인 정치적 효과를 기대할 수 있다. 한편 의무투표제를 반대하는 입장에서는 투표의 질 저하와 권리 행사에 대한 강제성의 부가를 가장 큰 문제점으로 지적하고 있다.

5. 선거결과와 의미: 여소야대 분점정부의 출현과 지역주의의 강화

개표 결과 제13대 국회의원선거에 참여한 14개 정당 중 민주정의당, 평화민주당, 통일민주당, 신민주공화당, 한겨레민주당 등 5개 정당은 당선자를 냈으나 나머지 9개 정당은 당선자를 내지 못하였다. 무소속은 9명이 당선되었다.

<표 3-4>에 나타난 것처럼, 민정당은 유효총투표수의 34.0%를 득표하여 지역구에서 87명, 전국구에서 38명 등 총 125명을 당선시켜 41.8% 의석율의 제1당의 지위를 획득했다. 12대 국회의원선거 때의 득표율 35.2%와는 큰 차이는 없었으나 당선자수는 23명이 줄어든 수치였다. 이는 전국구의석이 17석 줄어들고 배분 방식도 종래의 1당 몫이었던 2/3이 1/2로 줄어들었기 때문이었다. 평민당은 19.3% 득표에 지역구에서 54명, 전국구에서 38명 등 총 70명을 당선시켜 통민당을 제치고 제1야당으로 부상했다. 통민당은 23.8%를 득표하여 평민당보다 득표율이 앞섰지만, 지역구에서 46명, 전국구에서 13명 등 총 59명만을 당선시켜 제2야당의 지위로 떨어졌다. 아울러 공화당은 15.6% 득표에 지역구에서 27명, 전국구에서 8명 등 총 35명을 당선시켜 원내교섭단체(20명 기준)를 구성할 수 있는 정당으로 발돋움했다. 마지막으로 소수당인 한겨레민주당은 전남 신안군에서 박형오 후보가 당선되어 1석을 획득했다. 그러나 박형오 당선자는 1988년 6월 11일 평민당으로 당적을 옮겨 한겨레민주당은 의석이 없는 원외정당이 되고 말았다.

〈표 3-4〉 제13대 국회의원선거 정당별 득표 및 당선자수

	총득표수 (득표율)	당선자 수		
		지역구	전국구	계
민정당	6,670,494 (34.0%)	87	38	125
평민당	3,783,279 (19.3%)	54	16	70
통민당	4,680,175 (23.8%)	46	13	59
공화당	3,062,506 (15.6%)	27	8	35
한겨레민주당	251,236 (1.3%)	1	0	1
무소속	993,161 (4.8%)	9	0	9
합계	19,642,040 (100.0%)	224	9	299

자료: 중앙선거관리위원회, 역대선거정보(제13대 국회의원선거).

이러한 선거 결과는 1987년 대통령선거에 이어 지역주의투표 현상이 심화되었음을 보여주었다. <표 3-5>에 제시되어 있듯이, 각 정당은 자신의 연고지에서 높은 득표율을 올리는데 성공했으나 경쟁정당의 연고지에서는 저조한 성과를 보였다. 가장 심한 지역적 편차를 보인 정당은 평민당으로 김대중 총재의 연고지인 광주·전남·전북에서 69.1%를 득표해 전국 평균 득표율의 세 배 이상 지지를 획득한 반면, 부산·경남이나 대구·경북, 그리고 충남 지역에선 각각 1.5%, 0.8%, 3.8%의 지지만을 획득했을 뿐이었다. 통민당 역시 정도는 약하나 연고지인 부산·경남지역에서의 득표율인 45.7%의 절반 수준인 26.0%를 대구·경북에서 획득했으며, 충남에선 1/3에 불과한 15.0%만을 획득했다. 공화당 역시 연고지인 충남지역에서 46.5%를 득표했으나 경쟁정당의 연고지에서는 15%미만의 득표율을 올렸을 뿐이다. 그나마 전국적으로 고른 득표를 보인 정당인 여당인 민정당이었다. 그러나 민정당 역시 자신의 연고지인 대구·경북지역에서 올린 49.9%의 득표에 비해 부산·경남(36.1%), 광주·전남·전북(23.0%), 그리고 충남(30.2%)에서의 득표율은 아주 낮았다.

〈표 3-5〉 제13대 국회의원선거 정당별 지역 득표율(%)

	민정당	평민당	통민당	공화당
서울·인천·경기	30.3	22.3	23.7	16.7
부산·경남	36.1	1.5	45.7	8.6
대구·경북	49.9	0.8	26.0	14.9
광주·전남·전북	23.0	69.1	0.9	1.6
충남	30.2	3.8	15.0	46.5
기타(강원, 충북, 제주)	42.5	3.2	20.1	23.2
전국 평균	34.0	19.3	23.8	15.6

자료: 중앙선거관리위원회, 역대선거정보(제13대 국회의원선거).

각 정당의 지역별 당선자 수를 비교해보면 지역주의투표 성향을 더욱 명확하게 파악할 수 있다. 우선 민정당은 대구·경북의 29개 선거구 중 25개 선거구에서 당선자를 낸 반면, 광주·전남·전북에서는 단 1명의 당선자를 내지 못했고, 부산의 15개 선거구에서는 1명의 당선자를 배출했을 뿐이다. 평민당은 광주·전남·전북의 37개 선거구 중 36명이 당선되었으나 대구·경북과 부산·경남, 그리고 충남·충북에서 단 1명의 당선자도 내지 못했다. 통민당은 부산의 15개 선거구 중 14곳, 경남의 22개 선거구 중 9곳에서 당선자를 배출했으나 광주·전남·전북에서 단 1명의 당선자를 내지 못했다.

득표율로 보나 당선자 수로 보나 제13대 국회의원 선거는 기존 민주 대 반민주의 균열구조가 해체되면서 지역주의가 새로운 지배적 균열구조로 등장했음을 확인해 주고 있다. 과거의 지역주의 투표 현상이 일시적이고 강도가 약했던 데 비해 1987년 이후 나타난 지역주의는 장기적이고 정당제도의 변화를 주도하는 적극적인 역할을 담당해 나가고 있었다.

지역주의 투표의 재현과 더불어 제13대 국회의원 선거결과의 가장 큰 특징은 비록 여당인 민정당이 125석을 차지하여 원내 제1당이 되었지만 과반수의석 확보에 실패하여 1954년 제3대 국회 이후 처음으로 여소야대의 분점정부(divided government)가 출현했다는 점이다. 분점정부의 출현은 지역적 지지기반이 확실한 1노3김이 1987년 대통령선거에 이어 다시 자신의 연고지를 중심으로 선거운동을 전개해 지역의석을 독점하다시피 했기 때문이기도 했지만, 국민들 사이에 집권 민정당에 대한 견제 심리와 제5공화국 비리에 대한 비판심리가 작용한 탓이기도 했다. 이러한 여소야대의 분점정부 출현은 야당 주도의 국회운영을 가능하게 했다. 평민당, 통민당, 공화당은 제13대 국회 개원에 즈음해 공조체제를 구축하고 노태우 대통령이 요청한 정기승 대법원장 임명동의안을 헌정사상 처음으로 부결시키고 각종 결의안을 채택해 정부를 압박했다. 특히 국회에 '5공비리조사 특별위원회'와 '5·18광주민주화운동 진상조사특별위원회'를 구성하여 전두환 정권의 각종 비리·의혹 사건과 5·18광주민주화운동의 진상을 규명하는 청문회를 개최하는 성과를 거두기도 했다.

아울러 선거제도가 가져온 결과로 통민당이 득표율에서 2위를 차지했음에도 불구하고 의석수에서는 득표율 3위인 평민당보다 11석이나 뒤졌다는 점을 들 수 있다. 이에 대한 원인으로 들 수 있는 것은 지역구 선거제도였던 단순다수소선거구제의 효과이다. 소선거구 단순다수제 하에서 1위 득표자를 제외한 모든 후보의 득표는 사표로 처리된다. 통민당의 경우 평민당보다 득표율에 앞서면서도 의석율에서 뒤지는 가장 큰 이유는 2위 득표자가 많았기 때문이다. 실제 통민당은 총 202명의 후보자를 공천하고 이 중 54명의 후보가 2위를 했는데, 평민당은 168명을 공천한 가운데 2위 득표자는 14명에 불과했다. 아울러 득표율이 아니라 의석율을 기준으로 전국구의석을 배분한 것도 이러한 득표율 대비 의석비율의 불일치에 한 몫을 했다. 만약 득표율을 기준으로 전국구의석을 배분했다면 득표율에서 4.5% 앞선 통민당이 전국구 의석을 1석이라도 더 많이 배분받았을 것이다.

제 3 절 지방선거의 부활과 제1회 지방의회의원선거

1991년 제1회 지방의회의원선거가 실시되면서, 지방자치제가 30년 만에 부활되었다. 1961년 5·16군사쿠데타로 지방자치제가 폐지된 이후 지방자치제 부활에 대한 요구는 정치권과 시민단체에서 꾸준히 제기해 왔지만, 별 효과를 거두지 못하다가 1987년 민주화 이후에야 이에 대한 본격적인 논의가 시작되었다. 그러나 그 이후로도 많은 진통을 겪다가 1991년에야 비로소 지방의회의원선거를 실시하게 되었다. 물론 이는 반쪽자리 지방선거였고, 완전한 형태의 지방선거는 1995년에 실시된다.

그러나 이러한 지방자치제 부활의 의미가 무색할 정도로, 두 차례의 지방의회의원선거에서의 투표율은 55.0%와 58.9%로 매우 낮았다. 이는 지방자치를 통해 민주주의를 심화시키고자 했던 당초의 취지가 국민들 속에 아직까지 체화되지 못했음을 시사한다. 그리고 선거결과 여당인 민자당이 대부분의 지방의회를 장악함으로써 중앙정치뿐만 아니라 지방정치 영역에 있어서도 국정장악력을 높이게 되었다. 민자당의 압도적 승리 원인은 3당합당 이후 거대여당으로 탄생한 후 정치안정과 지역발전 중심의 선거 전략을 잘 활용했기 때문이라고 할 수 있다.

1. 지방자치제 부활의 과정

지방자치제가 헌법에 처음 도입된 것은 1948년 7월 17일 제헌헌법에서였고, 지방자치단체의 구성방법을 처음으로 규정한 법률은 1949년 7월 4일 제정된 「지방자치법」이었으며, 지방의회선거를 처음 실시한 것은 1952년 4월 25일이었다. 1949년 제정된 「지방자치법」에서는 서울특별시·도의회의원과 시·읍·면 의회의원은 주민이 직접 선출하고 시·읍·면 장은 각 의회에서 선출하며, 서울특별시장과 도지사는 대통령이 임명하도록 규정하였다. 1956년 8월 8일 두 번째 지방자치선거에서 시·읍·면장선거가 직선제로 바뀌었다. 4·19혁명으로 등장한 제2공화국에서 지방자치제는 더욱 활성화되어 대통령이 임명하던 서울특별시장 및 도지사까지 직선제로 선출하도록 헌법과 「지방자치법」을 개정하였다. 그러나 1961년 5·16군사쿠데타로 집권한 박정희 군사정부는 지방의회를 해산하고 지방자치단체장을 임명제로 바꾸었다. 아울러 1980년 제5공화국을 탄생시킨 전두환 정권에서도 비록 헌법 부칙에 "지방의회는 지방자치단체의 재정자립도를 감안하여 순차적으로 구성하되 그 시기는 법률로 정한다"는 규정을 두었으나 이에 대한 법률을 만들지 않아 결국 1961년부터 1988년까지 지방자치는 실시되지 못했다.

지방자치제도를 부활해야 한다는 주장은 정치권에서 꾸준히 제기되어 왔다. 이러한 주장은 주로 야당에서 제기하였는데, 지방자치제를 선거공약으로 내걸거나 정당대표자의 연두기자회견 등을 통해서 자주 이러한 주장을 펼쳐왔다. 지방자치제 실시 주장이 보다 강하게 제기된 것은 민주화 열기가 거세게 불어닥친 1985년 제12대 국회의원선거 때였다. 이때 선거에 참여했던 여야 모든 정당이 지방자치제 실시를 선거공약으로 내걸었다. 그러나 선거가 끝난 후 이 문제의 논의에 있어서 특별한 진척은 없었다. 그로부터 약 2년 반 뒤인 1987년 12월 18일에 실시된 제13대 대통령선거에서는 지방자치제 부활이 거의 기정사실화되었다. 당시는 이미 민주화가 획기적으로 진척된 후였으며, 여야를 막론하고 선거에 참여한 모든 주요 후보들이 지방자치제 실시를 핵심 선거공약으로 내세웠기 때문에 또 다시 선거 후 공약을 무시하기는 어려운 상황이었다.

선거가 끝나자마자 여야는 곧바로 '지방자치법소위원회'를 구성하여 협상을 시작하였다. 그러나 야당은 지방자치제의 실시시기를 앞당기려고 하고, 여당은 늦추려고 하여 합의가 쉽지 않았다. 여당인 민주정의당은 1년 이내 구·시·군의회('기초의회'라고도 한다) 구성, 2년 이내 시·도의회('광역의회'라고도 한다) 구성, 3년 이내 지방자치단체장 선거를 실시하자고 제안하였다. 반면에 야당 측은 '지방의원 및 지방자치단체장 선거를 1988년에 동시에 실시하거나, 1988년에 시·도의회의원 및 시·도지사 선거부터 먼저 실시'하자고 주장하며 맞섰다. 합의가 이루어지지 않자 민주정의당은 제12대 국회의 마지막 회의인 제140회 임시국회(1988. 3. 2~3. 8)에서 「지방자치법」과 「지방의회의원선거법」 등 지방자치제 관련 법안을 단독으로 통과시켰다. 이날 통과된 법안에서는 "1989년 4월 30일 이전에 기초의회를 구성하고, 광역의회는 기초의회가 구성된 날로부터 2년 이내에 구성"하며, 지방자치단체장선거는 법률로 정할 때까지 실시하지 않고 임명하도록 규정하고 있었다.

지방자치제 관련 법안은 마련했지만 선거를 실시하기 까지는 많은 진통을 겪었다. 1988년 4월 26일 제13대 국회의원선거 결과 여소야대가 되었고, 공조체제를 구축한 평화민주당, 통일민주당, 신민주공화당 등 야 3당은 여당이 단독으로 통과시킨 지방자치제 관련 법안을 개정하려고 하였다. 야 3당은 지방자치관계법개정위원회를 구성한 후 '1989년 이내에 광역의회의원과 광역단체장 선거를 실시하고, 1990년 이내에 기초의원과 기초단체장 선거를 실시'하는 것을 골자로 하는 개정안을 만들어 1989년 3월 15일 국회에서 통과시켰다. 하지만 노태우 대통령이 거부권을 행사하여 개정할 수 없었다.

여야는 협상을 다시 시작하여 1989년 12월 30일 여야합의로 「지방자치법」을 개정하였다. 개정된 「지방자치법」에서는 1990년 6월 30일 이내에 시·도 및 구·시·군 의회의원 선거를 실시하고, 1991년 6월 30일 이내에 지방자치단체장 선거를 실시하도록 규정하고 있었다. 하지만 이 기간에 선거를 실시하지 못하였다. 1990년 1월 22일 민주정의당, 통일민주당, 신민주공화당이 3당 합당을 선언하고 민주자유당을 창당하자 제1야당인 평화민주당이 반발하면서 정국이 경색되었기 때문이다.

이 과정에서 김대중 평화민주당 총재가 1990년 10월 8일부터 13일간 지방자치제 전면실시와 여당의 내각제 포기 등을 요구하며 여의도 중앙당사에서 단식투쟁을 하였고, 민주자유당 김영삼 대표최고위원이 단식 중이던 김대중 총재를 방문하여 지방자치 실시를 약속한 것으로 알려졌다. 이러한 우여곡절 끝에 1990년 12월 15일 국회는 지방자치제 관련 3개 법안을 여야 만장일치로 통과시켰다. 통과된 법에 따르면, 지방의회의원선거는 1991년 상반기 중 실시하고, 지방자치단체장선거는 1992년 상반기 중 실시하도록 되어 있었다. 이로써 1961년 5·16군사쿠데타로 지방자치제가 중지된 지 30년 만에 지방선거가 부활하게 되었다.

하지만 지방의회의원선거는 이들 법에서 규정한 대로 1991년 상반기 중에 치러졌지만, 지방자치단체장선거는 또 한 번의 진통을 겪은 뒤 이들 법에서 정한 시기보다 3년 후인 1995년에 치러졌다. 노태우 대통령이 1992년에 지방자치단체장선거를 치르게 되면 한 해에 4번의 선거(제14대 국회의원선거, 제14대 대통령선거, 기초단체장선거, 광역단체장선거를 말함)를 치르게 되어 경제적·사회적 안정을 이룰 수 없다며 연기시켰기 때문이다.

2. 정치 상황: '3당합당'과 야권의 통합실패, 신한민주당의 출현

제13대 국회의원선거 결과 여소야대가 되어 국회 운영의 주도권을 장악한 평화민주당, 통일민주당, 신민주공화당 등 야 3당은 공조체제를 구축한 후 전두환 정권 시절에 일어났던 각종 비리와 의혹사건에 대한 진상규명을 위해 1988년 6월 27일 국회에 '제5공화국에 있어서의 정치권력형 비리조사특별위원회'(5공비리특위)와 '5·18 광주민주화운동진상조사특별위원회'(5·18광주특위)를 구성하였다. 5공비리특위와 5·18광주특위는 1988년 11월 3일부터 진상규명을 위한 청문회를 개최하였다. 이들 청문회는 TV로 생중계되었는데 올림픽의 시청률을 뛰어넘을 정도로 국민의 폭발적 관심을 불러일으켜 이른바 5공 비리를 청산해야 한다는 국민적 공감대를 형성하였다.

청문회를 통해 전두환 정권시절의 각종 비리가 폭로되는 가운데 전두환 전

대통령의 친형 전기환과 처남 이창석 등 친인척이 비리 혐의로 구속되었다. 이로 인해 전두환 전 대통령에 대한 여론이 극도로 악화되었다. 그러자 전두환 전 대통령은 1988년 11월 23일 자신의 재임 중에 저지른 비리를 사과하고, 정치자금 139억원과 연희동 사저 등을 국가에 헌납한다고 밝힌 후 강원도 인제군에 있는 백담사로 은둔하였다.

야당의 공조체제가 약화되면서, 1989년 12월 들어 5공 청산은 마무리 된다. 12월 15일 노태우 대통령과 김대중 평화민주당 총재, 통일민주당 김영삼 총재, 신민주공화당 김종필 총재가 청와대에서 영수회담을 갖고 5공 비리와 5·18광주민주화운동 유혈 진압 관련자들의 공직사퇴 및 고발, 광주시민의 명예회복 및 보상을 위한 입법추진, 전두환 전 대통령의 국회 증언 등 11개 사항에 합의하는 선에서 이른바 5공 청산을 마무리하기로 하였다. 이에 따라 백담사에 은둔하고 있던 전두환 전 대통령이 1989년 12월 31일 5공비리특위와 5·18광주특위의 합동청문회에 출석하여 증언하였다.

야 3당의 공조 체제가 붕괴된 결정적 이유는 노태우 대통령의 중간평가에 대한 입장 차이 때문이었다. 제13대 대통령선거의 선거운동기간 중이던 1987년 12월 당시 노태우 후보는 서울 여의도광장에서 열린 선거유세에서 자신이 대통령이 된다면 "올림픽을 치른 후 6·29선언과 그간의 모든 선거 공약의 이행여부에 대해 국민으로부터 중간평가를 받겠다"고 선언했었다. 선거 결과 노태우 후보는 당선되었고, 제1야당인 평화민주당은 대통령의 신임을 연계시키지 말고 단순한 정책평가로 실시하자는 입장이었다. 신민주공화당은 중간평가 자체를 반대하였다. 반면에 통일민주당은 중간평가를 노태우 대통령의 신임과 연계시켜야 하고, 실시시기는 5공 비리 청산 후에 실시해야 한다며 강경한 입장을 보였다.

이러한 입장 차이를 보이는 가운데 노태우 대통령이 1989년 3월 20일 TV로 전국에 생중계되는 중에 "중간평가를 위한 국민투표를 현시점에서 실시하는 것은 나라나 국민에게 도움이 되지 않는다"고 중간평가 유보 선언을 하였다. 이로써 중간평가 문제는 일단락되었다. 하지만 중간평가 문제로 평화민주당과 통일민주당의 관계가 악화되어 야 3당의 공조체제가 붕괴되었고, 이러한 야당의 공조체제 붕괴는 1990년 1월 3당합당이라는 한국 정당 정치사에 일대 지각변동을 가져왔다.

1990년 1월 22일 민정당 노태우 대통령과 통민당 김영삼 총재, 그리고 공화당 김종필 총재가 청와대에서 회담을 갖고 3당을 합당하겠다고 선언한 뒤, 2월 9일 당명을 '민주자유당'(민자당)으로 하고 김영삼과 김종필을 공동대표로 선출했다. 그리하여 원내의석 216석으로 개헌선인 2/3를 넘는 거대 여당이 탄생되었다. 그리고 제13대 국회의원선거 결과 나타난 4당 체제의 여소야대의 분점정부는 2년을 채 넘기지 못하고 여대야소의 단점정부로 전환되었다.

3당합당

3당합당은 1990년 1월 22일, 당시 집권여당이었던 민주정의당(민정당)이 제2야당 통일민주당(민주당), 제3야당 신민주공화당(공화당)과 합당해 통합 민주자유당(민자당)을 출범시킨 것을 말한다. 3당 합당에 비판적인 입장에서는 3당 야합이라고도 한다. 여당인 민주정의당을 중심으로 3당 합당을 추진해 현 새누리당의 전신인 민주자유당을 창당하였다는 의의가 있다.

1988년 제13대 국회의원 총선거에서 민주정의당이 과반수 의석 확보에 실패하자, 노태우 정권은 여소야대 정국을 타개하기 위해 이른바 '보수대연합'을 비밀리에 추진해 왔고, 1990년 내각제 개헌 밀약을 조건으로 '구국의 결단'이라는 명분을 내세우며 3당 합당을 이끌어내 거대여당을 탄생시켰다. 3당합당의 여파로 노태우 대통령이 출범한지 2년 만에 80%에 육박하는 높은 수치의 지지율을 기록한 적도 있었다.

이러한 3당합당의 결과 탄생한 거대여당인 민자당은 1991년 지방선거에서 압승을 거두었다. 그러나 1992년 제14대 총선에서는 계파 간의 갈등으로 인해 낙천한 인사들이 무소속으로 출마하거나 통일국민당 공천을 받으면서 299석 중 149석에 그치고 말았다. 김영삼 정권이 들어서고 난 후 내각제 합의각서 파문과 내각제합의 결렬로 15대 총선을 약 1년 정도 앞두고 김종필이 자유민주연합(자민련)을 독자적으로 창당하고 공화계 인사들이 그를 따라 떨어져 나가면서 3당합당 카르텔은 2당의 결집으로 축소되었다.

김대중 평민당 총재는 2월 27일 국회교섭단체 연설을 통해 "3당 합당은 반민주적 정치쿠데타"라고 규정하고 무효라고 주장했다. 아울러 국회를 해산하고 총선을 실시하자고 제안했다. 통민당 소속 이기택, 김정길, 노무현 의원 등도 3

당 합당을 밀실야합이라 비판하고 무소속 박찬종, 이철 의원 등과 6월 15일 신당 창당대회를 열어 당명을 '민주당'으로 하고 이기택 의원을 총재로 선출했다.

거대여당의 출현은 평민당과 민주당으로 하여금 야권 통합을 모색하게 했다. 그러나 당의 지도체제문제를 둘러싸고 양당 간의 견해차이가 커 통합협상은 진전되지 못했다. 급기야 1990년 6월 28일 재야단체인 '범민주통합수권정당추진회의'는 야권통합을 위한 중재에 나섰고, 7월 20일 대표들 간의 3자회담을 시작으로 절충작업을 벌였으나 통합절차, 지도체제, 지분문제 등에 대한 양당의 견해차를 좀처럼 좁히지 못한 채, 10월 22일 추진회의는 해체되었다. 그러나 1991년에 접어들면서 재야단체 내의 친평민당계 인사들은 독자적인 신당 창당작업을 추진하여 3월 23일 '(가칭)신민주연합당 창당발기인대회'를 개최하고 창당준비위원장에 이우정 공동대표를 선출했다. 이어 신민주연합당과 평민당은 통합작업에 바로 착수해 구·시·군 의회의원선거가 열린 3월 26일의 일주일 후인 4월 4일 공동기자회견을 통해 통합을 선언했다. 이어 4월 9일 통합전당대회를 개최하여 평민당 당명을 신민주연합당(신민주당)으로 변경하고 김대중을 총재로 선출했다.

한편 정치적 성향이 다른 3개 정당이 합당하여 만든 민주자유당은 언론에서 '한 지붕 세 가족'이라고 평하였듯이 얼마가지 않아 민정계, 민주계, 공화계의 3대 계파가 이해관계에 따라 사사건건 대립하는 양상을 보였다. 이러한 대립은 내각제 합의각서 유출 파문으로 절정에 달했다. 본래 내각제 합의각서 유출로 김영삼 대표위원의 위상이 약화될 것으로 전망되었으나, 결과적으로는 김대표의 위상이 더 견고해졌다. 따라서 지방선거는 김영삼 대표의 주도 하에 치러지게 되었다.

내각제 합의각서 유출 파문

내각제 합의각서 유출 파문은 1990년 10월 25일 한 일간신문에 그 사본이 실리면서 시작되었다. 합의문 형식의 이 각서는 1990년 5월 6일 작성된 것으로 노태우·김영삼·김종필 세 최고위원이 민주자유당의 전당대회(5월 9일)를 앞두고 내각제 개헌 추진을 다짐하는 내용이었다. 세 최고위원의 자필서명이 되어 있는 이 각서에는 1

> 년 이내에 의원내각제로 개헌하며, 이를 위하여 금년(1990년) 중 개헌 작업에 착수한다는 내용이 기재되어 있었다.
>
> 이 각서의 유출로 이때까지 내각제 개헌에 반대하며 각서의 존재를 부인하던 김영삼 대표위원을 곤혹스럽게 만들었다. 민주계는 민정·공화계가 김영삼 대표위원을 음해하기 위하여 각서를 언론에 흘린 것이라며 반발하고 나섰다. 김영삼 대표위원은 1990년 10월 29일부터 당무를 거부한 채 서울 상도동 자택에 머물다가, 10월 31일에는 자택에서 기자회견을 갖고 "개헌 추진파인 민정·공화계가 개헌 포기의사를 표명하지 않는 한 당무집행을 계속 거부하겠다"는 입장을 밝힌 후 부친이 살고 있는 경남 마산으로 내려가 버렸다. 급기야 민주자유당은 분당 사태의 위기까지 맞게 된 것이었다.
>
> 노태우 대통령은 사태수습을 위해 1990년 11월 2일 김윤환 원내총무를, 11월 4일에는 민주계인 김동영 정무장관을 마산으로 보냈다. 이 사태는 11월 6일 노태우 대통령과 김영삼 대표위원이 청와대에서 회담을 갖고 내각제 포기와 김영삼 대표최고위원 중심으로 당을 결속하기로 합의한 후 일단락되었다. 따라서 내각제 합의각서 유출은 김영삼 대표위원의 위상을 약화시키려는 민정·공화계의 생각과는 달리 그 위상을 더 견고하게 만들어 주었다.

3. 선거제도 변화: 지방선거제도의 채택과 주요 내용

앞에서 언급한 바와 같이, 1987년 6월 민주항쟁을 통한 민주화의 열기는 지방자치제도의 부활에 청신호가 되었다. 6월 항쟁의 결과 치러진 제13대 대통령선거에서 각 후보들은 지방자치제의 전면실시를 선거공약으로 내걸었다. 그리고 선거후부터 노태우 대통령의 취임 전까지 여야는 '지방자치법소위원회'를 구성해 지방자치 실시문제에 대해 정치적 협상을 전개했다. 그러나 여야가 끝내 합의를 이루지 못한 가운데 민정당은 1988년 3월 8일 임시국회 본회의에서 단독으로 「지방자치법」과 「지방의회선거법」 등 지방자치관련 법안을 통과시켰었다.

당시 협상과정에서 여야 간의 이견과 민정당이 단독으로 통과시킨 법안의 주요 내용은 다음과 같다. 먼저, 지방자치제의 실시에 대해 여당인 민정당은 1년 이내 구·시·군 의회 구성, 2년 이내 시·도의회 구성, 3년 이내 지방자치단체장 선거를 실시하자고 제안한 반면, 야당 측은 지방의원 및 지방자치단체장 선거를 1988년에 동시 실시하자거나 시·도의회와 시·도단체장 선거라도 실시해야 한다고 주장했다. 아울러 민정당이 단독으로 통과시킨 법안은 '1989년 4월 30일 이전에 구·시·군 의회를 구성하고, 시·도 의회는 구·시·군 의회가 구성되는 날로부터 2년 이내에 구성'하며, '지방자치단체장선거는 법률로 정할 때까지 실시하지 않고 임명'하도록 규정하고 있었다.

그러나 1988년 4월 26일 제13대 국회의원선거 결과 여소야대가 되자 야권은 여당의 독주를 견제할 수 있게 되었다. 야3당은 지방자치문제를 논의하기 위해 공조체제를 마련했고, 1989년 3월 4일 "1989년 이내에 시·도 의회와 시·도 자치단체장선거를 실시하고 1990년 이내에 구·시·군 의회와 구·시·군 자치단체장 선거를 실시"한다는 내용을 골자로 한 「지방자치법 개정법률안」을 마련하여 3월 15일 임시국회에서 통과시켰다. 그러나 이 법률안은 노태우 대통령의 거부권 행사로 실행에 옮겨지지 못했다. 여야는 다시 협상을 개시하여 1989년 12월 30일 여야합의로 「지방자치법」을 개정하였다. 개정된 지방자치법에는 1990년 6월 30일 이내에 시·도 의회 및 구·시·군 의회선거를 실시하고, 1991년 6월 30일 이내에 지방자치단체장 선거를 실시하도록 규정했다. 그러나 1990년 1월 22일 3당 합당으로 민자당이 창당되자 평민당이 이에 반발하면서 정국이 경색되어 시·도 의회 및 구·시·군 의회선거는 실시되지 못했다.

1990년 12월 15일 국회는 "지방의회선거는 1991년 상반기 중에 실시하고 지방자치단체장 선거는 1992년 상반기 중 실시"하도록 한 지방자치제 관련 3개 법안, 즉 「지방자치법」, 「지방의회의원선거법」, 「지방자치단체장선거법」을 만장일치로 통과시켰다. 그에 따라 1991년 3월 26일에는 구·시·군 의회선거가 그리고 6월 20일에는 시·도 의회선거가 실시되게 되었다. 그러나 1992년 실시예정이었던 지방자치단체장 선거는 3년 후인 1995년에 실시되었는데, 노태우 대통령이 1992년 4개의 선거(국회의원선거, 대통령선거, 기초단체장선거, 광역단체장선거)를 치를 경우 경제적, 사회적 안정을 이룰 수 없다며 이를 연기했기 때문이다.

1990년 12월 15일 통과된 「지방의회의원선거법」을 개정하는 과정에서 쟁점이 된 사항은 지방의회 후보에 대한 정당공천을 허용할 것인가 여부였다. 평민당은 기초의회와 광역의회 모두 정당공천을 허용해야 한다는 입장이었고 민자당은 모두 정당공천을 해서는 안 된다고 맞섰다. 결국 협상과정에서 시·도 의회선거는 정당공천을 허용하고, 구·시·군 의회선거는 정당공천을 허용하지 않기로 했다. 아울러 1991년 4월 23일부터 재개된 「지방의회의원선거법」 개정 협상에서 신민주당(전 평민당)은 국회의원선거처럼 비례대표제를 도입하고, 선거권을 18세로 하향조정하자고 제안했지만 합의를 보지 못했다. 결국 최종 결정된 선거법은 구·시·군 의회의원선거의 경우 1선거구에서 1인을 선출하는 소선거구제와 함께 인구 2만을 초과하는 매 2만까지 마다 1인을 추가하도록 하는 중선거구제를 병행하여 실시하도록 했으며, 시·도 의회의원선거의 경우 소선구제를 채택하게 되었다.

4. 선거운동과 선거 쟁점: 수서사건, 강경대 열사 사건, 그리고 정원식 국무총리 폭행사건

1991년 3월 26일 실시된 구·시·군 의회선거에서 가장 큰 쟁점이 되었던 사안은 수서사건이었다. 사건은 한보그룹 정태수 회장이 서울 수서·대치지구 내 조합주택 건축 사업을 위해 수서택지개발지구 중 일부를 수의계약 형식으로 특별 분양 받을 수 있게 해달라는 청탁과 함께 정치권에 거액의 뇌물을 제공한 것에서 비롯되었다. 1991년 1월 21일 박세직 서울시장은 부임한 지 20일 만에 강남구 수서·대치 택지 개발예정지구의 민간주택 소유 토지 35,000평을 이들 조합에게 특별 분양하기로 결정했다고 발표했다. 검찰의 수사결과 정태수 회장이 청와대 관계자와 국회건설위원회 소속 국회의원, 건설부 공무원 등에게 수억원의 뇌물을 준 사실이 밝혀졌고, 2월 16일 검찰은 정태수 회장, 청와대 정병조 비서관, 국회건설위원회 오용운 우원장과 이태섭, 김동주 의원(이상 민자당), 이원배, 김태식 의원(이상 평민당), 이규황 건설부국토계회국장을 구속했다. 이어 노태우 대통령은 2월 19일 특별담화문을 통해 수서사건에 대해 사과하고, 박세직 서울시장을 경질하였으며, 민자당의 당직도 개편했다.

평민당은 선거운동이 시작된 지 이틀째인 3월 9일 서울 보라매공원에서 대규모 규탄집회를 개최하겠다고 발표하는 등 수서사건을 적극적으로 선거쟁점화하려는 등 정당공천이 허용되지 않던 구·시·군 의회선거를 정당대결구도로 몰고 가려 했다. 옥외 규탄대회를 놓고 선거법 위반 논란이 있었지만 평민당은 보라매집회를 강행했고, 집회에서 김대중 총재는 노태우 대통령과의 TV토론을 요구했다. 그러나 민자당은 이를 정당관여를 배제한 「지방의회의원선거법」을 위반한 불법선거운동이라고 비난하는 등 수서사건이 고도의 정치쟁점으로 발전하는 것을 차단하고자 했다. 오히려 민자당은 지방개발 정책으로 수서사건의 효과를 무마시키려 했다. 3월 12일 정부는 충청·호남지역의 신산업지대 육성, 전국 25개 노선의 2,100Km 고속도로 건설, 주택 538만 가구 건설을 주 내용으로 하는 '제3차 국토종합개발계획'을 발표했다. 야당은 즉각적으로 여당 후보를 지원하는 명백한 간접 선거운동이라고 비난하고 중지할 것을 요구했다.

수서 사건

수서 사건은 1989년 3월 택지개발 지구로 지정된 수서, 대치 택지 개발 예정지구를 일반 주택청약 예금자들과의 형평에 맞지 않게 특정조합에 공급함으로써 빚어진 비리 사건이다. 이 지역은 법적으로 국가나 민간업자가 개발하여 일반에 공급하도록 되어 있었다. 그러나 그 경제성 때문에 여러 단체가 조합을 결성하여 토지를 매입하고 특별공급을 청원하는 민원을 끊임없이 제기했는데, 1991년 1월 21일 정치권의 압력과 한보 그룹의 로비를 받은 서울시가 법적 근거 없이 이 지구의 민간 주택조합 소유 토지 3만 5500평을 이들 조합에 특별 분양키로 결정함으로써 그들 조합원과 한보그룹에 특혜를 주었다.

1991년 2월 3일 청와대와 평민당이 이 지구 분양과 관련하여 서울시에 보낸 협조공문이 공개되면서부터 수서 택지 특별 분양은 정치 쟁점화 되었다. 이후 서울특별시가 특별 분양 결정을 내리기 직전 열린 서울시 관계자 대책회의에 청와대 비서관과 민자당 의원이 참석했다는 사실이 밝혀지면서 여론이 악화되었다. 전 대통령 노태우는 감사원에 특별감사를 지시, 정치권의 외압사실을 숨기는 선에서 여론을 가라앉히려 했으나 진정되지 않았고, 2월 7일에는 마침내 검찰이 본격적 수사에 나서게 되었다. 그러나 수사 과정에서 한보그룹이 청와대 관계자, 국회 건설 위원회 소속 의원들, 건설부 등 공무원에게 뇌물을 건네준 사실은 밝혀냈지만, 외압과 배후의 실체에 대한 수사는 한계를 드러낸 채 마무리되었다. 외견상 부총리를 포함한 정부의 개각으로 일단 수습을 하였으나 노태우 정부 하에서의 정·경·관 유착관계를 보여 준 사건이다.
이 비리 사건은 1991년 지방선거에서 당시 여당이었던 민자당에게 매우 불리하게 작용할 것으로 예상되었으나, 곧바로 정원식 국무총리 폭행사건이 터지면서 여론이 여당에게 유리하게 돌아갔고, 결국 민자당은 지방선거에서 압승하게 된다.

1991년 3월 26일 구·시·군 의회선거 끝난 후 4월 26일 명지대학교 교문에서 시위를 벌이던 강경대 학생이 진압경찰에게 구타당한 뒤 사망하는 사건이 발생했다. 정부는 4월 27일 안응모 내무부장관을 경질하여 사건을 일단락 짓고자 했으나, 야당은 이를 '제2의 박종철 고문치사 사건'으로 규정하고 대통령의 대국민 사과와 내각총사퇴 등을 요구하며 정치쟁점화를 시도했다. 전국민족민주운동연합 등 재야단체들도 범국민대책위원회를 구성하고 정부를 규탄하는 집회와 시위를 연일 개최했다. 아울러 종교계와 교육계의 시국선언도 잇따라 나왔다. 이런 와중에 4월 29일 전남대학교 박승희, 5월 2일 안동대학교 김영균, 5월 3일 경원대학교 천세용 등 대학생들이 학내시위 도중 잇달아 분신자살하는 사건이 발생해 정국이 더욱 경색되었다. 정부는 5월 24일 노재봉 국무총리를 경질하고 후임에 정원식 전 문교부장관을 지명했다. 그러나 학원가의 격앙된 분위기는 가라앉지 않았다.

[그림 3-4] 강경대 학생 장례식(1991년 5월 14일)

그러던 중 6월 3일 한국외국어대학교에 강의하러 온 정원식 국무총리서리를 대학생들이 계란으로 폭행하는 사건이 발생했다. 이 사건은 정원식 국무총리서리가 취임 전 시간강사로 출강했던 한국외대 교육대학원에 마지막 특강을 마치고 귀가하던 길에 발생했다. 총학생회장을 비롯한 학생들은 정원식 서리가 문교부장관 재직 시절인 1989년에 1,500여 명의 전국교직원노동조합 교사들이 해직되는 소위 '전교조 사태'의 주범이라는 이유로 폭력을 행사했던 것이다.

정원식 총리서리 폭행사건이 발생하자 강경대군 사망사건으로 민자당을 수세로 몰아넣었던 정국은 반전되기 시작했다. 민자당은 폭행사건을 패륜행위로 몰아가기 시작했고 그동안 정부와 여당을 불신해 온 중산층과 부동층의 안정심리와 운동권에 대한 반발심을 자극하여 여당 지지로 선회시키는 적극적인 기회로 활용했다. 반면, 신민주당과 민주당은 수서사건과 강경대 사건에 대한 비판여론을 적극적으로 활용해 왔던 선거 전략에 제동이 걸릴 수밖에 없었다.

5. 투표율과 선거 관리: 낮은 투표율과 후보자의 급증

1991년 3월 26일 실시된 구·시·군 의회의원선거는 무투표선거구를 제외한 투표대상 선거인수 24,067,144명 중 13,237,093명이 투표하여 55.0%의 투표율을 보였다. 이 투표율은 가장 최근에 실시한 1988년 제13대 국회의원선거의 75.8%에 비해 20.8% 포인트, 1987년 제13대 대통령선거의 89.2%보다는 무려 34.2% 포인트나 떨어진 것이었다. 아울러 역대 지방의원선거에서 가장 낮은 투표율을 보였던 1960년 시의회의원선거의 투표율 62.6%보다도 뒤쳐진 것이었다. 이처럼 투표율이 낮은 이유로는 수서사건으로 인한 유권자들의 정치 불신, 선거에 정당참여 배제, 유권자들의 지방자치제에 대한 무관심 등을 들 수 있었다.

시·도별 투표율에서 가장 높은 투표율을 기록한 곳은 경북으로 70.2%였고, 제주 70.1%, 전남 69.4%, 강원68.7% 순이었다. 투표율이 가장 낮은 곳은 서울로 42.3%였고, 그 다음은 인천 42.6%, 대구44.4% 순이었다. 서울 등 6대 대도시는 광주가 유일하게 50.8%를 보였을 뿐, 나머지 5개 도시는 모두 50% 미만의 저조한 투표율을 보였다. 여기서도 도저촌고 현상이 재현되었다.

1991년 6월 20일 실시된 시·도 의회의원선거는 무투표선거구를 제외한 투표대상 선거인수 28,083,024명 중 16,533,934명이 투표하여 58.9%의 투표율을 보였다. 이 투표율은 구·시·군 의회의원선거의 투표율(55.0%)보다 3.9%포인트 높았지만, 여전히 낮은 투표율에 머물렀다. 시·도별 투표율을 보면 제주도가 74.7%로 가장 높았고, 그 다음은 충남 68.9%, 경북 68.7% 등의 순이었다. 가장 낮은 곳은 서울로 52.4%였고, 그 다음은 대구로 53.0%를 기록하였다.

구·시·군 의회의원선거의 투표율과 비교할 때, 서울과 부산 등 5개 직할시의 투표율은 크게 상승하였다. 서울은 42.3%에서 52.4%로 증가했고, 5개 직할시도 평균 47.6%에서 55.9%로 증가하였다. 반면 도 지역은 63.0%에서 63.5%로 약간 상승하였다. 이처럼 대도시 지역의 투표율이 농촌 지역보다 크게 상승한 것은 이 지역의 선거전이 치열했음을 반영하는 것이라고 해석할 수 있다.

구·시·군 의회의원선거 때에 검찰에 입건된 선거사범은 총 1,256명이었다. 검찰은 이 중 607명을 기소하고 나머지 649명은 불기소하였다. 기소율은 48.3%로 1988년 제13대 국회의원선거 때의 기소율 12.0%에 비해 4배 정도 높았다. 기소된 선거사범 중에 구속된 사람은 80명이었다.

검찰이 입건한 1,256명의 소속 정당별 현황을 보면 민주자유당 120명(9.6%), 평화민주당 96명(7.6%), 민주당 2명(0.2%)이었고, 나머지 82.6%에 해당하는 1,038명은 정당의 당원이 아닌 후보자나 선거사무원 등이었다. 정당의 참여를 배제한 선거였기 때문에 선거사범도 당원이 아닌 사람이 많았다. 구·시·군 의회의원선거의 당선자 중에서 기소된 사람은 총 99명이었다. 이들의 재판결과 11명이 당선무효에 해당하는 집행유예나 100만원 이상의 벌금형을 선고받아 의원직을 상실하였고, 나머지 88명은 100만원 미만의 벌금형이나 선고유예를 받아 의원직을 유지할 수 있었다.

시·도 의회의원선거의 경우 검찰에 입건된 선거사범은 총 1,693명이었다. 검찰은 이 중 678명을 기소하고, 나머지 1,015명은 불기소 처분하였다. 기소된 선거사범 중 구속된 사람은 79명이었다. 입건된 선거사범은 구·시·군 의회의원선거(1,256명) 때보다 437명이 늘어났다.

선거사범의 위반행위 유형을 보면 금전선거사범이 30.5%로 가장 많았고 불법유인물사범 26.5%, 기타 부정선거운동사범 19.9%, 현수막·벽보 불법부착사범 7.3%, 선거폭력사범 6.4% 등이었다. 구·시·군 의회의원선거 때에도 금전선거사범과 불법유인물사범이 가장 많았었다.

1991년의 지방의회의원선거는 1987년 제13대 대통령선거와 1988년 제13대 국회의원선거 이후 처음 치러지는 전국적인 규모의 선거였다. 일부 후보자들이 제13대 대통령선거와 1988년 제13대 국회의원선거 때의 위법행위를 그대로 따라하면서 위반행위가 많이 발생하였다. 또한 국회의원선거에 비해 후보자가 15배 정도 많았기 때문에 선거관리에 많은 어려움이 있었고, 위반행위 발생건수도 급증할 수밖에 없었다.

6. 선거 결과와 의미: 민자당의 압승과 지방정치의 장악

당선자 현황을 살펴보면 3월 26일 구·시·군 의회선거는 총 4,303명의 당선자 가운데,[1] 614명이 무투표 당선되었으며 나머지 3,689명은 투표로 당선되었다. 민자당의 자체집계에 따르면 당선자 중 민자당 당적보유자는 49.8%(2,142명)로 평민당 18.2%(785명)와 민주당 0.8%(33명)에 비해 큰 차이로 앞섰다. 아울러 당적이 없는 당선자는 31.2%(1,343명)였는데, 대부분이 민자당 지지성향인 것으로 알려졌다. 평민당도 자체집계 결과를 발표했는데, 당이 지원한 후보 중 총 901명이 당선되었다고 해 민자당의 발표내용과 차이를 보였지만, 민자당 지지성향의 후보들이 더 많이 당선되었다는 점은 인정했다.

정당공천을 허용하지 않았던 구·시·군 의회의원선거와 달리 시·도의회의원선거는 정당공천을 허용했기에 당선자별 득표율과 의석수가 정확하게 파악된다. 민자당은 40.6%의 득표율을 보였고, 신민주당이 21.9%, 그리고 민주당은 14.3%의 득표율을 보였다. 지역별 당선자 수와 의석비율은 다음의 <표 3-6>과 같다. 민자당은 전체의석 866석 중 564석을 차지해 65.1%의 의석율을 보였다. 시·도 의회선거가 소선거구제로 실시되었다는 점을 감안한다면 민자당은 선거구의 기계적 효과(mechanical effect)의 최대 수혜자가 되었다. 신민주당은 21.9%를 득표했지만, 의석율에서는 19.1%(165석)에 머물렀다. 민주당은 전국적으로 14.3%를 득표하고도 의석율에서는 2.4%(21석)에 불과해 소선거구제의 최

1 구·시·군의회의원선거의 의원정수는 총 4,304명이었는데, 당선자가 4,303명으로 1명 부족한 것은 경북 구미시 선주동선거구의 후보자가 모두 사퇴해 당선자가 없었기 때문이다.

대 피해자가 되었다.

한편, 시·도 의회의원선거에서도 1987년 대통령선거와 1988년 국회의원선거와 마찬가지로 지역주의 투표성향이 극심하게 표출되었다. 민자당은 호남지역을 제외한 나머지 12개 시·도의회의 전체의석 718석 중 563석을 차지하여 78.4%의 점유율을 보였지만, 호남지역에서는 148개의 의석 중 단 1석 만을 획득

〈표 3-6〉 1991년 6월 20일 지방선거 시·도의회 정당별 당선자수와 의석율

구 분	당선자수 (의석율)					
	민자당	신민주당	민주당	민중당	무소속	합 계
서울	110 (83.3)	21 (15.9)	1 (0.8)	–	–	132
부산	50 (98.0)	–	1 (2.0)	–	–	51
대구	26 (92.9)	–	–	–	2 (7.1)	28
인천	20 (74.1)	1 (3.7)	3 (11.1)	–	3 (11.1)	27
광주	–	19 (82.6)	–	–	4 (17.4)	23
대전	14 (60.9)	2 (8.7)	1 (4.3)	–	6 (26.1)	23
경기	94 (80.3)	3 (2.6)	2 (1.7)	–	18 (15.4)	117
강원	34 (63.0)	–	1 (1.9)	1 (1.9)	18 (33.3)	54
충북	31 (81.6)	–	2 (5.3)	–	5 (13.2)	38
충남	37 (67.3)	–	4 (7.3)	–	14 (25.5)	55
전북	–	51 (98.1)	–	–	1 (1.9)	52
전남	1 (1.4)	67 (91.8)	–	–	5 (6.8)	73
경북	66 (75.9)	–	5 (5.7)	–	16 (18.4)	87
경남	73 (82.0)	1 (1.1)	1 (1.1)	–	14 (15.7)	89
제주	8 (47.1)	–	–	–	9 (52.9)	17
합계	564 (65.1)	165 (19.1)	21 (2.4)	1 (0.1)	115 (13.3)	866

자료: 중앙선거관리위원회, 역대선거정보(1991년 시도의회의원선거).

했을 뿐이다. 특히, 신민당은 전체 165명의 당선자 중 83.0%인 137명을 호남지역(광주·전남·전북)에서만 배출해 지역당적 한계가 부각될 수밖에 없었다. 더군다나 '비호남 유일야당' 기치를 내걸었던 민주당도 영남에서 참패해 지역주의구도 아래에서의 야당의 한계를 보여주었다.

선거결과 여당인 민자당이 대부분의 지방의회를 장악함으로써 중앙정치뿐만 아니라 지방정치 영역에 있어서도 국정장악력을 높일 수 있었다. 민자당은 노태우 대통령과 김영삼, 김종필 최고의원의 연고지인 부산·경남, 대구·경북, 그리고 대전·충청지역에서 압도적인 의석을 차지했을 뿐 아니라 서울과 경기의 수도권에서도 압도적인 다수당이 되었다. 민자당이 이처럼 압도적인 승리를 거둘 수 있었던 가장 큰 이유는 3당합당 이후 거대여당으로 등장한 이후 정치안정과 지역발전 중심의 선거 전략을 효과적으로 활용했기 때문이라고 볼 수 있다. 아울러 선거기간 중 발생한 정원식 국무총리서리 폭행사건도 유리하게 작용했다. 실제, 한 일간지가 발표한 여론조사 결과에 의하면, 유권자들은 민자당이 승리한 이유로 시국불안과 국민의 안정욕구(31.3%)와 자금동원력(19.9%)을 대표적으로 꼽았으며 그밖에 야당과 재야에 대한 불신감, 야권후보 난립 등을 들었다.

지방자치제가 30년 만에 부활되었다는 사실은 커다란 의미를 가진다. 그러나 두 번의 선거에서 투표율이 각기 55.0%와 58.9%밖에 되지 않았다는 점은 지방자치를 통해 민주주의를 심화시키고자 했던 당초의 취지가 국민들 속에 아직까지 체화되지 못했음을 보여주었다. 일부에서는 수서사건과 정원식 국무총리 폭행사건 등 부정적 정치 사건으로 인한 유권자의 불신의 증가와 뚜렷한 선거쟁점이 부재했기에 투표율이 저조했다는 분석을 내놓기도 했다. 그러나 최초로 시행된 지방자치제와 지방선거에 대한 국민들의 인식이 기대만큼 미치지 못했음은 부정하기 어렵다.

제4절 제14대 국회의원선거와 여소야대의 재현

제14대 국회의원선거는 제13대 국회의원의 임기만료에 따라 1992년 3월 24일 실시되었다. 제14대 국회의원선거는 제14대 대통령선거를 9개월 앞두고 실시하여 대통령선거의 전초전 성격으로 볼 수 있었다.

제14대 국회의원선거를 앞두고 우리나라 최대 재벌이라고 할 수 있는 현대그룹의 정주영 회장이 통일국민당을 창당하고 정치에 참여함으로써 선거전은 여당인 민주자유당과 제1야당인 민주당 그리고 통일국민당의 3당 대결구도가 되었다. 선거전에서 쟁점이 된 것은 1990년 3당합당 이후 처음 실시하는 국회의원선거여서 합당의 정당성 여부를 둘러싼 공방과, 재벌그룹 회장 출신이 정치에 참여함으로써 경제문제와 연계시킨 안정론·견제론 등이었다. 또한 국가안전기획부 직원의 선거개입, 이지문 중위의 군부재자투표 부정폭로 사건 등도 선거쟁점이 되었다.

선거 결과 민주자유당은 전체의석의 49.8%인 149석을 차지하여 원내 제1당이 되었고, 민주당은 97석을 차지하여 제1야당이 되었으며, 통일국민당은 31석을 차지하여 국회교섭단체를 구성할 수 있는 정당이 되었다. 민주정의당은 처음에 과반수의석에서 1석이 부족하여 여소야대였으나 선거가 끝난 후 무소속 당선자들을 계속 영입하여 제14대 국회 개원 전에는 과반수를 확보하여 여대야소가 되었다.

1. 정치 상황: 통합민주당과 국민당의 등장과 3당 경쟁구도

1991년 6월 20일 시·도 의회의원선거에서 3당 합당으로 거대여당이 된 민자당이 압승하자 야권은 위기감을 느낄 수밖에 없었다. 그리하여 신민주연합당과 민주당은 6월 24일과 7월 10일 당내에 각각 '야권통합추진위원회'와 '범야권통합추진위원회'를 구성하고 통합협상을 진행했다. 그러나 또다시 지도체제와 지분문제를 놓고 의견 차이를 보여 협상은 진척되지 못했다. 민주당의 이기택 총재는 7월 30일 "공동대표제와 김대중 총재의 2선 후퇴"를 합당의 조건으로 제시한 반면, 신민주연합당 김대중 총재는 8월 17일 단일성 집단지도체제, 순수집단지도체제, 상임대표 하의 공동대표제 등 3개 방안을 제시하고 정기국회 개회 전까지 선택할 것을 요구하며 갈등양상을 보이기도 했다.

1991년 9월 초순 양당은 지도체제와 관련하여 법적으로는 김대중 총재 단독대표, 정치적으로는 김대중·이기택 공동대표제라는 절충안을 통해 합의점을 찾아내 9월 10일 양 총재는 합동기자회견을 열고 합당을 선언하고 당명을 '통합민주당'으로 정했다. 아울러 지도체제는 최고위원 동수의 집단지도체제로 하되 김대중과 이기택을 공동대표로 하며, 중앙당의 당직배분은 신민주연합당과 민주당이 6:4의 비율로 하기로 했다.

한편 신민주연합당과 민주당의 합당에 민주당 박찬종·김광일 의원 등 30여 명의 지구당 위원장들은 참여를 거부하고 탈당하였다. 박찬종 의원은 1991년 11월 '정치개혁협의회'를 결성한 후, 김동길 전 연세대 교수가 주축이 된 '태평양시대위원회'와 연대하여 '새한당'(가칭) 창당 작업을 하였다. 그러나 김동길 교수가 통일국민당 참여를 선언하며 이탈하자 1992년 2월 중순 '신정치개혁당'을 만들어 그 정당의 대표가 되었다. 김광일 의원은 통일국민당의 창당에 참여하였다.

1992년 1월 3일 현대그룹 정주영 명예회장이 정계진출 의사를 밝히고 (가칭) '통일국민당' 창당준비위원회를 결성하고 본격적인 창당 작업을 시작했다. 이어 2월 7일 김동길 전 연세대 교수가 주축이었던 '(가칭)새한당창당준비위원회'와 통합한 후, 2월 8일에는 중앙당창당대회를 개최했다. 통일국민당은 이날 창당선언문을 통해 "권위주의 통치방식을 일소하고 정당의 사당화·지역당화를 배제하며 깨끗하고 정직한 정치를 실천하겠다", "경제발전과 통일의 당으로서 서민층과 중간계층을 대변하겠다"고 밝히며 중도개혁 국민정당임을 표방하였다. 강령으로는 자유민주주의, 민족통일, 세계평화에의 기여, 경제정의 실현, 복지사회 구현 등을 내걸었다. 통일국민당(국민당)의 창당으로 한국의 정당체제는 14대 국회의원선거 이후 여당인 민자당과 야당인 민주당의 양당구도로 진행되다가 다시 3당의 경쟁 구도로 전환되었다.

[그림 3-5] 통일국민당 창당대회(1992년 2월 8일)

한편, 현대그룹의 정주영 회장이 정계진출의사를 밝힌 1월 3일 노태우 대통령은 연두기자회견을 통해 지방자치단체장 선거를 1~2년 연기하고 실시 시기는 제14대 국회에서 결정하겠다고 밝혔다. 이유는 1992년은 국회의원선거와 대통령선거가 있는 해이기에 두 번의 지방자치단체장 선거를 추가할 경우 4번의 선거를 치르게 되어 사회경제적 비용이 너무 크다는 것이 주된 명분이었다.

민주당은 이에 즉각 반발했다. 1월 12일 김대중·이기택 공동대표는 연두기자회견을 열어 연기방침 철회를 요구했고, "지방자치단체장선거를 연기하는 것은 제14대 대통령선거를 임명된 지방자치단체장 체제로 치름으로써 관권부정선거를 자행하려는 속셈"이라고 비판하며 연기방침을 철회하라고 요구하였다. 또한 법에 규정된 선거를 치르지 않겠다고 하는 것은 대통령 스스로가 법을 위반하는 것이라며 노태우 대통령을 비난하였다. 그리고 1월 17일에는 민주당 주요간부회의를 통해 이 문제에 대해 헌법 소원을 제기하겠다는 방침을 밝혔다.

2. 선거제도 변화: 선거운동 방식 확대 및 정당추천 후보자와 무소속 후보자 간 차등 완화

제14대 국회의원선거에 적용할 「국회의원선거법」 개정 논의는 1991년 10월 18일 '6인 실무소위원회'를 구성하면서 본격적으로 시작되었다. 6인 실무소위원회는 민주자유당 3인(장경우·강신옥·윤재기 의원)과 민주당 3인(박상천·이철·정균환 의원) 등 6인으로 구성되었다. 6인 실무소위원회는 자기 당이 마련한 선거법개정안을 토대로 협상을 시작하였다. 7차례 회의를 통해 20여 가지 사항에 대해서는 합의하였으나 선거구 증설, 합동연설회 존폐, 정당연설회 부활, 선거권 연령인하 등의 쟁점사항에 대해서는 합의점을 찾지 못하였다.

6인 실무소위원회에서 합의하지 못한 쟁점사항에 대해서는 1991년 11월 17일부터 양당 사무총장이 만나 막후 협상을 시도했으나 입장 차이를 좁히지 못하였다. 급기야 민주자유당은 11월 22일 선거법개정안을 단독으로 처리하겠다고 하였고, 민주당은 실력으로 이를 저지하겠다며 맞섰다. 12월 9일 민주자유당은 단독으로 선거법개정안을 국회 내무위원회에 제출하였다. 이러한 대치상황 속에서도 양당이 협상을 계속한 결과 민주자유당이 단독상정 방침을 철회하였다. 이에 따라 양당은 1991년 12월 13일과 14일 사무총장·정책위의장·원내총무 등의 당 3역 회담을 잇달아 열고 막바지 절충에 나섰다. 이 회담에서 민주자유당이 정당연설회를 양보하는 대신 민주당은 선거구 증설 문제를 양보함으로써 쟁점사항을 타결하였다.

여야는 합의된 선거법개정안을 1991년 12월 16일 국회의원 279명의 공동발의로 국회 내무위원회에 제출하였고, 내무위원회에서 5인으로 '정치관계법안심사소위원회'를 구성한 후 이를 심사한 다음 일부내용을 수정하여 국회 본회의에 넘겼다. 국회 본회의에 제출된 선거법개정안은 1991년 12월 17일 내무위원회의 수정안대로 의결되었고, 12월 31일 법률 제4462호로 공포되어 당일부터 시행되었다.

여야가 「국회의원선거법」을 개정하기 위한 협상과정에서 쟁점이 된 사항은 크게 네 가지였다. 첫 번째 쟁점은 선거구 증설문제로 여야는 서로 자신들이 유리한 지역에서 선거구를 늘리려고 하였다. 협상 결과 지역구 의석이 224석에서 237석으로 13석 늘고 전국구 의석은 13석이 줄었다. 두 번째 쟁점은 합동연설회의 존폐와 정당연설회의 부활문제였다. 민주자유당은 합동연설회를 폐지하고 개인연설회만 허용하자는 안을 내놓았다. 그러나 민주당은 합동연설회 폐지에 반대하고, 1971년 제8대 국회의원선거 이후 폐지된 정당연설회를 부활시켜야 한다고 주장하였다. 협상이 진행되면서 양당은 합동연설회 유지에 대해서는 합의하였으나 정당연설회 부활 문제에 대해서는 좀처럼 합의점을 찾지 못하였다. 그러자 민주자유당이 1991년 12월 9일 정당연설회를 배제한 선거법개정안을 단독으로 국회에 제출하기도 하였으나 다시 협상과정에서 이를 양보하여 결국 정당연설회를 허용하기로 합의하였다.

세 번째 쟁점은 전국구의석 배분방식에 관한 문제였다. 민주자유당은 의석비율에 따라 배분하는 종전방식을 유지하되, 군소정당 배려 차원에서 5석 이상 의석을 확보한 정당에게만 배분하도록 되어 있는 제한규정을 삭제하자고 주장하였다. 반면에 민주당은 유권자가 지역구후보자에게 투표하고 정당에게도 투표하는 정당투표제, 즉 '1인 2표제'를 도입하여 유효투표총수의 5% 이상 득표한 정당에게 득표수 비율에 따라 전국구의석을 배분하자고 주장하였다. 양당은 협상과정에서 정당투표제는 채택하지 않되 기존 제1당에게 50% 의석을 배분하는 조항을 폐지하기로 합의하였다.

네 번째 쟁점은 선거권연령 인하 문제였다. 민주자유당은 기존 20세를 고수하였고, 민주당은 18세로 낮추자는 안을 제시하였다. 민주당은 일본만 20세이고 대부분 서구 국가들은 18세 이상의 국민들에게 선거권을 부여하고 있다며 이와 같은 안을 내놓았다. 그러나 민주자유당은 18세의 상당수가 고교생이라는 점을 내세우며 교육 등 사회전반의 제도와 관행이 바뀌지 않은 상황에서 선거권 연령을 인하하는 것은 문제가 있다며 반대하였다. 선거권연령 인하는 여론의 호응을 얻지 못하여 협상 중반부터는 크게 쟁점화되지 못하였고, 민주당도 강하게 주장하지 않아 기존 20세를 그대로 유지하게 되었다.

뒤베르제의 법칙: 선거제도와 정당체계

선거제도 연구에 있어서 핵심적인 부분은 선거제도의 정치적 영향이며, 그 중에서도 특히 선거제도가 정당체계에 미치는 영향이다. 여기서의 관건은 과연 투표를 의석으로 전환하는 공식과 같은 기계적인 특징들이 한 국가의 정당체계에 결정적 영향력을 행사할 수 있는가이다. 뒤베르제(Duverger)는 그렇다고 답하였으며, 이는 뒤베르제의 법칙으로 알려져 있다. 그는 단순다수제와 양당제 사이에 "거의 완전한 상관관계가 관찰됨"을 주장하였다. 그리고 비례제는 다당제를 유발할 가능성이 크다고 보았다.

뒤베르제는 이러한 선거제도의 효과를 두 가지로 구분하였다. 하나는 기계적(mechanical) 효과로, 이는 투표를 의석으로 전환하는 규칙으로부터 직접적으로 발생한다. 예를 들면, 많은 비례대표제에서 사용되는 봉쇄조항(threshold)이 이에 해당된다. 다른 하나는 심리적(psychological) 효과로, 이는 이러한 규칙이 유권자의 투표 방식에 미치는 영향을 말한다. 예를 들어, 단순다수제 하에서 유권자가 가장 선호하는 정당이 해당 지역구에서 승리할 가능성이 없을 경우 발생하는 전술적 투표가 이에 해당한다.

그런데 1960년대 들어 선거제도와 같은 정치 제도에 과도한 무게를 부여하는 데 대한 반발이 등장하였다. 로칸(Rokkan)과 같은 학자는 보다 사회학적 접근법을 적용하여, 20세기 초반 비례대표제가 도입되기 이전부터 유럽은 사회적 균열구조로 인해 다당제를 갖고 있었음을 지적하였으며, 다른 많은 학자들 또한 선거제도의 채택이 사회적 균열 구조와 정당체계로부터 영향을 받는다고 주장하였다. 결국 선거제도의 효과는 분명히 존재하나, 애초에 이러한 제도의 도입을 초래한 정치적 구조와 정치적 계산도 고려해야 한다는 것이다.

새로 개정된 「국회의원선거법」의 주요 내용은 국회의원 정수를 299명으로 명문화였고, 선거운동 방식을 이전보다 확대하고, 정당추천 후보자와 무소속 후보자 간의 차등을 완화하였으며, 선거공영제를 일부 확대하였다는 것이다. 그리고 선거사범에 대한 처벌을 과거보다 강화한 것도 특징이었다. 제13대 국회의원선거에서와 같이 선거제도의 근본적인 틀이 바뀐 것은 아니었지만, 선거운동 방식을 확대하고 정당 후보자와 무소속 후보자 간 차등을 완화한 점은 긍정적인 변화였다고 평가할 수 있다. <표 3-7>은 제13대 국회의원선거 때와 비교하여 달라진 주요 제도를 보여주고 있다.

〈표 3-7〉 제14대 국회의원선거법 주요개정 내용

구 분	개정 이전 (제13대 국회의원 선거)	개정 이후 (제14대 국회의원 선거)
국회의원 정수	299명(지역구 224명, 전국구 75명)	299명(지역구 237명, 전국구 62명)
기탁금	○ 정당추천후보자: 1,000만원 ○ 무소속후보자: 2,000만원	정당·무소속후보자 모두 1,000만원
기탁금 반환요건	유효투표총수의 3분의 1을 초과하여 득표한 경우	유효투표총수를 후보자수로 나눈 수의 2분의1을 초과하여 득표한 경우
선거운동기간	18일	17일
선거운동방법	5가지(선전벽보, 선거공보, 합동연설회, 현수막, 소형인쇄물)	7가지(선전벽보, 선거공보, 합동연설회, 현수막, 소형인쇄물, 정당연설회, 경력방송)
정당연설회	(규정 없음)	지역구당 1회(하나의 지역구가 2개 이상의 구·시·군으로 이루어진 경우에는 구·시·군마다 1회)
소형인쇄물 종수 및 수량	제한 없음	○ 종수: 후보자용 4종, 정당용 2종 ○ 수량: 지역구의 유권자수에 상당하는 매수
선거운동원 등의 수상·실비	수당 및 실비 지급	실비만 지급
투표참관인 수	정당추천후보 2인, 무소속후보 1인	정당·무소속후보 구분 없이 모두 2인
개표참관인 수	정당추천후보 8인, 무소속후보 4인	정당·무소속후보 구분 없이 모두 8인
전국구 의석배분	○ 지역구에서 5석 이상을 차지한 정당에게 의석비율에 따라 배분 ○ 다만, 제1당이 지역구에서 지역구 의석 총수의 50% 이상을 얻지 못한 때에는 제1당에게 전국구의석 총수의 2분의 1을 우선 배분	○ 지역구에서 5석 이상을 차지하는 정당의 의석비율에 따라 배분 ○ 다만, 지역구에서 의석을 차지하지 못하였거나 5석 미만을 차지한 정당이 유효투표총수의 100분의 3 이상을 득표한 때에는 전국구의석 1석 우선 배분
당선무효 형량	징역, 금고 또는 50만원 이상의 벌금형	징역, 금고 또는 150만원 이상의 벌금형
선거사범 공소 시효	선거일 후 3월 (범인 도피 시 1년)	선거일 후 6월 (범인 도피 시 3년)

자료: 중앙선거관리위원회, 「대한민국선거사 제5집」, p.332.

3. 선거 쟁점과 선거 운동: 3당 합당의 부당성 대 안정론의 선거과정

1992년 3월 초부터 본격화된 각 당의 선거운동은 크게 3당 합당의 정당성에 대한 공방과 안정론 대 견제론으로 진행되는 가운데, 국가안전기획부 직원의 선거개입 사건과 군부재자 부정투표 논란, 한맥청년회 불법동원 사건 등 여당에 악재가 되는 사건들이 발생해 유권자들의 표심에 영향을 미쳤다. 우선, 1990년의 3당 합당 쟁점은 이미 1991년 두 번의 지방의회의원선거를 통해 이미 공방을 벌였지만, 14대 총선이 3당 합당 이후 처음 실시되는 국회의원선거였기에 다시 정치적 쟁점이 되었다. 민주당과 국민당은 3당 합당을 13대 총선에서 나타난 유권자의 선택을 거스른 정치야합이자 반민주적인 행위라고 비판했다. 이에 반해 민자당은 3당 합당이 4당 체제 아래 나타난 정치혼란을 해소하고 안정적 국정을 운영하기 위한 구국적 차원의 결단이었음을 강조하고 이는 이미 1991년 지방의회의원선거에서 확인되었다고 주장했다.

오히려 민자당은 경제문제를 중심으로 한 안정론을 강조했다. 김영삼 대표위원은 정당연설회를 통해 민주당의 약진은 혼란만 가져올 뿐이라며 최대 당면과제인 경제발전을 위해 정치안정이 필요하다고 주장했다. 아울러 노태우 정부의 민주화 성취, 주택 200만 호 건설, 북방외교 등의 치적을 자신의 주장과 연결시키려 했다. 민자당은 득표전략으로 '계파별 득표분담제'를 추진했는데, 김영삼 대표위원은 부산과 경남을, 김종필 최고위원은 충청권을, 그리고 박태준 최고위원은 대구와 경북을 맡아 지역의 정당연설회에 참석하여 민자당 후보들에 대한 지지를 호소했다.

반면, 민주당은 한편으로 3당 합당의 부당성을 강조하면서도 다른 한편으로 노태우 정부의 경제실정을 비판하면서 민주당을 강력한 견제 세력으로 키워주면 긴축예산, 한국은행독립, 사치세 신설 등으로 물가를 잡아 경제를 살려내겠다고 지지를 호소했다. 국민당 또한 고물가 및 무역적자 누적 등을 집중적으로 거론하며 집권당의 경제실정을 비판했다.

선거운동 와중 발생한 몇 가지 사건은 여당에게 악재로 작용했다. 먼저, 민자당이 대학생 선거동원조직인 한맥청년회를 조직하여 연설회장 등에 동원한 뒤 1인당 하루 2만~3만원씩의 일당을 지급한 사실이 언론을 통해 밝혀져 논란이 되었다. 민자당은 한맥청년회는 직능별 성격의 대학생 조직이며 일당을 지급한 사실을 부인했지만, 언론이 입수한 상황보고서는 한맥청년회가 30여 차례 대학생들을 동원했으며, 3월 15일 구로갑구 선거구의 유세장에 200명을 동원하고 1인당 2만원씩 지급한 사실이 적시되어 있었다.

두 번째 사건은 국가안전기획부(안기부) 직원의 선거개입 사건이었다. 선거를 3일 앞둔 3월 21일 강남구 개포동 주공 1단지 125동에서 안기부 대공수사국 소속 한기용 사무관 등 4명이 민주당 홍사덕 후보의 사생활을 비방하는 내용의 흑색선전물을 우편함에 투입하다 민주당 선거운동원들에게 붙잡혀 구속되는 사건이 발생했다. 안기부는 이 사건과 전혀 무관하다고 해명했지만 논란은 쉽게 진정되지 않았다.

이지문 중위의 군부재자 투표 부정 폭로

제14대 국회의원 선거일을 이틀 앞둔 1992년 3월 22일 밤 육군 제9사단 소속 이지문 중위가 공명선거시민운동실천협의회 사무실에서 기자회견을 열어 군부재자 투표과정에서 부정이 있었다고 주장하는 사건이 발생하였다. 이지문 중위는 기자회견을 통해 지난 3월 18일부터 20일 사이에 자신이 근무하는 부대 내에서 실시된 부재자투표에서 지휘관의 정신교육, 공공연한 공개투표, 기무부대의 사전검열 등이 있었다고 폭로하였다.

야당은 이지문 중위 양심선언 다음날인 1992년 3월 23일 일제히 공정한 감시 하에 군부재자투표의 재실시와 관련자 처벌을 촉구하며 정부와 여당을 비판하였다. 특히 민주당과 통일국민당은 각각 조사단을 구성하여 의혹이 있다고 주장하는 선거구에 대한 증거보전신청과 선거무효소송 등 법적절차를 밟겠다고 하여 선거종반 최대의 쟁점이 되었다. 국방부는 폭로내용에 대한 사실 여부를 확인하기 위해 합동조사단을 구성하여 즉각적인 조사를 실시하였고, 1992년 3월 24일 이지문 중위의 주장은 허위라고 밝혔다. 이지문 중위의 소속 부대장들은 허위사실을 보도했다는 이유로 언론사를 명예훼손 혐의로 고소하고 정정 보도를 신청할 것임을 밝혔다. 선거 후에도 논란이 계속되자 국방부는 1992년 4월 3일 수사결과 발표를 통해 이지문 중위의 주장은 사실이 아니고 다른 부대에서도 부정투표는 없었다고 밝혔다. 다만 일부 지휘관의 정신교육이 다소 오해를 살 소지가 있었다는 점에 대해서는 유감을 표시하였다.

군부재자 투표의 부정을 주장한 이지문 중위는 기자회견 직후 군무 무단 이탈죄와 허위 사실 적시로 인한 명예훼손 등 혐의로 구속되었고, 국방부 수사결과 1992년 4월 기소유예처분을 받았다. 기소유예처분에도 불구하고 이지문 중위는 사단징계위원회에 회부되어 파면되었다. 이후 이지문 중위는 보병 제9사단장을 상대로 파면처분취소청구소송을 제기하였고, 1993년 12월 30일 서울고등법원이 이지문 중위의 행위가 징계사유에 해당하지만 파면처분을 내린 것은 징계권의 남용이라는 원고승소판결을 내렸다.

이지문 중위의 군부재자투표 부정폭로사건으로 제14대 국회의원선거에서 선거소송이 많이 제기되었고, 9개월 후에 실시된 제14대 대통령선거에서 선거사상 처음으로 부재자투표소 투표제도를 도입하게 하여 이러한 시비를 원천적으로 막게 만드는 계기가 되었다.

세 번째 사건은 선거를 이틀 앞둔 3월 22일 밤 육군 제9사단 소속 이지문 중위가 공명선거시민운동실천협의회 사무실에서 기자회견을 열어 군 부재자 투표과정에서 지휘관의 정신교육, 공공연한 공개투표, 기무부대의 사전검열 등 부정이 있었다고 주장한 일이었다. 야당은 3월 23일 일제히 공정한 감시 하에 군 부재자 투표를 실시할 것과 관련자 처벌을 요구했다. 특히 민주당과 국민당은 각각 조사단을 구성하여 의혹이 있다고 주장하는 선거구에 대한 증거보전 신청과 선거무효소송 등 법적 절차를 밟겠다고 하여 선거 종반 최대의 쟁점으로 부각시키려고 했다.

4. 투표율과 선거관리: 다소 낮아진 투표율과 선거소송의 증가

1992년 3월 24일 실시된 제14대 국회의원선거는 선거인수 29,003,828명 중 20,843,482명만이 투표하여 71.9%의 투표율을 기록했다. 물론 1991년 두 차례의 지방선거보다는 투표율이 높았지만 1988년 제13대 국회의원선거의 투표율 75.8%보다는 3.9% 포인트 감소한 것이었다. 아울러 제헌 국회의원선거 이후 역대 14번의 국회의원선거 중 가장 낮은 투표율이었다. 이처럼 투표율이 낮은 이유는 뚜렷한 선거쟁점이 없었고, 유권자들의 정치 및 선거에 대한 관심이 전반적으로 낮아졌기 때문이라고 할 수 있었다.

시·도별 투표율을 보면 제주도가 78.6%로 가장 높았고, 그 다음은 경북 78.4%, 강원 78.0%, 경남 77.3% 등의 순이었다. 가장 낮은 곳은 대구로 66.6%였다. 전반적으로 서울, 부산, 대구, 인천, 광주 등 5개 대도시와 수도권인 경기도는 전국 평균 71.9%에 미치지 못하는 낮은 투표율을 보인 반면, 그 외 지역에서는 모두 평균 이상이었다. 도저촌고 현상이 계속 나타난 것이다.

제13대 국회의원선거 때의 투표율과 비교해 보면 부산, 대구, 광주, 충북, 전북, 전남, 경북의 투표율이 큰 폭으로 하락하였다는 특징이 있었다. 대구의 경우에는 13대 국회의원선거 때에 비해 10.2% 포인트 낮아져 가장 하락 폭이 컸고, 부산 8.6%, 광주 7.8%, 충북 7.1%, 대전 6.8% 포인트 등의 순으로 하락 폭이 컸다. 반면 제13대 국회의원선거 당시 가장 낮은 투표율을 기록했던 서울은 0.1% 포인트 하락하였고, 경기와 인천도 각각 1.7% 포인트와 2.1% 포인트가 하락하여 상대적으로 하락폭이 적었다.

제14대 국회의원선거에서 선거법위반행위를 단속한 기관은 선거관리위원회와 검찰 및 경찰이었다. 선거관리위원회가 국회의원 선거에 단속을 한 것은 처음이었는데, 1989년 4월 13일 동해시 국회의원재선거 때부터 선거법위반행위 단속활동을 시작한 이래 1991년 두 번의 지방의회의원선거에서 축적한 경험을 토대로 선거법위반행위 예방활동과 단속활동을 좀 더 활발하게 전개하였다. 단속활동 뿐만 아니라 선거법위반사례 책자 30만부를 제작하여 정당, 후보자, 선거운동 관계자, 언론기관, 행정기관, 시민단체 등에 배부하여 선거법 위반행위 예방 활동도 병행하였다.

검찰에 입건된 선거 사범은 총 1,045명이었다. 검찰은 이 중 427명을 기소하고 나머지 618명은 불기소하였다. 구속된 사람은 43명이었다. 1988년 제13대 국회의원선거 때의 선거사범(입건 656,기소 79)에 비해 입건은 59.3%(389명), 기소는 440.5%(348명)가 증가하였다. 이처럼 선거사범이 증가한 것은 여러 가지 이유가 있겠으나 제14대 대통령선거를 앞두고 각 정당이 총력전을 펼치는 과정에서 위법행위가 많이 발생했기 때문이라고 할 수 있었다. 또한 제13대 국회의원선거 때에는 선거관리위원회가 선거법위반행위를 단속하지 않았으나 제14대 국회의원선거에서는 단속활동을 한 것도 선거사범이 늘어난 이유 중의 하나라고 할 수 있었다. 선거관리위원회는 선거법위반행위 674건을 적발하여 이 중 86건을 고발 또는 수사 의뢰하였었다.

검찰에 입건된 선거사범 1,045명의 위반행위 유형을 보면 연하장이나 달력 등의 불법선전물 배포가 271명으로 가장 많았고, 그 다음은 금품·향응 제공 259명, 선거관련 폭력 130명, 흑색선전 93명 등의 순이었다. 나머지는 현수막·벽보 등의 불법 게시·부착, 선거사무원이 아닌 사람의 선거운동, 호별방문, 기타 제한규정 위반 등이었다.

입건된 선거사범 1,045명의 소속정당별 현황을 보면 여당인 민주자유당이 174명(16.7%)으로 가장 많았고, 그 다음은 통일국민당 127명(12.2%), 민주당 119명(11.4%), 민중당 11명, 기타 정당 4명이었다. 무소속은 30명이었으며 나머지 580명은 일반인이었다. 기소된 선거사범 427명의 소속정당별 현황을 보면 통일국민당이 60명(14.1%)으로 가장 많았고, 그다음은 민주당 43명(9.4%), 민주자유당 38명(8.9%), 기타 정당 5명 등의 순이었다. 나머지 281명은 무소속(4명)과 일반인(277명)이었다. 입건된 선거사범은 여당인 민주자유당이 가장 많았으나 기소는 반대로 민주자유당이 가장 적었다. 기소된 선거사범의 재판결과 실형을 받은 사람은 6명이었고, 집행유예 114명, 선고유예 46명, 벌금 241명이었다. 무죄도 13명이었다.

[그림 3-6] 주요 정당의 소형인쇄물

선거가 끝나고 난 후 선거소송은 총 31건이 제기되었다. 이 소송건수는 제13대 국회의원선거 때의 제기건수 26건보다 5건이 늘어난 것이었다. 선거소송이 늘어난 이유는 선거일을 이틀 앞두고 이지문 중위가 군부재자투표의 부정을 폭로한 사건의 영향 때문이었다. 즉 낙선한 후보자들이 군부재자투표의 위법을 이유로 선거소송을 많이 제기하였다. 소송 종류별로는 선거무효소송이 10건, 당선무효소송이 4건, 선거 및 당선무효소송이 17건이었다. 소송을 제기한 후보자의 소속 정당별 현황을 보면 민주당이 전체인원의 49%인 16명으로 가장 많았고, 그 다음은 민주자유당이 6명(18%), 무소속 6명(18%), 통일국민당 4명(12%), 신정치개혁당 1명(3%) 등의 순이었다.

5. 선거 결과와 의미: 여소야대 국회의 재현과 지역주의의 고착화

선거 결과는 여당인 민자당의 패배로 끝났다. <표 3-8>에서 나타나는 바와 같이, 민자당은 유효투표총수의 38.5%를 득표하여 지역구에서 116명, 전국구에서 33명[2] 등 총 149명을 당선시켰다. 이는 1990년 3당 합당 당시 216석의 거대여당의 위상과 비교하면 무려 70여 석을 잃은 셈이었다. 민주당은 29.2%를 득표하여 지역구에서 75명, 전국구에서 22명 등 총 97명을 당선시켰다. 국민당은 17.4%를 득표하여 지역구에서 24명, 전국구에서 7명 등 총 31명을 당선시켰다. 이 밖에 소수정당으로 신정치개혁당은 서울 서초구갑에서 박찬종 후보가 유일하게 당선되었다.

제14대 국회의원선거 결과의 가장 큰 특징은, <표 3-9>에 제시되어 있듯이, 민주화 이후 지역주의투표 현상이 고착화되었다는 것이다. 물론, 민자당은 12개 시·도에서 당선자를 내어 가장 광범위한 지역별 의석분포를 보였다. 그러나 노태우 대통령의 연고지인 대구·경북에서는 32석 중 22석(68.8%), 그리

2 제14대 국회의원선거는 전국구의석 배분방식에서 변화가 있었는데, 1991년 12월에 있었던 선거법 개정협상에서 민자당은 기본적으로 의석비율에 따라 배분하되 군소정당 배려차원에서 5석 이상 확보한 정당에게만 배분하도록 제한 규정을 삭제하자고 제안했다. 그러나 민주당은 지역구와 전국구에 각기 투표하는 '1인 2표제'를 도입하여 유효투표총수의 5%이상 득표한 정당에게 득표율에 따라 전국구의석을 배분하자고 주장해 대립했었다. 협상결과 12월 17일 국회 본회의에서 의결된 선거법은 제13대 국회의원선거에 적용했던 제1당에 전국구의석의 50%를 배정한다는 기준을 폐지했다.

고 김영삼 대표최고위원의 연고지인 부산·경남에선 39석 중 31석(79.5%)을 획득한 반면, 김대중 민주당 공동대표의 연고지인 광주·전남에서는 단 1석도 획득하지 못했다. 전북에서 2석은 그나마도 놀라운 것이었다. 민주당도 비록 9개 시·도에서 당선자를 내어 민자당 다음으로 전국적인 의석분포를 보였으나 민자당의 주요 연고지인 부산·경남 및 대구·경북에서는 단 1석도 획득하지 못했다. 반면, 자신의 연고지인 광주·전남·전북에서는 39석 중 37석(94.9%)을 차지했다. 국민당은 민자당의 연고지인 대구, 경북, 경남 및 충청지역뿐만 아니라 강원에서도 의석을 확보해 그나마 지역주의로부터 다소 자유로워 보이는 듯 했지만, 이 역시 현대그룹의 연고지가 경남이었다는 점과 정주영 총재의 고향이 강원이었다는 점이 작용했던 것으로 보인다.

〈표 3-8〉 제14대 국회의원선거 정당별 득표 및 당선자수

구 분	득표수 (득표율)	당선자수		
		지역구	전국구	계
민자당	7,923,719 (38.5%)	116	33	149
민주당	6,004,577 (29.2%)	75	22	97
국민당	3,574,419 (17.4%)	24	7	31
신정치개혁당	369,044 (1.8%)	1	–	1
무소속	2,372,005 (11.5)	21	–	21
합계	20,583,812 (100.0%)	237	62	299

자료: 중앙선거관리위원회, 역대선거정보(제14대 국회의원선거).

〈표 3-9〉 제14대 국회의원선거 정당의 지역별 당선자 현황

구 분	서울	부산	대구	인천	대전	광주	경기	강원	충북	충남	전북	전남	경북	경남	제주	합계
민자당	16	15	8	5	1	–	18	8	6	7	2	–	14	16	–	116
민주당	25	–	–	1	2	6	8	–	1	1	12	19	–	–	–	75
국민당	2	–	2	–	–	–	5	4	2	4	–	–	2	3	–	24
신정치개혁당	1	–	–	–	–	–	–	–	–	–	–	–	–	–	–	1
무소속	–	1	1	1	2	–	–	2	–	2	–	–	5	4	3	21
합계	44	16	11	7	5	6	31	14	9	14	14	19	21	23	3	237

자료: 중앙선거관리위원회, 역대선거정보(제14대 국회의원선거).

비록 민자당이 총 149석을 얻어 원내 제1당이 되었지만, 과반의석을 획득하지 못해 제13대 국회의원선거 때와 마찬가지로 여소야대의 분점정부가 다시 출현하였다. 이러한 결과는 여러 가지 원인이 있겠지만 노태우 정부와 거대여당에 대한 유권자들의 견제 심리가 중요하게 작용했다고 할 수 있다. 6공 출범 이후 노태우 정부의 민주화 진척 정도 및 경제실적에 대한 회고적인 판단들이 유의미한 효과를 미쳤다. 아울러 선거막판에 불거진 안기부직원의 선거개입 사건, 이지문 중위의 부정선거 폭로 사건 등도 여당에게는 악재로 작용했다. 신생 국민당이 선전한 것도 여소야대의 한 원인이었다고 볼 수 있다. 그러나 선거가 끝난 4월 9일 경북의 무소속 당선자 2명과 강원의 무소속 당선자 1명 등 무소속 당선자 10명이 민자당에 입당함으로써 민자당은 제14대 국회 개원(1992년 6월 29일) 전에 159석을 갖추어 분점정부 현상을 해소하였다.

제 4 장 김영삼 정부 시기의 선거

CHAPTER 04 김영삼 정부 시기의 선거

제1절 제14대 대통령선거와 김영삼 정부의 탄생

제14대 대통령선거는 3당합당으로 탄생한 거대여당 후보와 두 명의 야당 후보가 경쟁한 선거였다. 지역주의적 색채가 약한 통일국민당 정주영 후보의 등장으로 지역주의가 다소 약화될 것이라는 기대감도 있었지만 선거 결과 지역주의적 투표는 여전히 강세를 보였다. 그리고 후보 공천에 있어서 주요 정당들은 이전의 지명이나 추대 방식 대신에 당내 경선이라는 새로운 방식을 도입하였다. 이러한 새로운 방식이 당내 민주화에 기여하는 계기가 될 것이라는 기대에도 불구하고, 실제 경선과정은 계파 간 갈등을 제도화하는 데 실패하고, 그에 따라 잡음과 항의가 점철된 경선이 되어 버렸다.

제14대 대통령선거의 투표율은 81.9%로 이전의 대통령선거에 비해서 매우 낮은 편이었다. 제13대 대통령선거가 민주화의 열망이 최고조에 달했던 시기의 선거였던 데 반해, 제14대 선거는 오히려 거대여당의 등장으로 그러한 열망이 다소 식었을 때 실시되었기 때문인 것으로 보인다. 선거제도 상 가장 중요한 변화는 선거운동 방식의 다양화, 그리고 그동안 문제가 되었던 부재자투표 방식의 개선이었다. 선거 관리 등의 측면에서 커다란 문제는 없었으나 초원복집 사건 등 정부의 정치적 중립을 훼손하는 사건들이 발생하기도 했다. 선거 결과,

당초 예상대로 거대여당 민주자유당 김영삼 후보가 42.0%의 득표율로 2위 김대중 후보(33.8%)를 비교적 크게 누르고 당선되었다.

1. 정치 상황: 단점정부 상황에서 중립내각의 구성

제14대 대통령선거는 1992년 12월 18일 치러졌다. 대통령선거에 영향을 미친 정치 환경으로 가장 먼저 꼽을 수 있는 것이 같은 해 3월 24일에 치러진 제14대 국회의원선거이다. 즉 제14대 대통령선거는 국회의원선거가 치러지고 9개월 만에 실시된 것이다. 따라서 국회의원선거의 결과에서 민주자유당이 149석으로 49.8%를 차지하여 야당인 민주당의 97명(32.4%)을 훨씬 압도하여 노태우 행정부와 함께 명실상부한 단점정부(unified government)를 형성하고 있었다.

단점정부

단점정부(unified government)는 앞에서 설명했던 분점정부와 대비되는 개념으로, 대통령제 하에서 동일한 정당이 대통령과 의회 다수당을 모두 차지하고 있는 현상을 말한다. 대표적인 대통령제 국가인 미국의 경우 상하 양원이 있기 때문에, 동일한 정당이 대통령과 상하 양원 모두를 장악하는 것이 매우 어렵다. 따라서 미국에서 완벽한 단점정부 현상은 극히 드물다. 반면 한국에서는 단점정부 현상이 자주 발견되는데, 특히 보수 계열의 정당이 대통령을 차지한 경우에는 단점정부 현상이 자주 나타나고 진보 계열의 정당이 대통령을 차지한 경우에는 분점정부 현상이 자주 나타난다는 특징을 보이고 있다.

1992년 제14대 대통령선거 당시도 당시 여당인 민자당이 대통령과 국회 모두를 장악하고 있는 단점정부 상태였다. 김대중 정부와 노무현 정부 당시에는 분점정부 현상이 주로 나타나다가, 이명박 정부와 현 박근혜 정부 시기에는 다시 단점정부 현상이 나타나고 있다.

단점정부와 분점정부 중 어느 것이 대통령제 하에서의 국정운영에 바람직한가에 대해서는 다양한 의견이 있다. 다만 순수 대통령제가 아닌 준(semi)대통령제를 실시하고 있는 프랑스의 경우 단점정부 (프랑스의 경우 동거정부라고 불림) 현상의 부작용을 경계하여 대통령선거 시기와 의회 선거 시기를 일치시키고 있다. 두 개의 선거 시기가 일치하면, 단점정부 현상이 발생할 가능성이 높아지기 때문이다.

[그림 4-1] 한준수 전 연기군수의 관권선거 폭로(1992년 8월 31일)

이러한 정치구도 하에서 여야당은 국회 원구성에서부터 밀리면 대선전에 불리할 수 있다는 생각이 팽배하였다. 이에 직접적으로 여야당 사이의 갈등이 나타나게 된 계기는 여당인 민주자유당이 고위당정회의에서 「지방자치법」중 1992년 6월 30일까지 지방자치단체장선거를 실시하도록 되어 있는 규정을 개정하기로 결정한 것이었다. 표면적으로는 제 14대 국회의원선거, 기초단체장선거, 광역단체장선거 그리고 제 14대 대통령선거를 한 해에 치르게 되면 사회경제적 부담이 크다는 것이었다.

그러나 정치적 이해관계의 측면에서 보면 지방자치단체장선거에서 여당인 민주자유당이 승리하게 되면 국회의원선거와 단체장 선거에서의 승리를 통해 권력이 집중되었다고 국민들이 인식할 경우 대통령선거에서 여당의 프리미엄을 얻기 힘들 수 있다는 점을 우려하였다. 반면, 단체장선거에서 패할 경우 대통령 선거 분위기가 가라앉고, 야당 단체장들로 인해 선거운동이 쉽지 않을 것이라고 계산 한 것이다. 결국 민주자유당의 입장에서는 단체장선거의 승리나 패배라는 결과 모두가 대선에 부정적 영향을 미칠 수 있다는 점을 우려하였다. 그러나 선거로 인한 자원 낭비나 후유증을 줄여야 한다는 명분을 내세운 민주자유당의 주장은 현행법을 파괴한다는 점에서 여론의 지지를 받지 못했다.

1992년 8월 11일 김영삼 민주자유당 대표와 김대중 민주당 대표가 회동하여 합의를 이루고 '정치관계법심의특별위원회'를 여야 각 9명씩 18명의 위원으로 구성하였다. 이를 계기로 원 구성 파행이 수습되고 14대 국회의 임기가 시작한지 125일이 지난 1992년 10월 2일 국회 원 구성을 마치게 되었다. 국회 원구성이 3달 이상 지연된 것은 대선을 겨냥한 여야당 사이의 긴장이 매우 심했다는 것을 간접적으로 보여준다.

부정선거운동과 관련된 중대한 사건이 발생하였는데, 한준수 전 연기군수가 1992년 8월 31일 제 4대 국회의원선거에 정부가 조직적으로 개입했다는 내용의 양심선언을 한 것이었다. 한 전 연기군수는 같은 해 3월 충남도로부터 2천만원, 임재길 민자당 후보로부터 2천 5백만원, 그리고 군 자체 조달 4천만원 등 총 8천 5백만원을 선거 직전 두 차례에 걸쳐 7개 읍면 196개 마을에 10만원씩 배포했고 2천 세대가 넘는 친여 성향의 특별관리 세대에 3만원씩 살포했다고 폭로한 것이다. 또한 내무부장관으로부터 여당후보 당선을 위해 최선을 다하라는 독려전화를 받았다는 것이다.

여당과 정부는 그의 양심선언은 개인적 불만에 의한 것이라며 의미를 축소하려했으나, 야권의 계속적인 공세와 여론이 악화되자 문제의 심각성을 인식하기 시작하였다. 9월 16일 김영삼 민자당 총재는 기자회견에서 "관권선거는 정권의 도덕성과 정통성을 상실하게 할 뿐만 아니라 한국병의 징후들을 발생시키는 시대착오적 유물"이라면서 국민에게 사죄하였다. 그는 관권선거를 척결하겠다는 의지를 표명하기도 했다.

한 전 연기군수의 양심선언 관련 수사 결과에 대한 검찰 발표 다음날인 9월 18일 노태우 대통령은 김영삼 총재와의 회동 후 선거관리 중립내각 구성과 민자당 탈당 방침을 선언하였다. 노태우 대통령의 탈당계 제출을 필두로 최각규 부총리 겸 경제기획원장관 등 민자당 당직을 갖고 있던 장차관 5명이 민자당 중앙당에 탈당계를 제출했다. 이후 노태우 대통령은 10월 9일 개각을 통해 현승종 교원단체총연합회장을 신임 국무총리로 임명하여 선거관리 중립내각을 출범시켰다.

이렇게 새로 출범한 중립내각이 선거에서의 정치적 중립에 얼마나 기여했는가에 대해서는 회의적인 평가가 지배적이다. 대표적인 사례가 소위 부산 초원복집 사건이다. 김동길 통일당 선거대책위원장이 12월 15일 기자회견에서 폭로한 부산 초원복집 사건은 관권선거의 폐해가 사라지지 않았다는 것을 다시 확인되었다. 이 사건은 당시 김기춘 전 법무부장관의 주재 하에 부산시장과 부산경찰청장을 포함한 기관장들이 초원복집에 모여 김영삼 후보의 당선을 위해서 지역감정을 부추기고 신문사 간부들을 매수하며, 상공회의소 등 민간단체들이 유세장 인원 동원에 적극 나서야 된다는 의견을 같이 했다는 것이다. 그러나 이 사건과 관련된 기관장들이 모두 무혐의로 처리되었고, 선거 결과를 보면 오히려 부산과 경남에서 김영삼 후보에 대한 표의 결집이 나타난 것으로 분석되었다.

초원복집 사건

초원복집 사건은 1992년 12월 11일 정부 기관장들이 부산의 '초원복집'이라는 음식점에 모여 제14대 대통령 선거에 영향을 미칠 목적으로 지역 감정을 부추기자고 모의한 것이 도청에 의해 드러나 문제가 된 사건이다. 1992년 대선을 1주일 앞둔 12월 11일 오전 7시 부산직할시의 초원복집에서 정부 기관장들이 모여서 민주자유당 후보였던 김영삼을 당선시키기 위해 지역 감정을 부추기고, 정주영 통일국민당 후보, 김대중 민주당 후보 등 야당 후보들을 비방하는 내용을 유포시키자는 등 관권선거와 관련된 대화를 나눴다. 당시 이 비밀회동에 참가한 기관장들은 다음과 같다: 김기춘 당시 前 법무부 장관, 김영환 부산직할시장, 박일용 부산지방경찰청장, 이규삼 국가안전기획부 부산지부장, 우명수 부산직할시 교육감, 정경식 부산지방검찰청 검사장, 박남수 부산상공회의소장.

당시 대화 내용은 정주영을 후보로 낸 통일국민당 관계자들에 의해 도청되어 언론에 폭로되었다. 이 비밀회동에서 "부산 경남 사람들 이번에 김대중이 정주영이 어쩌나 하면 영도다리 빠져죽자", "민간에서 지역감정을 부추겨야 돼"와 같은 지역감정을 부추기는 발언이 나왔다. 아파트 값을 반으로 내리겠다는 공약 등으로 보수층을 잠식하던 정주영 후보 측이 민자당의 치부를 폭로하기 위해 전직 안기부 직원등과 공모하여 도청 장치를 몰래 숨겨서 녹음을 한 것이었다.

하지만 김영삼 후보 측은 이 사건을 음모라고 규정했으며, 주류 언론은 관권선거의 부도덕성보다 주거침입에 의한 도청의 비열함을 더 부각시켰다. 그러면서 경상도 지역의 지역감정을 더욱 자극하여 이 때문에 통일국민당이 오히려 여론의 역풍을 맞았고, 김영삼 후보에 대한 영남 지지층이 결집하는 결과를 낳았다.

2. 선거제도 변화: 선거운동 방식의 다양화와 부재지투표소 제도 도입

제14대 대통령선거에 적용될 선거법 개정은 1992년 8월 "정치관계법심의특별위원회"를 구성하면서부터 시작되었다. 주요한 개정 내용을 살펴보면, 첫째로 기탁금에 관한 규정을 들 수 있다. 제13대 대통령선거에서는 정당추천 후보자의 경우 5천만원, 무소속 후보자 1억원이었던 것을 정당공천 여부에 관계없이 3억원으로 변경하였다. 이는 평등선거원칙을 준수해야 한다는 헌법재판소의 판결에 따른 것이다.

둘째, 선거운동 기간을 이전의 30일에서 28일로 단축하였다. 이는 선거운동 방식이 방송광고에 주안점을 두고 연설회의 법정개최 횟수를 줄이는 등 대중동원 방식을 지양하여 선거운동의 효율성을 높이려는 의도에 따른 것이다. 이에 따라 13대 대통령선거에서는 최고 3,428회까지 가능했던 연설회가 1,540회로 줄어들게 되었다. 뿐만 아니라 선거비용과 관련하여 선거 운동원에게 실비와 일당을 지불할 수 있었던 규정을 바꿔 실비만을 보상하고 일당을 지불하지 못하게 하였다. 그러나 선거운동 방식의 다양화를 위해 이전의 9가지 선거운동 방법에서 정견·정책집과 소형인쇄물 발간, 수기 사용 방송광고 등을 허용하였다.

세 번째로는 선거소송 처리기간을 1년에서 180일로 단축하고 선거사범의 공소시효를 3개월에서 6개월로 연장하며, 재판기간을 1년 이내에 종결하도록 하였다. 이처럼 선거사범에 대한 처리를 단기간에 끝내게 함으로써 선거법의 유효성을 높였다. 사실 그동안 선거법을 어겼음에도 불구하고 재판과정이 지연되어 실질적으로는 공직을 유지하는 문제가 지적되어 왔다는 것을 감안할 때 적절한 법 제정이라 할 수 있다.

부재자투표 방식도 그동안 군인의 투표가 강제성이 있었다는 지적과 직접 비밀투표의 원칙이 제대로 지켜지지 못할 우려가 있다는 점을 반영하여 변화되었다. 이전까지는 부재자는 부재자투표용지에 기표한 후 우편으로 선관위에 보내는 방식이었지만, 부재자투표소 제도를 도입하여 부재자는 선거관리위원회 위원과 정당참관인이 지켜보는 가운데 부재자투표소에 가서 직접 투표하도록 하였다. 따라서 타인의 강제에 의한 투표가 불가능해졌다는 점에서 부재자투표의 부정시비가 사라지게 되었다. 물론 이동이 불편한 신체장애자나 오지의 군인 그리고 함대의 군인 등은 이전과 같이 '거소투표'를 하는 것이 허용되었다.

부재자 투표제

부재자 투표제는 선거인 명부에 올라 있는 사람 중 선거일에 투표소에 갈 수 없는 사람에게 투표 참여 기회를 주고자 실시하는 제도이다. 선거일에 투표소에 가지 못할 특별한 사유가 있는 유권자가 사전에 부재자신고를 하고 선거일 전에 미리 투표할 수 있도록 하는 제도인데, 2012년부터 해외 거주자도 부재자투표를 할 수 있게 되었다.

부재자신고를 할 수 있는 유권자로는 선거인명부 작성기간 만료일 이전부터 구·시·군 밖으로의 장기여행자, 영내·함정에 장기 기거하는 군인·경찰공무원, 병원·요양소·수용소·교도소·구치소·선박 등에 장기 기거자, 신체장애로 거동할 수 없는 자, 규칙으로 정하는 외딴 섬 거주자, 선거관리위원회 위원·직원, 투표사무원, 투표소경비 경찰공무원 등이 있다.

부재자 투표를 하고자 하는 유권자는 부재자신고서를 작성, 신고서가 선거인명부 작성기준일(선거기간 개시일 전 6일)부터 5일간 주민등록지 구·시·읍·면사무소에 도착할 수 있도록 직접 제출하거나 우편으로 보내야 한다. 선거관리위원회에서는 부재자신고인 명부에 올라 있는 선거인에게 선거일 전 9일까지 부재자투표용지를 발송하고, 용지를 받은 선거자는 선거일 전 6일부터 2일간 선거관리위원회·병원·구치소·군부대 인근에 설치되는 부재자 투표소에 직접 가서 투표하면 된다. 부재자 신고자 중에서도 부재자 투표소에서 투표할 수 없는 사람들은 '거소투표자'로 신고하면 자신이 기거하는 곳에서 투표를 하여 우편으로 발송할 수 있다. 거소(居所)투표자에 해당하는 사람은 부재자투표소에서 투표할 수 없는 멀리 떨어진 곳이나 함정에 근무하는 군인·경찰·공무원, 병원·요양소에 장기 기거하는 거동 불능자, 부재자투표소를 설치할 수 없는 지역에 장기 기거하는 자로서 중앙선거관리위원회 규칙으로 정하는 자, 신체장애 거동불능자 등이다. 거소투표자는 자신의 집이나 특정 장소 등에서 별도의 기표도구 없이 볼펜이나 만년필 등으로 'O' 표시를 하여 우편으로 보내면 된다.

부재자 투표제와 사전투표제의 차이

부재자 투표제와 유사한 개념으로 사전투표제가 있다. 사전투표제는 선거일에 투표소를 방문하여 직접 투표를 할 수 없는 유권자를 위하여 선거일 전에 미리 투표할 수 있도록 허용하는 제도로서, 이 제도의 취지는 바쁜 일상 속에서 정해진 선거일에 투표하기 어려운 유권자의 투표 참여를 제고하기 위한 것이다. 일반적으로 사전투표제도는 특별한 사유를 제시할 필요 없이 (no-excuse) 누구나 참여할 수 있는 제도이다.

결국 사전투표제도와 부재자투표제도의 가장 중요한 차이는 특별한 사유를 미리 제시할 필요성의 유무에 있으며, 그런 의미에서 부재자투표제도는 사전투표제도의 특별한 형태라고 할 수 있다. 한국의 경우 2013년 재보궐선거부터는 과거의 부재자 투표제 대신에 사전투표제를 시행하고 있다. 새로 도입된 사전투표제는 통합선거인명부를 활용하고 있어 사전 신고의 필요성이 없으며, 따라서 과거의 부재자 투표제의 한계를 극복한다고 볼 수 있다. 사전투표제 도입이 전반적인 투표율 증가에 어느 정도 기여한 것으로 평가받고 있다.

그 밖에 제13대 대통령선거 제도와 비교해서 제14대 대통령선거 제도에서 변화한 주요 내용은 <표 4-1>에 정리되어 있다.

<표 4-1> 제13대와 제14대 대통령선거 제도의 주요 내용 비교

주요 내용	제13대 대통령선거	제14대 대통령선거
선거인명부 작성 기간	선거일 공고일로부터 7일 이내	선거일 공고일로부터 5일 이내
후보자 등록기간	8일간	6일간
기탁금	정당추천 후보자: 5,000만원 무소속 후보자: 1억원	정당. 무소속 구분 없이 3억원
선거운동기간	30일	28일
선거운동 방법	9가지(선전벽보, 방송연설, 방송대담·토론, 경력방송, 신문광고, 연설회, 현수막, 기호표, 표지판)	14가지(선전벽보, 정견·정책집, 소형인쇄물, 방송연설, 방송대담·토론, 경력방송, 신문광고, 방송광고,

		연설회, 현수막, 기호표, 표지판, 표찰, 수기)
선거운동원 일당과 실비	일당과 실비 보상	실비만 보상(일당 지급불가)
부재자투표소	규정 없음	선거기간 중 10일간 설치 및 운영
선거범의 공소시효	선거일 후 3월(도피 시 1년)	선거일 후 6월 (도피 시 3년)
선거범의 재판기간	규정 없음	제1심은 공소제기일로부터 6월 이내, 제2심 및 제3심은 전심재판의 선고가 있는 날로부터 각각 3월 이내
선거소송 처리기간	1년 이내	180일 이내

자료: 중앙선거관리위원회, 「대한민국선거사 제5집」, p.443.

3. 경선과 선거 운동: 김영삼의 신한국 건설, 김대중의 정권 교체, 그리고 정주영의 경제대통령

제14대 대통령선거 후보 공천을 두고 주요 정당은 이전의 지명이나 추대 방식 대신에 당내 경선이라는 새로운 방식을 도입하였다. 많은 사람들은 이러한 새로운 방식이 당내 민주화에 기여하는 계기가 될 것으로 기대하였으나, 실제 경선과정은 계파 간 갈등을 제도화하는 데 실패하고, 그에 따라 잡음과 항의가 점철된 경선이 되어 버렸다. 민주자유당은 김영삼 대표위원과 이종찬 의원으로 경선후보가 압축되었지만, 이종찬 의원이 경선 직전 공정한 자유경선이 아니라는 이유로 경선을 거부하는 사태가 벌어졌다. 그럼에도 불구하고 경선투표를 강행하여 김영삼 후보가 대의원 66.3%의 득표로 민주자유당의 대통령후보로 선출되었다.

민주당의 경선도 애초의 예정대로 진행되지 못했다. 당내 지지가 압도적이었던 김대중 공동대표를 추대하는 방식도 가능했지만 김 공동대표가 당내 민주화와 개혁 의지를 보여주기 위해 경선을 주장하였다. 5월 25일과 26일에 치러진 경선과정에서 이기택 공동대표가 김 공동대표의 불공정 선거운동에 항의하며 경선 보이콧을 주장하고, 대통령선거 이후 김 공동대표의 2선 퇴진을 요구하였다. 경선 결과 김대중 공동대표가 투표대의원의 60.2%의 득표로 민주당 대통령 후보로 선출되었다. 제3당인 통일국민당은 경선 없이 단독출마한 정주영 대표를 찬반 기립표결을 통해 대통령 후보로 선출하였다. 통일민주당은 창당부터 정당운영까지 정주영 대표에 의존하는 정당이었기 때문에 경선에서 정 대표를 견제할 수 있는 정치인이 있을 수 없는 상황이었다.

제14대 대통령선거 후보로 총 8명이 등록을 하면서 본격적인 선거운동이 시작되었다. 민주자유당은 비록 여당이지만 한국 사회에 비판적인 입장을 견지했다. 한국사회는 부정부패가 만연하고 상류층의 사치와 낭비가 심하다는 점을 강조하고, 이를 극복하기 위해 '신한국 건설'이 필요하다는 점을 역설하였다. 3당 합당을 통해 노태우 정부와 더불어 정권을 잡기는 하였지만, 민주화 운동의 기수라는 이미지를 갖고 있는 김영삼 후보의 입장에서는 현 정부와의 연속성보다는 민간정부라는 차별성을 보임으로써 새로운 이미지를 창출하고 지지를 확대할 수 있다는 계산에 따른 선거전략이었다고 할 수 있다.

한편, 민주당은 야당으로서 당연히 정권교체를 목표로 하였고, 3당합당의 부당성을 강하게 지적하면서 진정한 민주화를 위해서는 변화의 정치가 필요함을 역설하였다. 또한 김대중 후보의 야당투사로서 강한 이미지를 바꾸기 위해 부드러운 미소와 화합을 강조하였다. 공약 역시도 화합을 키워드로 하여 거국내각 구성과 대사면 실시를 내세웠다. 한편으로는 보수층 지지확대를 위한 이미지 개선을 시도하면서도, 다른 한편으로는 전교조 합법화, 초등학교 급식 및 중학교 전면교육, 고용보험제 실시 등 사회적 약자들을 배려하는 정책을 강조함으로써 다른 후보와의 차별화 전략도 병행했다.

기존 정치의 대안으로 출마한 통일국민당의 정주영 후보는 경제대통령을 선거 전략의 핵심으로 삼았다. 그러면서 그는 김영삼 후보의 국가경영능력 부족과 김대중 후보의 급진적 정치성향을 문제점으로 지적하였다. 경제 분야에서는 재벌 총수로서의 보수적 이미지를 벗어나는 공약이 특히 눈에 띄는데 수도권 아파트 값을 절반으로 낮추어 공급하겠다는 약속, 경제구조를 중소기업 위주로 전환하고 금융실명제와 토지실명제를 실시하겠다는 주장 등은 국민들의 관심을 끌었다. 또한 노동자 정년 65세 연장, 노조의 정치활동 보장, 총액임금제 폐지 등은 대단히 친노동적인 공약으로서, 기업인 정주영의 이미지와 큰 차이를 보이는 것이었다.

선거운동의 주요 방식이 과거의 대중 집회에서 언론매체를 이용하는 방향으로 바뀌어 과도한 정치동원은 많이 줄었다는 것이 일반적인 평가이다. 그러나 선거운동 과정에서 금권과 관권 선거의 논란이 아직도 종식되지 못하였다. 흥미롭게도 과거에는 금권 선거 주장이 주로 야당이 여당을 향해 제기해 왔지만, 제14대 대통령선거에서는 여당이 야당 후보인 정주영 통일민주당 후보를 겨냥한 것이었다. 그리고 민주자유당의 이러한 주장에 대해 경찰과 검찰 그리고 국세청이 현대그룹 계열기업을 세무조사와 압수 수색을 하면서 관권선거의 시비에 휘말리게 되었다. 특히 민주자유당이 통일국민당을 겨냥한 비난의 수위를 높인 것은 지지 집단의 중첩성 때문이라는 해석이 설득력을 가졌다. 통일민주당의 등장으로 인해 보수적 유권자들의 표가 분산되면서 결국 민주당 김대중 후보에게 유리해질 것이라는 우려가 확산되면서, 민주자유당은 통일민주당에 대한 견제에 주력하게 된 것이다. 물론 관권선거 시비를 야기한 직접적 계기는 앞에서 설명한 부산의 초원복집 사건이었다. 부산과 경남지역 기관장들이 민주자유당 후보를 밀어주기 위해 공모를 했다는 것이 폭로되면서 지역주의 조장이라는 비난과 함께 권력의 편파적 지원을 우려하게 만들었다.

4. 투표율과 선거 관리: 낮아진 투표율과 선거관리에 대한 높은 기준

1992년 12월 18일 시행된 제14대 대통령선거에서 전체 선거인수 29,422,658명 중 24,095,170 명이 투표에 참가해 81.9%의 투표율을 기록했다. 참고로 새롭게 바뀐 부재자투표의 경우 부재자투표소 투표대상자의 95.7%가 투표하였다. 81.9%의 투표율은 같은 해 실시된 제14대 국회의원선거의 투표율인 71.9%보다는 10% 포인트 높았지만 제13대 대통령선거의 투표율 89.2%보다는 7.3% 포인트 낮은 것이었다. 그리고 직선제로 치러진 역대 여덟 차례의 대통령선거 중 1971년에 실시한 제7대 대통령선거 다음으로 낮았다. 투표율이 이전 대통령선거보다 낮아졌다는 것을 어떻게 해석해야 하는가에 대해서는 합의된 견해는 없으며, 또한 이상적인 투표율이 얼마인가를 규정하기도 어렵다. 다만 전체 투표율과는 상관없이 당선자의 득표율이 전체 국민의 대표성을 가질 수 있어야 정권의 정통성을 높일 수 있다는 사실을 부인하기는 어려울 것이다.

[그림 4-2] 위에서부터 민주자유당 김영삼 후보의 신문광고(동아일보 12월 12일), 민주당 김대중 후보의 신문광고(동아일보 11월 27일), 통일국민당 정주영 후보의 신문광고(동아일보 12월 17일)

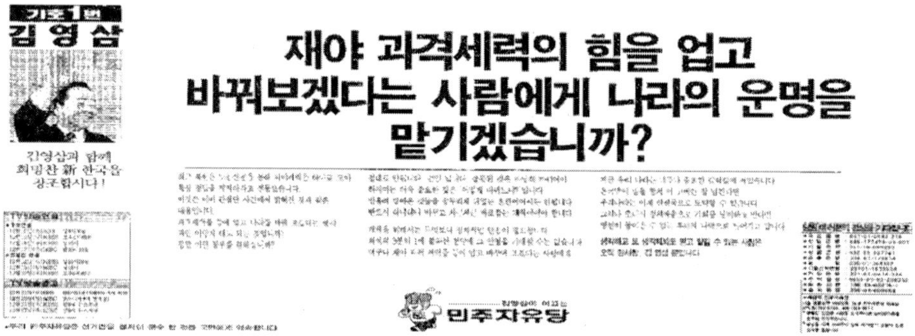

제14대 대통령선거 관리에 있어서 특이한 점은 선거관리위원회의 단속 활동이 과거보다 적극적이었다는 사실이다. 선거를 앞둔 1992년 11월 11일「선거관리위원회법」이 개정되어 선거관리위원회 위원 및 직원에게 선거법위반행위에 대한 중지, 경고, 시정명령이나 수사의뢰 또는 고발할 수 있는 권한이 부여되었던 것이다. 제14대 대통령선거에서 선거관리위원회는 총 715건의 위반행위를 적발하였으며, 적발된 위반행위에 대해서는 사안의 경중에 따라 고발 또는 수사의뢰를 하거나 경고.시정 등의 행정처분을 하였다. 선거관리위원회가 적발한 정당.후보자별 위반건수를 보면 민주자유당이 187건으로 가장 많았고, 그 다음은 통일국민당 175건, 민주당 104건, 무소속 백기완 후보 측 30건, 새한국당 23건, 신정당 15건, 무소속 김옥선 후보 측 6건, 대한정의당 4건 등의 순이었다.

제14대 대통령선거 때에 검찰에 입건된 선거사범은 총 2,258명이었다. 검찰은 이 중 994명을 기소하고 나머지 1,264명은 불기소 처분하였다. 기소율은 44.0%로 제13대 대통령선거 때의 기소율 14.0%에 비해 3배 이상 높아졌다. 기소된 선거사범 중에 구속된 사람은 136명이었다. 검찰에 입건된 선거사범의 소속 정당별 현황을 보면 통일국민당이 740명으로 가장 많았고, 그 다음은 민주자유당 234명, 민주당 186명, 대한정의당 8명, 신정당 4명, 새한국당 3명 순이었다. 무소속은 25명이었고, 정당과 관련 없는 일반인은 1,058명이었다. 대표적인 위반사례는 통일국민당 대구 지구당 조직부장이 당원연수 명목으로 20명에게 충남 서산 간척지 농장 등에 선심관광을 제공했다가 적발되어 구속된 사건이었다.

투표 관리에 관한 한국의 기준은 매우 높은 편이다. 이는 긍정적인 측면도 있지만, 정치에 대한 신뢰가 낮은 것도 하나의 이유가 된다. 대통령 선거뿐 아니라 매 선거마다 발생하는 고의성이 없는 사고에 관해서도 너무 민감한 반응을 하는 것이 현실이다. 제14대 대통령선거에서도 몇 건의 사고로 인해 투·개표가 정지되는 일이 발생했는데, 예를 들어 부산 서구 아미2동에서 거동이 불편한 선거인을 그의 딸이 기표소 안까지 부축하고 대리투표한 사례가 있었다. 선거관리위원회는 개표 시 이를 무효처리한 것으로 알려지고 있는데, 이는 지나치게 엄격한 투표관리 기준과 적용이라고 할 수 있다.

강원도 원주시 명륜동 제 6투표소에서는 잔여투표용지가 부족한 것이 발견되어 야당참관인들이 그 경위를 밝힐 것을 주장하면서 개표를 방해하였다. 당시 선관위는 선거인명부의 날인자수, 절취된 일련번호자수, 회수된 투표통지표수를 확인한 결과 투표자수와 모두 일치하는 것으로 확인하였지만, 100장의 잔여투표용지가 부족한 것을 부정투표로 간주한 야당참관인들의 항의로 10시간 넘게 개표가 중단되었다. 이들은 여기에 그치지 않고 개표소가 마련된 원주시청 앞까지 몰려가 농성을 벌이기도 하였다.

또한 서울 양평갑 개표소에서는 심사부 집계를 거쳐 검산부로 넘어 돈 투표함의 투표용지가 집계표상의 기록보다 2백장 적은 것은 민주당 참관인이 발견하고, 개표부정의 의혹을 제기했다. 조사결과 심사부 종사자가 김영삼 후보의 지지표 1백장짜리 2묶음을 빠뜨린 채 검산부로 넘긴 것으로 확인되었는데, 이 과정에서 항의하는 참관인을 전경이 개표장 밖으로 끌어내는 일이 발생하고 개표가 1시간 가량 중단되었다.

투개표는 정확하고 공정하게 이루어져야 하지만, 불가피하게 발생하는 사고에 대해서는 참관인들이 신뢰를 가지고 협조적으로 응하는 것이 바람직하다. 그러나 아직까지 한국 선거에서는 여당의 부정선거 관리에 대한 뿌리 깊은 불신으로 인해, 큰 일이 아닌데도 투개표를 중단시키는 수준으로 확대되는 일이 빈번하게 발생해 왔다. 선거관리위원회가 오류의 가능성을 줄이도록 노력해야 하는 것은 너무도 당연하지만, 보다 성숙한 선거개표 문화를 정착하기 위해서는 유권자들이나 참관인들도 선거관리위원회의 선거관리를 보다 신뢰할 필요가 있다.

5. 선거결과와 의미: 김영삼 후보의 승리와 지역주의의 지속

개표 결과 민주자유당 김영삼 후보가 유효투표총수 23,775,409표의 42.0%인 9,977,332표를 얻어 당선되었다. 2위는 민주당 김대중 후보로 8,041,284 표(33.8%)를 얻었다. 당선자와 차점자의 득표수 차는 1,936,048표로, 제13대 대통령 선거 때의 표차 1,945,158표와 비슷하였다. 3위는 통일국민당 정주영 후보로 3,880,067표(16.3%)를 얻었고, 4위는 신정당 박찬종 후보로 1,516,047표(6.4%)를 얻었다. 그 다음은 무소속 백기완 후보, 무소속 김옥선 후보, 대한정의당 이병호 후보 순이었다.

<표 4−2>에 보고되어 있는 시도별 후보자 득표상황을 보면 민주자유당 김영삼 후보는 전국 15개 시도 중 서울, 광주, 전남, 전북 등 4개 지역을 제외한 11개 지역에서 1위를 차지하였다. 민주당 김대중 후보는 김영삼 후보가 1위를 차지하지 못한 서울, 광주, 전남, 전북 등 4개 지역에서 1위를 하였다. 김대중 후보는 제13대 대통령선거 때에도 이 4개 시도에서 1위를 했었다. 통일국민당 정주영 후보는 어느 시도에서도 1위를 하지 못하였다. 정주영 후보가 가장 높은 득표율을 보인 곳은 자신의 출신지인 강원도로 34.1%를 득표하였다. 이곳에서는 김영삼 후보가 41.5%를 득표하여 1위를 차지하였다. 신정당 박찬종 후보 역시 어느 지역에서도 1위를 하지 못하였지만 8개월 전인 제14대 국회의원선거에서 신정당이 얻은 득표수(369,044표)와 득표율(1.8%)에 비해 4배 이상 많은 1,516,047표(6.4%)를 얻어 선전하였다는 평가를 받았다.

김영삼 후보는 사실상 당선이 확정된 1992년 12월 19일 오전 여의도 민주자유당 당사에서 내외신 기자회견을 열어 당선소감과 향후 국정방향을 밝혔다. 이 자리에서 김영삼 후보는 "이번 선거는 헌정사상 유례없는 공명선거를 통해 선거문화의 새 장을 열고 정통성을 확보했다"면서 "이제부터 비생산적인 정치논쟁을 지양하고 민생중심의 생활정치를 펴겠다"는 말을 하였다. 또한 "신한국으로 발돋움하는 데 국민의 열정이 필요하다"며 자신의 선거구호였던 '신한국창조'를 거론하였다. 선거에서 패배한 민주당 김대중 후보와 통일국민당 정주영 후보는 성명서 등을 통해 선거 결과에 승복하면서, 김영삼 후보의 당선을 축하하였다.

제14대 대통령선거가 끝난 후 선거전문가들은 선거에서 나타난 지역주의 성향에 대해 깊은 우려를 표명하였다. 이번 선거에서 양김 씨의 대결이 다시 벌어지면서 출신지역에 따른 지지율의 편차가 크게 나타났다. 표 <4−2>를 보면 표면상으로는 지역주의가 더 심해진 것으로 보인다. 특히 제13대 대통령 선거와 비교하여 김영삼 후보가 경북 지역에서의 득표가 증가한 것이 두드러진다.

그러나 지역별 후보의 득표율 변화를 이전 선거와 비교하여 맥락적 관점에서 본다면 반드시 지역주의가 강화되었다고 볼 수 없음을 알 수 있다. 우선 김영삼 후보가 영남지역에서 약진한 것은 지난 선거에서 같은 영남지역 출신의 노태우 후보가 얻었던 지지의 대다수를 김영삼 후보가 흡수했기 때문이라는 분

〈표 4-2〉 제14대 대통령 선거 시도별 결과

시도명	유권자수	민자당 김영삼	민주당 김대중	국민당 정주영	신정당 박찬종	정의당 이병호	무소속 김옥선	무소속 백기완
합계	29,422,658	42.0	33.8	16.3	6.4	0.1	0.4	1.0
서울	7,394,554	36.4	37.7	18.0	6.4	0.1	0.2	1.1
부산	2,566,831	73.3	12.5	6.3	6.6	0.0	0.2	1.0
대구	1,494,057	59.6	7.8	19.4	11.7	0.1	0.2	1.1
인천	1,346,964	37.3	31.7	21.4	7.9	0.1	0.4	1.2
광주	769,300	2.1	96.8	1.2	0.4	0.0	0.2	0.2
대전	725,583	35.2	28.7	23.3	11.2	0.2	0.4	1.0
경기	4,354,271	36.3	32.0	23.1	6.9	0.2	0.4	1.1
강원	1,025,018	41.5	15.5	34.1	6.9	0.4	0.5	1.2
충북	922,701	38.3	26.0	23.9	9.4	0.7	0.6	1.2
충남	1,232,586	36.9	28.5	25.2	6.7	0.4	1.0	1.1
전북	1,321,778	5.7	89.1	3.2	0.8	0.1	0.6	0.4
전남	1,500,662	4.2	92.2	2.1	0.6	0.1	0.6	0.3
경북	1,934,544	64.7	9.6	15.7	8.2	0.2	0.4	1.2
경남	2,504,339	72.3	9.2	11.5	5.5	0.1	0.2	1.1
제주	330,470	40.0	32.9	16.1	8.8	0.2	0.5	1.4

자료: 중앙선거관리위원회, 역대선거정보(14대 대통령선거).

석이 가능하다. 지난 선거와 비교하여 김대중 후보가 경북에서 얻은 득표는 6.4% 포인트 증가하여 전국평균과 차이가 없으며, 김영삼 후보의 출신지인 경남에서도 4% 포인트의 득표 증가가 있었다는 점을 고려할 때 지역주의가 더 심해졌다고 단언할 수는 없다.

〈표 4-3〉 김영삼, 김대중 후보의 지역별 득표율, 제13~14대 대선 비교

구 분		전국	수도권	경남	경북	호남
김영삼 후보	13대 대선	28.0	28.7	53.7	26.6	1.2
	14대 대선	42.0	36.5	72.8	62.5	4.3
	차이	+14	+7.8	+19.1	+35.9	+3.1
김대중 후보	13대 대선	27.1	28.4	6.9	2.5	88.4
	14대 대선	33.8	35.2	10.9	8.9	91.9
	차이	+6.7	+6.8	+4	+6.4	+3.5

자료: 중앙선거관리위원회, 역대선거정보(14대 대통령선거).

한 가지 흥미로운 사실은 지역주의 양김 후보에 대한 지역주의 투표 성향은 두 후보뿐만 아니라 통일국민당 정주영 후보에게도 나타났다는 사실이다. 강원도 출신인 정주영 후보는 강원도에서 자신의 전국 득표율 16.8%보다 2배 이상 많은 34.1%를 득표하였다. 이는 지역주의 투표가 얼마나 쉽게 확장할 수 있는가를 보여주는 것이다. 실제로 충청의 지역주의 또한 영호남의 지역주의에 대한 반작용으로 출현하게 되었다는 해석이 일반적이다.

제14대 대통령 선거는 이전까지는 민주화라는 화두가 한국선거의 균열 축이던 것에서 벗어나 정당과 후보자의 정책 경쟁이 가능한 정치적 상황이었다. 그러나 당내 경선부터 아직 민주화의 절차를 실천할 수 있는 역량이 준비되지 못했다는 것을 보여주었다. 여전히 정당 내 계파 간 갈등이 민주절차에 우선하여 당내경선이 파행으로 치러졌다. 선거법은 세몰이 정치를 지양하고 대중매체를 통한 정책선거를 추진하도록 대중매체를 통한 선거운동의 방향으로 개정되었지만 정책정당의 준비가 미비한 정당들은 유권자들을 유인할 수 있는 수준의 정책을 제대로 제시하지 못했다. 따라서 유권자들은 후보자 출신지 중심의 지역주의 투표를 할 수밖에 없었다.

제2절 제1회 전국동시지방선거와 지역별 1당 체제의 탄생

1995년 실시된 제1회 전국동시지방선거는 네 가지 지방선거가 모두 포함된 최초의 완성된 형태의 지방선거였다. 선거 이전 민자당의 김종필 대표의 탈당과 자유민주연합 창당, 그리고 김대중의 정치 활동 재개로, 선거는 3김의 재대결 양상을 보이면서 극심한 지역주의가 나타날 것으로 전망되었다. 선거 결과 지역별 정당의 득표율 차이는 여전했고, 제14대 대통령선거에서 낙승을 했던 여당이 주춤한 모습을 보이면서, 민주당과 자유민주연합이 자신의 텃밭을 중심으로 상당한 성과를 거두었다. 그리고 또 한 가지 선거 결과의 특징은 무소속 당선자가 많았다는 것인데, 이는 일반적인 무소속 현상이기보다는 정당의 지역 할거주의 때문에 발생했던 현상으로 볼 수 있다.

제1회 지방선거의 투표율은 68.4%로 1991년 지방의회의원선거의 투표율 58.9%보다 높아졌다. 물론 최초의 완성형 지방선거였다는 점에서 1991년 선거 투표율과의 단순한 비교를 통해 드러난 투표율 증가를 무조건 긍정적으로 평가하기는 어렵다. 선거 이전에 여야가 합의하여 「공직선거 및 선거부정방지법」을 제정한 것은 큰 성과였다. 그러나 "돈은 묶고 입은 푼다"는 기조를 가진 새로운 선거법이 무색할 정도로 불법선거 사례가 많이 나타났다. 이는 부분적으로 워낙 많은 선거를 동시에 실시하면서 발생한 문제라고 볼 수 있겠지만, 한국의 선거문화가 여전히 문제를 안고 있음을 드러내는 결과이기도 했다.

1. 정치 상황: 김대중의 정치활동 재개와 김종필의 민자당 탈당

김영삼 대통령이 취임한 후 1993년 8월 12일 대통령 긴급명령으로 금융실명제가 전격적으로 도입되었다. 이후 실명제에 반대하는 이들의 주장과 달리 실명제는 도입 당시의 일부 우려와는 달리 경제에 별다른 충격을 주지 않고 정착돼가는 모습을 보였다. 실명제 실시로 정경유착·부정부패 등 고질병의 고리를 끊고, 종합과세를 통해 조세 형평을 이룰 수 있는 기반이 마련된 것으로 평가되었으며, 김영삼 정부의 업적 중 눈에 띄는 것이었다.

금융실명제

금융실명제는 금융 거래에 있어서 실명을 사용하는 제도로서, 김영삼 정부가 들어선 이후 1993년 8월 12일 대통령 긴급명령인 긴급재정경제명령 제16호를 발동하여 당일 오후 8시를 기해 '금융실명제 및 비밀보장을 위한 법률'을 전격적으로 실시하였다.

금융실명제 도입의 배경을 살펴보면, 한국에서는 1960년대부터 저축의 장려를 위해 예금주의 비밀보장, 가명, 차명 혹은 무기명에 의한 금융 거래를 허용해왔다. 그러나 1980년대에 들어서자 각종 금융 비리 사건과 부정부패사건의 해결을 위해 금융실명제를 도입해야 할 필요가 생겼다. 특히 1982년에 일어난 이철희·장영자 사건을 통해 제도 실시 필요성이 대두되었으며 1982년 7월 3일 금융실명제 실시를 발표하기에 이르렀다. 하지만 결국 이 법률은 유명무실한 법이 되어버렸다. 1988년부터 한국 정부는 금융실명제 준비단을 설치하여 제도의 실시를 연구하였지만, 여러 가지 정치적 이유와 이 제도의 실시를 우려하는 세력의 반대에 부딪혀서 보류되어 왔었다.

1993년 8월 19일 국회는 본회의를 개최하여 대통령이 승인을 요청한 긴급재정경제명령안을 통과시켰다. 이에 앞서 국회 재무위원회는 8월 18일에 회의를 개최하고 긴급명령을 심의하였는데 만장일치로 승인하였다.

실시 이후 한동안 경제적 혼란이 있었으나 유연한 통화 공급으로 우려되었던 유동성 과다 현상은 발생하지 않았으며, 시장 유동성은 약 0.3~0.6%정도 증가하는 데 그쳤다. 대부분의 가명, 무기명 자산들이 실명화되어 지하경제의 규모를 억제하는 데 큰 기여를 했다. 또한 정경유착 등 각종 부정부패 사건의 자금 추적에 큰 도움이 되었다. 그리고 금융실명제의 후속조치로서 금융소득종합과세 부과가 실시되었다. 이 정책은 김영삼 정부의 업적으로 평가되고 있다.

1994년 1월 지난 대선에서 패배한 후 정계를 은퇴했던 김대중 전민주당 대표가 아시아·태평양평화재단을 설립하고 이사장에 취임하여 정치활동을 위한 기초를 다지기 시작했다. 그런데 향후 정치를 한다면 기존의 민주당이 아닌 다른 대안을 모색하겠다는 그의 발언은 정치정국을 더 복잡하게 만들어갔다. 지방선거를 앞두고 김대중 이사장은 지지기반인 호남지역에서 대규모 옥외집회를 개최하고 지방선거 후보의 지원을 약속하였다.

한편, 1994년 10월 29일 검찰이 12·12사건과 관련되어 고발되었던 전두환, 노태우 두 전직 대통령에 대하여 '집행유예'와 '공소권 없음'으로 결정하여 1년

넘게 조사한 결과를 두고 여야 간의 정쟁이 심화되었다. 여당인 민주자유당은 역사적 판단에 맡겨야 한다는 입장이었으나, 민주당은 쿠데타 세력에게 면죄부를 주는 꼴이라며 강하게 반발하였다. 이후 장외투쟁을 주장하는 민주당 이기택 총재와 원내에서 문제를 해결해야 한다는 김대중 아태재단 이사장의 주장이 민주당 내의 갈등으로 비화되었고, 지방선거전 건당대회 개최 문제로 갈등은 더욱 심화되었다.

1995년 2월 3당합당으로 민주자유당 소속이었던 김종필 대표가 탈당하면서 과거 민주공화당과 충청권 정치세력을 규합하여 자유민주연합이라는 정당을 창당하였다. 의원내각제 개헌을 강령에서 채택함으로써 정치체제의 변화를 공론화하였으며, 충청권을 지역기반으로 한다는 사실에 비추어 볼 때 지역주의를 더욱 조장할 가능성이 높아졌다. 자유민주연합은 지방선거를 앞두고 "반민자연합"을 모색하는 전략을 구사하게 된다. 그리고 후보공천에서 강원도지사 선거에 자유민주당의 최각규 후보를 민주당이 지원하는 등 양당의 협조가 이루어졌다. 그러나 민주당 내에서도 김대중 이사장이 자민련과의 공조를 강조하는데 반해 이기택 총재는 자민련을 비난하는 등 정리된 모습을 보이지는 못하였다.

지역등권론

지역등권론은 김대중 당시 아태재단 이사장이 주장한 것으로, 각 지역이 권력을 균등하게 나누어 가져야 한다는 내용이다. 이 지역등권론은 1995년 6.27 지방선거 유세 과정에서 지역주의 감정을 자극하는 수단으로 활용되는데, 당시 민주당 평당원 자격으로 유세하던 김대중은 "40년 동안 영남정권이 계속됐다. 이제는 호남, 충청, 강원, 제주지역도 동등한 대접을 받을 자격이 있다"고 주장하였다.

당시 집권당인 민자당과 언론은 지역등권론이 심한 지역감정을 부추기는 것이라는 이유로 김대중을 극렬 비난했다. 그렇지만 김대중의 이 지역등권론은 수도권에서 엄청난 위력을 발휘하여 당시 민주당은 서울의 25개 구청장중 23개를 차지하였다. 지역등권론은 훗날 지역연합론으로 발전하여 호남의 김대중과 충청의 김종필 간 DJP연합을 탄생시키고, 이것이 결국 김대중 대통령 당선에 결정적 역할을 한 것으로 평가되고 있다.

[그림 4-3] 자유민주연합 중앙당 창당대회(1995년 3월 30일)

1994년 5월 김대중 아태재단 이사장이 강연에서 각 지역이 권력을 균등하게 나누어 갖자는 소위 지역등권론을 주장한 것이 지방선거를 앞두고 정치권에 상당한 파장을 가져왔다. 각 지역이 자기 몫을 바탕으로 국가적 차원에서 협력하는 지역협력주의라는 주장에 대해 민주자유당은 지역대립구도를 조장하는 무책임한 발언이며, 지역할거주의라고 비난하였다. 여기에 합세하여 자유민주연합의 김종필 총재가 충청도 사람에게 핫바지라고 하는데 충청인의 자존심을 찾자는 '충청도 핫바지론'이 지역주의 심리를 자극하였다.

민주당과 자민련은 이번 선거를 김영삼 정부에 대한 중간평가로 규정하고, 대여공세를 취했다. 반면 민자당은 이같은 주장은 생활자치와 주민자치를 중앙정치에 예속시키려는 정치논리라고 비판했다. 그러나 민자당도 김대중 이사장과 김종필 총재를 겨냥해 세대교체론을 주장하면서 양김의 퇴진을 요구하는 등 정쟁에 참여한 것은 마찬가지였다.

충청도 핫바지론

충청도 핫바지론은 민주자유당 김종필 대표가 탈당하고 자유민주연합을 창당하면서 한국의 영호남에서 충청으로까지 확산되어 가는 과정에서 나온 표현이다. 이 표현의 배경을 보면, 1995년 1월 20일 김윤환 정무1장관이 기자간담회에서 김종필 대표의 민주자유당 탈당 가능성과 관련하여 "김종필 대표가 탈당한 뒤 신당을 만들 경우 동병상련의 대구경북과 연계될 수 있지 않겠느냐"는 질문에 "신당 얘기만 나오면 대구경북을 들먹이는데 우리가 무슨 핫바지냐"고 말했다. 1995년 1월 21일 부산지역신문인 국제신문은 김윤환 장관의 말을 "신당이 대구경북 지역당으로 나간다면 모를까 '충청도 핫바지'가 될 것으로 보지 않는다"고 말했다고 보도했다.
1995년 2월 7일 대전매일신문(현 충청투데이)은 "김윤환 정무, 충청도 핫바지 발언 물의"라는 제목으로 1면 머릿기사를 내보냈고, 1995년 6월 13일 충청남도 아산의 한 유세장에서 김종필 당시 자유민주연합 총재가 '핫바지론'을 들고 나왔다. 김종필 총재는 이날 연설에서 "경상도 사람들은 충청도 사람들을 핫바지라고 한다. 아무렇게나 대접해도 소견도 없고, 오기도 없어 그런 거다. 2년 반 동안 우리를 괴롭힌 김영삼 정권을 혼내주는 게 우리의 선택이다."라며 지역감정을 자극하였다.
1995년 6월 26일 자유민주연합 김종필 총재는 기자간담회에서 "나는 지역감정을 부추긴 적은 없으며 다만 핫바지 얘기는 충청도 사람이 왜 그 소리를 들어야 했는지를 반성해보자는 의미에서 한 번 말했을 뿐"이라며 "지역감정을 부추기려고 그 말을 맨처음 끄집어낸 경상도 사람들의 책임은 왜 묻지 않느냐"라고 반문했다. 한편 1995년 8월 17일 민주자유당 김윤환 사무총장은 대전 리베라호텔에서 기자간담회를 통해 '충청도 핫바지'보도에 대해 사실무근이라고 해명하였다. 김윤환 사무총장은 "본인은 충청도 핫바지라는 발언을 한 적이 없는데도 일부 언론의 허위보도로 왜곡된 뒤 특정 정파가 이를 정치적으로 악용했다"라고 말했다.

2. 선거제도 변화: 공직선거 및 선거부정방지법의 제정과 선거운동의 주체 확대

1994년 3월 「공직선거 및 선거부정방지법」을 여야가 합의하여 제정한 것은 지방선거를 앞두고 의미가 깊은 일이었다. 17장 277개 조문으로 구성된 이 선거법은 선거의 공정성을 지키기 위해 선거사범 처벌의 강화와 선거비용 지출을 엄격히 통제하는 등 새로운 선거문화의 정착을 도모하는 데 최대의 역점을 두었다.

새로운 선거법은 1993년 2월 국회에 설치한 정치관계법특별심의위원회를 중심으로 무려 1년여에 걸친 협상 끝에 만들어졌다. 제1회 전국동시지방선거를 앞두고 개정이 이루어졌는데, 쟁점이 된 것은 정당추천에 관한 것이었다. 기초자치단체장과 기초의회의원에 대한 정당공천을 배제해야 한다는 민주자유당의 주장과 공천을 해야 한다는 민주당의 주장이 맞서 국회의장과 부의장을 사택감금하는 사태까지 벌어지고 국회가 공전하기에 이르렀다. 양 당의 타협 결과 기초단체장의 정당공천은 허용하고 기초의회의원의 정당 공천은 배제하는 것으로 결정되었다.

새로운 「공직선거 및 선거부정방지법」에 따른 지방선거에서 이전과 획기적으로 달라진 것은 선거운동의 주체였다. 이전에는 중앙선거관리위원회에 신고한 선거사무장과 선거운동원만이 선거운동을 할 수 있었지만, 새로운 법에 따라 법으로 제한된 경우를 제외하고는 누구든지 선거운동을 할 수 있게 함으로써 국민들의 선거참여 범위를 확대하였다. 또한 이전에는 합동연설회만이 가능했지만, 후보자 또는 그 배우자와 등록된 연설원이 확성장치를 사용하여 다수인이 왕래하는 장소에서 횟수의 제한 없이 연설이나 대담을 할 수 있도록 하였고, 연설회도 개최할 수 있도록 하였다. 뿐만 아니라 광역단체장의 신문광고도 1회에서 5회 이내에서 게재할 수 있도록 하였다. 그리고 정책선거를 위하여 대담과 토론회의 활성화를 꾀하였는데, 언론기관 등은 후보자 등을 초청하여 정책이나 정견을 알아볼 수 있는 대담이나 토론회를 개최할 수 있도록 하였다.

선거비용의 엄격한 관리도 과거와는 다른 부분이다. 선거비용 지출은 중앙선거관리위원회에 신고된 예금계좌를 통해서만 가능하게 했고, 선거비용의 수입과 지출을 확인하기 위해 선관위가 회계장부뿐 아니라 해당 후보자나 회계책임자 등 관계인에 대해 조사하고, 필요한 경우 금융거래 자료를 금융기관에 요구할 수 있도록 권한을 확대하였다. 이처럼 엄격하게 선거비용의 수입과 지출을 감독할 수 있는 권한을 중앙선거관리위원회에 부여하였지만 선거일 후 30일까지 선거비용의 수입과 지출보고서를 제출토록 규정하여 사후적 조치에 그치고 있다는 비판이 있었다. 본래의 취지를 살리기 위해서는 선거기간 중에 보고를 하거나 공개하는 방안이 마련되어야 한다는 주장은 일리가 있는 것이다.

또한 수입·지출 보고서를 중앙선거관리위원회에 제출하는 데 그치지 않고 인터넷을 통해 공개하는 방안이 선거비용의 투명화를 위해 실효성이 있다는 지적도 일부에서 제기되었다.

공직선거 및 선거부정방지법

1994년 3월 제정된 「공직선거 및 선거부정방지법」은 「대통령선거법」, 「국회의원선거법」, 「지방의회의원선거법」, 「지방자치단체의장선거법」등 4개의 개별선거법을 통합하고 있기 때문에 '통합선거법'으로 불려지기도 하였다. 특히 선거법의 명칭에 '선거부정'이란 말을 넣은 것에서 알 수 있듯이 선거부정을 강력하게 막겠다는 의지를 담고 있었다.

당시 새로 제정된 선거법의 주요 특징으로는 선거운동의 자유 확대, 선거공영제 확대, 선거비용 불법지출 규제, 선거사범 처벌 강화, 선거관리체제 합리화 등이 있었다. 이를 구체적으로 살펴보면 다음과 같다.

첫째, 선거운동의 자유가 확대되었다. 포괄적 제한·금지에서 개별적 제한·금지로 전환하였고 공무원 등을 제외하고는 누구든지 자유롭게 선거운동을 할 수 있게 되었다.

둘째, 선거공영제가 확대되었다. 기탁금 반환요건을 충족한 경우 후보자가 부담한 선거비용 중 선전벽보·선거공보·소형인쇄물의 작비용과 방송연비용을 국가 또는 지방자치단체가 보전하게 되었다. 반환 요건에 미달하는 경우에도 귀속될 기탁금에서 선전벽보·선거공보 작성 비용을 보전하여 후보자의 부담을 최소화하였다. 또한 선전벽보 첩부·철거 비용, 선거공보·소형인쇄물 발송 비용, 합동연설회 개최 비용, 투개표 참관인 수당 등은 국가 또는 지방자치단체가 부담하게 되었다.

셋째, 선거비용 불법 지출을 규제하기 위하여 통제장치가 강화되었다. 선거비용은 제한액 총액의 범위 내에서 비목과 상관없이 지출하되, 제한액을 200분의 1이상 초과하여 회계책임자가 징역형 이상의 형을 받은 경우 그 당선은 무효가 되도록 하였다. 선거비용의 수입과 지출은 반드시 예금계좌를 통해서 지출하도록 하였고, 회계책임자는 그 선거비용의 수입과 지출 내역을 보고하도록 하였다. 또 선거관리위원회는 진실성 여부를 실사할 수 있게 되었다.

넷째, 선거사범에 대한 처벌이 강화되었다. 기부행위 제한이 강화되었으며, 매수 및 이해 유도죄에 금품살포에 대한 처벌조항이 신설되었다. 또한 선거사무장 등의 선거범죄로 인한 당선무효와 재정신청제도가 신설되었고, 선거사범의 선거권과 피선거권의 제한기간이 연장되었다.

그 밖에 선거관리체제가 합리적으로 개선되었다. 선거과열을 방지하기 위하여 선거운동기간은 단축되었고, 선거일을 법정화하여 선거 시기 예측이 가능하게 되었다. 해마다 각종 선거가 치러짐으로써 발생하는 국력의 낭비를 막기 위하여 동시 선거 특례 규정을 두어 서로 다른 종류의 선거를 동시에 실시할 경우 이를 적용하게 되었다.

이 법은 제정 이래 40차례 이상 개정되어 왔으며, 2005년 8월 4일 제21차 일부개정으로 그 명칭이 「공직선거법」으로 변경되었다. 「공직선거법」의 주요 내용이 담겨 있는 총칙은 <부록 5>를 참조하라.

3. 후보자 추천과 선거운동: 지방자치의 의미 대(對) 김영삼 정부 중간평가

지방선거를 앞두고 정당들은 당내경선 방식을 통해 후보자 공천을 하려 하였지만 기득권을 주장하는 현역의원들과 당에서 영입하고자 하는 새로운 인물들의 경선회피 등으로 인하여 제대로 실시되지 못하였다. 외부인사의 경우 이미 지역구에서 인맥을 가지고 있는 인물과 경선을 통해 선출될 가능성이 적었다. 정당들은 외부 인사들은 전략공천 방식 등을 통해 하향공천을 하고 지역의 사정에 따라 상향공천이 필요한 곳을 선정할 수 있는 기준을 마련했어야 하지만, 상향식 공천이 바람직하다는 규범적 사실에 공감을 했을 뿐 이를 시행할 수 있는 준비와 의지가 부족한 결과였다.

민주자유당은 여당의 기득권을 이용하여 행정경험과 인지도가 높은 인물들을 주로 공천하였다. 광역단체장의 경우 경선을 통한 공천은 15개 지역 중 서울, 경기, 제주 3곳에 그칠 정도록 경선은 큰 의미를 갖지 못했다. 새로 도입된 비례대표의 경우에는 여성과 직능대표 그리고 당관료를 우선시 하는 기준을 가지고 있었는데, 96명의 비례대표 중 여성의 비율이 54%에 이르러 여성대표성을 높인 것이 두드러진 특징이었다.

민주당의 공천에서 특징을 보면 지역주의에 따른 공천의 편향성이 나타난다. 대구, 경북, 경남에서는 광역단체장 후보를 내지 못했으며, 강원에서는 자유민주연합과의 공조로 인해 후보자를 내지 않았다. 기초단체장의 경우에도 부선에서는 16개 선거구 가운데 3곳에서만 공천을 하였고, 경북에서 23곳 중 6곳, 경남에서 21개 선거구 중 7곳에서만 공천을 하였다. 이처럼 공천이 지역주의에 따른 편향성을 보인 것은 공천을 해도 당선가능성이 없다는 현실적 이유에 따른 것이지만, 제 1 야당의 위상을 고려한다면 전국정당의 면모를 보이지 못한 것이라는 평을 부인하기 어려웠다. 한편, 자유민주연합은 충청이라는 지역적 한계를 벗어나지 못하였다. 단체장 선거후보는 물론이고 광역의회 비례대표의 공천도 24명에 그쳐, 충청권에서는 의원정수를 채웠지만 서울 등 수도권에서는 의원정수의 절반을 공천하지 못했고, 기타 지역에서는 후보를 제대로 내지 못하였다.

선거운동의 큰 틀은 여당은 지방자치에 중점을 두어 중앙정부로부터 지원을 받을 수 있는 여권 후보의 장점을 내세우고, 야당은 김영삼 정부에 대한 중간평가라는 점을 강조하였다. 민주자유당은 본격적인 지방자치의 시대를 맞아 능력 있는 인물이 지방자치를 책임져야 한다는 입장이었다. 여당으로서 행정경험이 많은 후보를 공천할 수 있었던 장점을 살리고자 했으며, 정치적 평가를 경계하였다. 반면에 야당은 주변 인물에 집착한 인사정책과 주제 파악이 미숙했던 세계화 전략 그리고 북한과의 쌀 협상에서 주체성을 상실한 것 등 정국 현안에 대한 판단이 지방선거에서 평가되어야 한다는 것이었다.

중앙정치의 대리전으로서의 지방선거

이는 지방선거 결과가 중앙정치적 요인에 의해 결정되고 있음을 표현하는 부정적인 의미가 강한 용어이다. 지방선거는 본질적으로 지방의 일꾼을 뽑는 선거인데 한국의 지방선거는 지방의 쟁점보다는 대통령에 대한 지지율, 정당 간 연대 등 중앙에서의 쟁점에 의해 더 많은 영향을 받고 있어 중앙정치의 대리전에 불과하다는 것으로, 특히 중앙 언론에서 많이 사용하는 표현이다.

그런데 이러한 표현이 얼마나 정확한 지에 대해서는 이견이 존재한다. 거시적인 선거 결과만 보면, 중앙정치적 요인이 승패를 좌우한 것처럼 보이는 경우가 많지만 사실 조금 더 미시적으로 보면 각 지역과 지방의 쟁점들도 선거에 상당한 영향을 미치고 있기 때문이다. 예를 들어, 대전시장 선거에서 특정 정당이 승리했다고 하더라도 대전 내의 각 구나 동마다 지역 쟁점의 영향으로 투표 결과가 상이하게 나오고 있다. 따라서 지방선거에서 지방의 쟁점 못지 않게 중앙정치적 요인이 중요하게 작용하고 있다는 표현이 아마도 더욱 정확할 것이다.
그런데 지방선거에서 중앙정치 요인이 중요하게 작동하는 것이 과연 부정적인가에 대해서도 다시 한번 생각해 볼 필요가 있다. 특히 한국처럼 지방분권화가 제대로 이루어지지 않아 대부분의 권력을 중앙이 가지고 있는 상태에서 지방선거에서 중앙정치가 일정 부분 작용하는 것은 당연한 일이다. 따라서 지방선거가 중앙정치의 대리전이라면서 지방선거의 가치를 깍아내리기보다는 하루 빨리 지방분권화의 실현을 통해 지방선거가 제 모습을 찾도록 할 필요가 있을 것이다.

선거가 가까워 올수록 중앙정치의 대리전 성격이 강해졌는데, 여기에 직접적 계기는 김대중 아태재단 이사장이 지역등권론을 주장하면서 자유민주연합과 연대하였다는 사실이었다. 김대중 이사장의 이러한 발언은 향후 정치를 재개할 것이라는 메시지를 전달한 것이며, 동시에 자유민주연합으로 하여금 충청지역을 기반으로 한 지역정당으로서 명분을 살릴 수 있는 기회를 제공하였던 것이다. 민주자유당은 이를 망국적인 지역할거주의라며 맹비난했지만, 그럼에도 불구하고 이러한 전략은 지역적 감성을 자극하는 데 성공했다. 민주자유당은 김대중, 김종필 두 정치인을 과거의 정치인으로 간주하고 이들의 정치 퇴진을 요구했지만, 지역주의가 팽배한 당시 분위기에서 이러한 주장이 여론의 공감을 얻어내지는 못했다.

새로운 선거법에 적용을 받은 선거 운동의 실질적 내용을 살펴보면, 우선 선거벽보나 선거공보, 소형인쇄물 등에 학력을 포함한 경력에 대한 허위사실이 많다는 것이 확인되었다. 대부분 단기연수과정을 이수하고도 마치 정규과정을 수료한 것처럼 과장 게재한 경우였다. 예를 들어 의정부시에서는 18명의 광역의회의원들이 대학원을 수료한 것으로 게재하였으나 확인 결과 단 한 명도 대학을 졸업하지 않은 것으로 드러났다.

[그림 4-4] 서울시장 선거 후보자 초청 토론회(1995년 6월 23일)

방송매체의 활용이 활발했던 것이 확인되는데, 광역단체장 후보들은 TV와 라디오를 통한 방송연설이 각각 56회씩 가능한데 실제로 각각 49회와 41회를 실시하였다. 광역의회의원 후보자들 역시도 규정의 절반에 가까운 횟수의 방송연설을 실시하였다. 방송광고의 경우도 광역단체장 후보들은 TV와 라디오를 통해 각각 168회를 실시하는 것이 가능한데 TV에서 120회, 라디오에서 103회를 실시하였다. 신문광고도 활발하게 이용되었다. 광역단체장에게 법적으로 가능한 378회 중 232회가 실시되었다. 또한 후보 초청 TV 토론회도 활발하게 개최되었다. 이처럼 대중매체를 이용한 선거운동이 활발해지면서 이미지와 정책을 중심으로 한 선거운동이 이루어졌다.

4. 투표율과 선거 관리: 높아진 투표율과 선거관리의 복잡성 증대

제1회 전국동시지방선거의 투표율은 68.4%로 1991년 시도의원선거에서 투표율 58.9%보다 높아졌다. 최초의 제대로 된 지방선거였다는 점에서 1991년 선거에 비해 이번 선거가 가지는 의미와 중요성은 훨씬 더 컸기 때문에, 단순한 투표율 비교를 통해 드러난 투표율 증가를 무조건 긍정적으로 평가하기는 어렵다. 특히 선거 초반에 본격적인 지방자치를 위한 지방정부의 자율성에 대해 높았던 국민 관심을 감안할 때 투표율이 기대만큼 높았다고 보기 어려웠다. 이처럼 기대보다 낮은 투표율이 나오게 된 데에는 지방선거가 중앙정치의 대리전 양상을 벗어나지 못했다는 점, 그리고 구 정치권이 다시 선거의 중심으로 부각했다는 점에 대한 유권자의 실망이 크게 작용했다는 해석이 지배적이었다.

제1회 전국동시지방선거는 "돈은 묶고 입은 푼다"는 기조 하에 새로 제정한 선거법이 처음 적용된 선거였다. 하지만 여야는 지방선거 본질을 벗어나 선거결과에 지나치게 정치적 의미를 부여함으로써 지역감정을 부추겼고, 금품. 음식물제공 사례도 여전히 줄어들지 않은 것으로 나타났다. 특히 선거법 제정으로 처음 도입된 선거운동 자원봉사제도를 '일당의 개념'으로 생각하여 금품을 수수하는 사례가 많이 나타나 문제점으로 지적되었다.

선거관리위원회의 단속활동은 크게 예방 활동과 단속활동으로 나누어졌다. 예방활동을 위해 설날, 연말연시 등 사전선거운동 사례의 발생우려가 있는 시기에는 위반사례 유형을 사전에 안내하였고, 기부행위제한기간 개시일부터 선거법위반행위 신고센터를 설치. 운영하였다. 그리고 선거법 이해를 돕기 위해 '선거법위반사례집' 176,900부를 발간하여 정당과 선거 유관기관 등에 배부하여 위법선거운동 예방활동을 벌였다.

단속활동에서는 총 3,172건의 선거법위반 사례를 적발하여 조치하였다. 그 중 선거관리업무 침해와 금품. 음식물 제공 등 공명선거를 저해하는 중대한 위반사례 280건은 고발하였고, 증거가 불충분한 239건의 위반사례에 대해서는 수사의뢰하였다. 나머지는 경고. 주의 촉구 등의 조치를 하였다. 선거관리위원회가 고발 또는 수사의뢰한 사건 중 92건은 검찰에 의해 기소되어 12%의 기소율을 보였다.

지방선거에서 처음으로 4대 선거를 동시에 치르면서 선거 관리의 복잡성과 유권자의 정보처리 능력의 한계가 부각되었다. 후보자 수가 15,596명으로 이전 국회의원선거에 비해 11배가 넘었고, 합동연설회만 해도 14대 국회의원선거보다 6배가 많은 4,787회나 되었다. 투개표에 동원된 연인원은 121만 명에 이르러 이전에 관리했던 선거와는 비교가 되지 않는 규모와 복잡성을 띠었다. 결과적으로 이 같은 규모의 선거를 중앙선거관리위원회가 큰 과오 없이 치러냈다는 것은 높이 평가할 수 있으며, 그동안 선거 관리의 전문성을 키워온 결과라고 해석할 수 있다.

유권자 입장에서도 투표결정이 쉽지 않은 선거였다. 광역단체장은 이미 전국적으로 알려진 인물이고 이슈 또한 구분할 수 있으며, 언론을 통해 정책정보를 확인하는 것이 어렵지 않았다. 그러나 기초단체장이나 광역의회 후보들에 대한 정보는 상대적으로 적었고 제한된 선거기간 동안 엄청난 양의 선거정보를 유권자들이 모두 이해하기는 쉽지 않았다. 더욱이 정당공천이 없는 기초의회의원선거의 경우에는 아무런 정보 없이 투표를 해야 하는 경우가 많았다. 그 결과 기초의회의원선거에서 정당공천이 없었음에도 불구하고 첫 번째 후보의 당선비율이 높고, 호남지역에서는 두 번째 후보의 당선율이 다른 순서의 후보보다 높은 기이한 현상이 발생하였다. 이러한 결과는 후보자에 대한 정보가 거의 없는 상태에서 다른 투표에서 선호하는 정당의 순서에 따라 투표한 경우가 많았기 때문이라 생각된다.

5. 선거결과와 의미: 야당의 승리와 지역별 1당 체제 구축

제1회 전국동시지방선거에서 가장 많은 당선자를 낸 정당은 민주당으로 478명을 당선시켰다(<표 4-3> 참조). 여당인 민주자유당은 전국에 모두 후보자를 냈지만 410명을 당선시키는데 그치고 말았다. 한편, 선거직전 창당된 자유민주연합은 충청권을 중심으로 121명을 당선시켜 상당한 성과를 거두었다. 눈에 띄는 것은 무소속의 대거 당선이다. 정당의 도움 없이 출마한 후보들이 무려 208명이 당선된 것은 한편으로는 지방선거의 특성을 반영하는 것이지만, 다른 한편으로는 기존 정치에 대한 유권자들의 불신을 간접적으로 보여주는 결과였다고 할 수 있다.

〈표 4-3〉 제1회 전국동시지방선거에서 정당별 분포

구 분	계	광역단체장	기초단체장	광역의회	
				지역구	비례
합 계	1,215	15	230	875	95
민주자유당	410	5	70	286	49
민주당	478	4	84	352	38
자유민주연합	121	4	23	86	8
무소속	206	2	53	151	–

정당별 지역득표율을 보면 지배 지역에서 높은 득표를 보였는데, 더욱 심각한 문제는 특정정당에 의해 지방정부가 구성되었다는 사실이다. 광역단체장 선거결과를 보면 민주자유당은 지배지역인 부산에서 51.4%를 득표하고, 민주당은 호남권에서 74.4%를 득표하였다. 그리고 자유민주연합은 충남에서 67.9%를 득표하였다. 비슷한 비율로 광역의회선거에서도 정당들은 지배지역에서 득표를 하였는데 소선거구제로 인해 득표가 의석으로 전환되는 과정에서 훨씬 높은 비율로 의석을 차지하게 되었다. 그 결과 부산에서 광역의회의원선거에서 민주자유당은 55.7%를 득표했지만 55석 중 49석을 차지하여 의석점유율은 무려 89%에 이른다. 마찬가지로 민주당은 전남에서 55.1%를 득표했지만 의석점유율은 91.2%에 달했다. 이처럼 의석전환율의 왜곡이 지역별 1당 지배체제를 강화시켰다.

한편, 이번 지방선거에서 무소속 당선자가 이전에 비해 많은 것이 또 하나의 특징이라 할 수 있다. 광역단체장 선거에서 2명이 당선된 것을 비롯해서 기초단체장의 23%, 지역구 광역의회선거에서 17.3%의 당선자가 나왔다. 이같은 무소속 후보 약진의 원인으로는 지역주의의 또 다른 효과를 들 수 있다. 특정지역을 지배하는 정당에서 공천을 받지 못한 후보자들이 다른 정당의 공천을 받기보다 무소속으로 대거 출마했던 것이다. 그런데 공천 받지 못하고 무소속으로 출마한 인물들이 지역을 지배하는 정당의 공천을 받은 인물보다 더 경쟁력이 있다는 사실은 한편으로 정당의 공천이 지역 정서를 제대로 반영하지 못했음을 시사한다. 이 같은 해석이 타당성을 갖는다면 무소속의 약진에 대한 일반적인 해석, 즉 기존정당에 대한 항의의 의미로 제 3당이나 무소속이 많이 당선되는 현상과는 구분되어야 할 것이다.

제 3 절 제15대 국회의원 선거와 1여3야 구도 하에서 야당의 선전

제15대 국회의원 선거는 지방선거에서 여당인 민주자유당이 패하고 약 9개월 만에 실시되었다. 선거 이전부터 정당들의 당명 개정과 이합집산이 있었고, 김대중 이사장의 정계복귀 등으로 정계 구도가 급속하게 개편되었다. 그 결과 1여3야 구도 하에서 선거가 실시되었는데, 선거 결과 여당인 신한국당이 139석으로 가장 많은 의석을 차지하기는 했으나, 과반수 의석 확보에 실패했다. 3김이 주도하는 지역주의적 색깔이 강한 정당들(신한국당, 새정치국민회의, 자민련)이 자신의 지배 지역에서 선전하면서 많은 의석을 차지함으로써, 이번 선거 역시 지역주의에 의해 상당한 영향을 받았음을 보여주었다. 선거 결과의 또 다른 특징은 신한국당의 다선 중진의원들이 다수 탈락하면서, 초선의원 비율이 무려 45.8%에 달했다는 점이었다.

제15대 국회의원선거의 투표율은 63.9%를 기록하였다. 투표 시간을 1시간 늘렸음에도 불구하고 제14대 국회의원선거의 투표율(71.9%)보다 무려 8% 포인트 낮았으며, 역대 국회의원선거 중 가장 낮은 투표율이었다. 낮은 투표율에도 불구하고 탈법 금권선거가 만연하여, 선거가 끝난 후 야 3당은 '4·11 부정선거 합동 진상조사단'을 구성하여 부정시비가 있었던 23개 선거구를 방문하여 조사를 벌이기도 했다. 선거제도 상 중요한 변화로는 선거비용 사용의 융통성을 제고한 점, 그리고 정당별 전국구 의석 배분방식을 의석율 기준에서 득표율 기준으로 바꿈으로써 제도의 합리성을 이전보다 향상시킨 점을 들 수 있다.

1. 정치 상황: 김대중의 정계 복귀와 1여 3야 구도의 형성

지방선거에서 여당인 민주자유당이 패하고 약 9개월 만에 치러진 제 15대 국회의원선거까지는 매우 많은 정치변화가 있었다. 이번 국회의원선거가 향후 대통령선거에 영향을 미칠 수 있다는 점에서 정당들은 큰 의미를 부여하고 있었으며, 정당들의 이합집산과 김대중 이사장의 정계복귀가 이루어지는 등 정계 구도의 개편이 급속하게 이루어졌다.

역사바로세우기와 5·18특별법

역사바로세우기는 김영삼 정부 하에서 전두환, 노태우 두 전직 대통령에 대한 처벌을 진행하면서 내세운 슬로건이다. 그리고 이 과정에서 5·18 특별법이 제정되었다. 전, 노 두 대통령에 대한 처벌은 1995년 8월 2일, 총무처 장관 서석재가 전임 대통령 중 1인이 4천억 이상의 비자금과 가명계좌를 보유했다는 의혹을 제기하면서 시작되었다. 같은 해 7월 검찰은 “성공한 쿠데타는 처벌할 수 없다”는 논리로 신군부 인사의 혐의에 대해 반란죄, 내란죄를 따지지 않고 신군부 인사들을 불기소 처분하였다. 그리니 같은 해 10월 19일 민주당 박계동 의원에 의해 전두환·노태우 전 대통령의 비자금 비리사건이 폭로되자, 제5공화국 인사를 비판하는 여론이 높아지게 되었다. 1995년 11월 헌법재판소는 검찰의 5·18 사건 불기소 처분에 반하여 “성공한 쿠데타도 처벌 할 수 있다”는 결정을 내렸다.

헌법재판소의 판결 이후 노태우, 전두환 두 전직대통령에 대한 수사가 속도를 냈다. 1995년 11월 16일 노태우, 그리고 12월 3일 전두환이 각각 비자금 사건과 12·12 군사반란사건의 주역으로 구속되었다. 그리고 12월 19일에는 5·18 운동을 민주화운동으로 규정함과 동시에 당시 헌정질서 파괴 행위에 대한 공소시효 정지를 주요 내용으로 하는 5·18 특별법(5·18 민주화운동 등에 관한 특별법)이 국회에서 제정되었다.

전두환과 노태우는 1996년 8월, 각각 사형과 징역 22년형을 선고받았으나 1996년 12월, 항소심에서 무기징역과 징역 17년형으로 감형됐고, 그 이듬해인 1997년 12월 20일, 당시 김영삼 대통령이 국민 대화합을 명분으로 관련자를 모두 특별사면하여 석방함으로써 두 전직 대통령은 구속 2년여 만에 출옥하였다. 사면 당시 많은 논란이 있었는데, 당시 김 대통령은 김대중 대통령 당선자(12월 18일 대통령당선)를 방문하여, 협의를 했던 것으로 알려지고 있다.

1995년 6월 지방선거에서 민주당 후보들을 지원했던 김대중 아태재단 이사장은 1995년 7월 18일 정계복귀와 신당창당 의사를 밝혔다. 김 이사장의 정계복귀는 민주당 내의 계파갈등으로 이어지고 결국 민주당 의원 54명이 탈당하여 새정치국민회의라는 김대중 총재가 이끄는 새로운 정당이 창당에 합류하였다. 이에 따라 정당구도는 새정치국민회의가 53석으로 제1야당이 되고, 42석의 민주당, 22석의 자유민주연합이 야당이 되는 새로운 4당 체제를 형성하게 되었다.

전직 대통령인 노태우 전대통령을 비자금 사건으로 구속하고 전두환 전대통령을 12·12 사건의 주역으로 구속한 것은 김영삼 정부가 이전 정부로부터 단절을 의미하며, 역사바로세우기라는 기치 하에 새로운 정치이미지를 구축하려는 노력이었다. 그러나 지역주의가 팽배한 정서 속에서 대구·경북지역에서는 김영삼 대통령의 시도를 제대로 받아들이지 않았다. 3당 합당과정에서 민주자유당 안에 5·18 관련자들이 여전히 존재했고, 그에 따른 정치적 부담으로 인해 5공과 6공 단절은 계파 내 갈등의 소지가 되었다. 이러한 문제를 극복하고 국민들에게 민주자유당과 차별화할 수 있는 방안으로 민주자유당 지도부는 당명을 신한국당으로 변경하는 조치를 취하게 된다.

[그림 4-5] 검찰이 경남 합천에서 전두환 전 대통령을 압송하고 있다(1995년 12월 3일).

2. 선거제도 변경: 선거구획정 관련 위헌 결정과 전국구 의석 배정 방식 변화

한국에서 선거법 개정의 기본적 문제는 항상 선거를 앞둔 시점에서 법 개정을 시도한다는 점이다. 각 정당의 이해가 첨예한 시점에 선거법에 개정한다는 것은 필연적으로 정당 간의 합의를 어렵게 만들게 되고, 타당성보다는 이해관계에 따라 찬반이 나뉘게 된다. 따라서 대부분의 학자들은 충분한 시간적 여유를 갖고 정당들이 목전에 얽매이기 이전에 선거법 개정이 논의되도록 일정을 조정해야 한다고 주장하고 있다.

제15대 국회의원 선거를 앞두고 이루어진 선거법 개정 역시 충분한 시간을 갖지 못하고 이루어졌으며, 개정 내용 또한 제한적이었다. 제15대 국회의원선거는 1994년에 새로 제정된 「공직선거 및 선거부정방지법」에 의해서 실시되는 첫 번째 국회의원 선거였다. 선거를 앞두고 개정된 선거법에서는 선거운동 범위를 확대하고 선거사범에 대한 벌칙을 강화하는 등 긍정적인 변화가 있기는 했으나, 제도 개선 논의에도 불구하고 제도의 기본 틀은 제14대 국회의원 선거에 이어 그대로 유지되었다. 즉 지역구 국회의원은 소선거구제를 유지하면서 '다수대표제'에 의해 선출되었고, 전국구 국회의원은 '정당명부식 비례대표제'에 의해 배분되었다. 다만 지역구 의석수에 따라 전국구 의석을 배분하던 방식에서 벗어나 정당별 득표율에 의해서도 의석을 배분하게 되었는데, 그에 따라 지역구 의석수와 정당별 득표율 간의 격차가 조금은 좁혀지게 되었다.

선거법은 제1회 전국동시지방선거가 실시된 이후 1996년 4월 11일 제15대 국회의원선거가 실시되기까지 세 차례에 걸쳐 개정되었다. 첫 번째 개정은 국회의원지역선거구를 획정하기 위해서였고, 두 번째 개정은 공명선거 장치 강화와 제1회 전국동시지방선거 과정에서 나타난 문제점들을 보완하기 위해서였다. 그러나 처음 개정되었던 '국회의원지역선거구구역표'에 대해 헌법재판소가 위헌 결정을 내렸다. 이에 따라 여야는 다시 선거법 개정협상에 들어가 국회의원지역선거구를 재조정하였다.

선거법 개정 과정에서 쟁점이 된 것은 국회의원 지역선거구 획정 문제였다. 국회의원 선거 때마다 늘 선거구 획정 문제가 쟁점화되는 것은 유권자들의 투표행태 및 소선거구제와 깊은 연관성을 가지고 있다. 즉 지역주의 투표행태를 보이는 정국 구도에서 각 정당은 연고 지역의 선거구가 줄어드는 것을 바라지 않을 뿐만 아니라, 소선거구제 아래에서 국회의원들은 자신들에게 유리한 방향으로 선거구를 획정하려는 성향이 있어 항상 논쟁이 되는 것이었다. 이러한 현상은 제15대 국회의원선거를 앞두고도 재연되었다.

1995년 4월 국회의 선거구획정위원회는 인구 상한 30만 명, 하한 7만 명을 기준으로 획정하는 안을 국회에 제출하였다. 이 기준안을 토대로 협의에 들어간 여야의 입장 차이는 현격했다. 민주자유당은 7만 이하의 선거구 5곳을 폐지하자고 주장한 반면, 민주당은 인구 30만 명 이하인 도농통합시를 1개의 선거구로 하자고 맞섰다. 인구 30만 명 미만의 도농통합시 9곳 중 7곳이 민주자유당 우세지역으로 민주자유당으로서는 결코 포기할 수 없는 지역인 반면 7만 명 미만인 전남 지역의 3곳은 민주당 우세지역이기 때문이었다. 결국 여야는 인구 30만 이상의 선거구만 분할하고 7만 이하의 선거구는 그대로 유지한다는 데 합의하였다. 이에 따라 총 의석인 299석은 그대로 유지한 채 지역선거구는 237개에서 260개로 늘어났고 그 대신에 전국구 의석수는 62석에서 39석으로 줄어들었다.

이에 대해 언론과 시민단체 등에서는 정치권의 담합과 게리멘더링 의혹을 제기하며 강력히 비난하고 나섰다. 이처럼 여야 합의안에 대해 여론에서 의혹이 제기되던 중 1995년 7월 26일 전 헌법재판소 연구관 이석연 변호사 등은 선거법상의 '국회의원지역선거구구역표' 규정이 국민의 기본권을 침해하고 있다며 헌법재판소에 헌법소원을 냈다. 이에 대해 헌법재판소는 1995년 12월 27일 '국회의원지역선거구구역표' 중, 부산 해운대구/기장군 선거구는 선거구 간 인구편차에 관한 허용 한계(4:1)를 넘어선 것이고 또 충북 보은군/영동군 선거구는 매우 자의적인 선거구 획정이라며 위헌 결정을 내렸다.

헌법재판소의 위헌 결정으로 국회의원선거구를 재조정할 수밖에 없었던 여야 4당은 인구 수의 상하한선, 도농 통합시의 분할 여부, 인구산정 기준일을 두고 상당한 입장 차이를 보이며 대립했다. 특히 선거일을 4개월여 앞두고 후보공천 등 선거전략을 수정할 수밖에 없었으며, 각 정당은 연고 지역의 선거구 수에 증감이 생김에 따라 선거구 조정 협상에서 자기 당에 유리하게 이끌기 위해 치열하게 공방을 전개하였다. 여야는 협상 끝에 인구 상하한선을 30만과 7만 5,000명으로 하기로 어렵게 합의하였다. 또 인구 기준일은 신한국당과 새정치국민회의 양안을 절충하여 1995년 6월 30일로 합의하였다. 결국 제15대 국회의원 의석수는 총 299석으로 변동이 없었으나 지역구는 첫 번째 개정되었을 때보다 7개가 줄어들어 253개로 조정되었고, 전국구 의석수는 7석이 늘어나 46석이 되었다.

선거법의 주요 개정 내용을 보면 선거운동의 제한대상이 이전과 달라졌는데, 이번부터 공직자라해도 후보자의 배우자인 경우에는 선거운동이 가능하도록 했다. 더욱 중요한 것은 후보자들이 선전벽보나 선거공보에 학력을 과장 게재하는 것을 방지하기 위해, 상세한 규정이 적시되었다는 것이다. 교육법에서 인정하는 정규학력 이외의 교육과정을 수학한 이력을 게재하는 경우에는 그 교육과정 및 수학기간을 기재토록 하여 유권자들이 학위 과정과 기타 과정을 혼동하지 않도록 조치하였다. 선거비용은 기존의 '비목별제한주의'에서 '총액제한주의'로 바뀌었는데, 이러한 법 개정은 총액의 범위 내에서 지출을 자유롭게 함으로써 선거비용 사용의 융통성을 높이게 되었다.

위의 법 개정과 맞먹을 정도로 중요하지만 제대로 주목받지 못한 개정내용이 바로 전국구 의석의 배분방식의 변화이다. 이전에는 1인 1표제에서 지역구 의원을 선출한 후 다시 정당별 의석비율에 의해 전국구 의석을 배분하는 방식을 채택하였다. 그런데 이 방식에서는 소선거구의 사표 발생 현상으로 득표율에 비해 의석율에서 보너스를 받는 거대 정당들이 의석율을 근거로 전국구 의석을 배분하기 때문에 이중으로 유리해진다. 하나의 표를 지역구와 전국구라는 다른 방식의 대표 선출에 사용하는 것도 논리적으로 타당치 않지만, 더욱이 의석 전환율 왜곡에 따른 이득을 중복적으로 거대 정당에 주도록 규정하고 있는 것은 투표자의 의사를 제대로 반영하지 못하는 것이다. 제15대 국회의원선거에서부터 정당의 의석율 기준이 아니라 정당의 득표율을 기준으로 전국구 의석을 배분하기로 함에 따라 대표성의 왜곡을 감소시키도록 개선되었는데, 이는 선거제도의 합리성을 향상시키는 데 크게 기여했다. 다만 1인 1표제가 가지는 불합리성은 여전히 남았는데, 이 문제는 2004년 17대 국회의원 선거를 앞두고 1인 2표제로 바뀌면서 개선된다.

헌법재판소의 선거구 획정 위헌 판결

선거구 획정은 국회의 고유 업무로 인식되어 왔다. 그러나 국회가 선거구 획정에 있어서 표의 등가성을 무시하고 의원들의 이해관계를 반영하는 방식으로 선거구를 획정해 오자, 민주화 이후부터 헌법재판소가 수차례 개입하여 선거구 획정에 대한 위헌 판결을 내려오기 시작했다.

그 첫 번째 판결이 1995년 12월에 이루어졌는데, 헌법재판소는 기존의 선거구 획정을 위헌으로 판결하면서 선거구간 인구 편차를 최대 4:1까지만 허용하도록 하였다. 그리고 2001년 10월 헌법재판소는 다시 선거구간 최대 인구 편차를 3:1 미만으로 재조정하라는 결정을 내렸다. 그리고 향후에는 선거구간 최대 인구 편차를 2:1로 하는 것이 바람직하다는 권고도 하였다.

이러한 권고에도 불구하고 국회의 선거구 획정은 표의 등가성 원칙보다는 의원 개인들과 정당의 이익에 충실하게 이루어져 왔으며, 그 결과 지난 2014년 10월 헌법재판소가 또 다시 개입하게 되었다. 헌법재판소는 국회의원 선거구간 인구 편차를 3배까지 허용하는 현행 공직선거법이 표의 등가성이라는 헌법 정신에 불합치하며, 2016년 제20대 총선에 대비해 2015년 12월까지 선거구 간 최대 인구 편차를 2:1로 조정하라고 결정하였다.

이러한 헌법재판소의 판결에 대해 원칙적으로 반대하는 사람은 없다. 표의 등가성은 민주주의의 가장 기본적인 원칙 중의 하나이기 때문이다. 다만 이러한 표의 등가성에 대한 지나친 강조가 수도권과 지방, 그리고 대도시와 농촌 간에 존재하는 대표성의 불균형을 더욱 강화시킬 수 있다는 우려가 있는 것 또한 분명하다. 특히 한국의 경우 지역의 대표성을 보장하는 별도의 제도적 장치(예를 들어, 미국의 상원)가 없기 때문에, 지방과 농촌 지역의 상대적 박탈감이 더욱 크며, 그에 따라 지역대표성을 보장하는 제도적 보완을 요구하는 목소리가 커지고 있다.

3. 후보공천과 선거운동: 지도자에 의한 공천 방식의 지속과 여당의 안정론 대 야당의 견제론

제15대 국회의원선거에서의 후보자 공천은 경선을 통한 공천방식을 채택하는 데 실패하였다. 구체적인 공천 방식은 정당에 따라 조금씩 다르지만 공통점이 있는데, 바로 김영삼 대통령, 김대중 국민회의 총재, 김종필 자민련 총재 등 당의 최고실력자가 최종적으로 공천을 결정한다는 점이다. 이는 한국의 주요 정당들이 특정인 중심의 붕당 수준에 머물러 있었다는 증거이다. 표면적으로는 청와대와 당의 이원적 시스템으로 공천이 진행되었지만, 실제로는 청와대 정무팀이 인물선정을 주도하고 당에서 수렴한 각종 의견을 듣는 형식으로 후보자 군을 압축하면서 공천 윤곽을 잡아나가고 있었던 것으로 밝혀지고 있다. 그리고 공천 기초자료는 수시로 김영삼 대통령에게 보고되어 확인받았으며, 특히 전략지역이나 교통정리가 필요한 곳은 김 대통령의 지시를 받아 인물을 조정하였던 것으로 알려지고 있다. 실제로 김영삼 대통령은 공개적으로 국회의원 선거를 직접 챙기겠다고 밝힌 바 있다.

신한국당이 대외적으로 발표한 공천의 기준은 당선가능성, 도덕성, 참신성이었다. 새로운 정당으로 출범하면서 특히 5·6공화국과의 단절에 주력하였다. 공천신청의 분포를 보면 지역주의에 영향을 받아 영남지역에서는 3대 1의 경쟁을 보였지만, 호남지역에서는 1대 1의 경쟁률이었다. 신한국당은 현역의원을 대폭 교체하겠다고 공언했지만 최종공천 결과를 보면 불출마를 한 현역을 제외하면 실제 현역의원 교체율은 15%를 넘지 못했다.

새정치국민회의는 신당으로 선거에 참여하면서 전국적인 조직의 정비와 함께 신한국당이나 민수당과 차별성을 강조하였는데, 후보자 심사기준으로 민주주의 공헌도, 국가 및 지역발전 헌신성, 당 발전 기여도, 당선 가능성을 내세웠다. 조직강화특위에서 만장일치 방식으로 조직책을 선정하기로 하고 김대중 총재는 불간섭을 천명하였지만 사실은 김 총재의 뜻이 상당히 반영될 수밖에 없었다. 조직책선출방식은 전원합의에 의한 만장일치제다. 과거 계보정치가 존재했던 민주당시절에 경합이 심한 지역의 조직책을 선정할 때 흔히 사용하던 표결방식은 피하고 있다. 김 총재는 조직강화특위의 활동과 합의결과에 대해 나는 아무런 간섭도 하지 않겠다고 말한 적이 있다. 1인 정당이라는 당 안팎의 비판여론을 의식, 조직강화특위 활동과 일정거리를 유지하겠다는 것이었다. 그러나 김 총재의 의중이 알게 모르게 특위 내에 반영되고 있다는 것은 상식이었다.

통합민주당은 이기택 상임고문, 김원기, 장을병 공동대표 등 3개 정파가 각 3인씩 조직강화특위의 몫을 차지하면서 공천권을 행사하였다. 조직책인선기준을 첫째 도덕성, 둘째 당성, 셋째 정치적 자질과 능력, 넷째 전문성, 다섯째 참신성으로 상정했다. 그러나 이는 추상적인 원칙에 불과하다. 실제 공천 작업이 진행되면 조강특위 위원들은 소속계파의 이해를 어느 정도 대변할 수밖에 없다. 공천희망자들이 경합을 벌이는 곳에서는 특위가 결론을 내리기 어렵기 때문에 당 지도부 3인이 지역구조정을 위한 막후 대화를 하였는데, 이는 아직도 막후교섭을 통한 정치가 중요한 역할을 한다는 것을 보여주는 것이다.

자유민주연합은 당선가능성, 경륜, 자립능력을 기준으로 공천심사의 기준으로 삼았으나, 당선가능성이 높은 충청지역에서는 김종필 총재의 의사가 가장 중요하게 작용했던 것으로 알려지고 있다. 자민련 후보 공천의 특징은 지역별 후보 공천의 편향이 크게 나타났다는 점이다. 충청권과 상대적으로 당선가능성이 높은 대구/경북지역에서는 지역구 후보를 대부분 공천한 반면에, 전남과 전북의 15개 선거구, 그리고 부산과 경남의 14개 선거구에서는 후보자를 공천하지 못하였다. 그리고 자민련 공천에서 탈락한 이필선 부총재는 당 지도부가 전국구 공천 대가로 30억원을 요구했다고 주장하여 공천 파동에 휘말리기도 했다.

선거를 앞두고 4개의 정당이 새롭게 출현했다는 것은 한국 정당의 제도화가 이루지지 못하고 있다는 것을 보여주는 것이다. 신한국당은 여당으로서 안정론과 세대교체론을 주장하였다. 여당에 힘을 실어주어야 한다는 안정론과 함께 야당인 새정치국민회의의 김대중 총재와 자유민주연합의 김종필 총재를 겨냥한 세대교체론으로 김영삼 대통령이 주장하는 개혁의 정치를 유권자들에게 호소하였다.

새정치국민회의는 야당의 전통적인 전략인 견제론을 내세웠다. 여기에 김영삼 대통령의 일방적 정치에 대한 국민들의 불만을 묶어낼 수 있다고 생각했기 때문이다. 특히 자유민주연합과 신한국당이 향후 내각제로 개헌을 추진할 것이라고 주장하면서 개헌 저지선인 1/3의 의석을 차지할 수 있도록 유권자의 지지가 필요하다는 것을 설파하였다. 또 하나의 중요한 전략은 경제제일주의였다. 지난 지방선거에서 김대중 당시 아태재단 이사장이 지역등권론을 주장한 것과 일맥상통한 관점에서 경제등권론을 펼쳤는데, 도시와 농촌 그리고 대기업과 중소기업이 똑 같은 경제권을 누릴 수 있어야 한다는 것이 핵심이었다.

통합민주당은 김대중 총재를 추종하는 정치세력이 모두 탈당한 후 개혁적인 이미지를 추구할 수 있었다. 따라서 3김 정치의 종식을 내세우고, 대안정당으로서 개혁적이고 도덕적인 젊은 정당으로 이미지를 구축하였다. 3김 씨가 이끄는 정당은 비록 당명을 바꾸고 새로운 정당으로 창당했지만 여전히 구시대적이라는 부정적 이미지를 유권자에게 부각시키고자 노력했다. 한편 지역적 기반이 없는 통합민주당은 지역주의 성향이 상대적으로 적은 수도권에 집중하는 전략을 세웠다.

선거기간 동안 제기된 이슈 중 하나가 제14대 대선 당시 노태우 대통령이 각 후보에게 선거 자금을 제공했는가의 여부였다. 노 전 대통령은 김영삼 후보에게 3,000억 이상을, 김대중 후보에게 20억+α 를 주었다는 주장이 제기되었다. 그리고 김종필 총재도 100억원의 비자금을 가지고 있다는 것이다. 대선 자금 문제에 대하여 새정치국민회의는 가장 적극적으로 대응하였고, 자신들이 국회 총 의석의 1/3 이상을 확보할 경우 대선자금청문회를 열겠다고 약속하였다. 이에 대해 신한국당은 받은 돈이 없다는 주장으로 일관하였다. 선거운동 기간 새정치국민회의, 통합민주당, 자유민주연합 등 야당들은 주로 김영삼 대통령의 비자금 문제를 집중 공격하여 신한국당의 이미지를 부정적으로 이끌어 갔다.

더욱이 선거를 20일 앞두고 장학로 청와대 제1부속실장이 부정축재를 한 것으로 확인되면서 신한국당의 이미지가 더욱 훼손되었다. 이는 소위 '장풍'이라고 언론에 보도되었다. 1996년 3월 21일 새정치국민회의의 정희경 선거대책위원회 공동의장이 "장학로 청와대 제1부속실장이 청와대에 근무하기 시작한 이후 동거녀와 그녀의 형제들 명의로 37억원 상당의 재산을 위장 투기했다"고 주장하였다. 이 문제는 개혁과 사정, 역사바로세우기를 주도하던 김영삼 정부의 도덕성에 치명타를 줄 수 있는 사건으로 곧바로 선거쟁점이 되었다. 장학로 실장은 1996년 3월 21일 검찰조사를 받은 후 3월 24일 「특정범죄가중처벌법」 위반 혐의로 입건되었고, 이를 계기로 이 문제를 둘러싼 여야 간의 공방이 본격화되었다.

선거 중반 이후에는 북한군의 비무장지대 무장시위가 쟁점으로 떠올랐다. 1996년 4월 4일 북한은 판문점 대표부 담화문을 통해 일방적으로 "조선인민군 측은 정전협정에 따른 군사분계선과 비무장지대의 유지 및 관리와 관련한 자기의 임무를 포기한다"며 비무장지대 불인정을 선언하였다. 또한 선언 직후 판문점 내에 무장병력을 투입하여 3일 동안 시위를 하였다. 이 사건은 언론을 통해 국민들에게 알려졌고 곧 선거 쟁점으로 부상하였다.

[그림 4-6] 정희경 새정치국민회의 선거대책위원회 공동의장이 장학로 사건을 폭로하고 있다(1996년 3월 21일)

신한국당은 "북한의 위협으로부터 국가의 안보와 평화를 지키기 위해서는 정치안정이 급선무"라며 이 문제를 안정론과 연계시켰다. 반면 새정치국민회의는 신중한 반응을 보이며, "만약 국가안보를 선거에 이용하려는 정당이 있다면 국민의 준엄한 심판을 면치 못할 것"이라는 논평을 내놓았다. 통합민주당은 논평을 통해 "북한의 도발은 용납할 수 없는 것"이라고 규탄하는 한편, 과거처럼 정부와 여당이 안보문제를 악용하지는 말아야 한다며 신한국당에 대한 경고도 덧붙였다. 자유민주연합은 논평을 통해 북한의 비무장지대 사건을 북미 평화협정을 체결하기 위한 북한의 공갈외교로 규정하고 정부가 대미외교에 만전을 기할 것을 주문하였다. 그러면서도 여당의 대북관계 및 외교능력 부재를 비판하였다.

4. 투표율과 선거 관리: 낮은 투표율과 탈법 및 금권선거의 만연

제15대 국회의원선거의 투표율은 총선거인수 31,488,294명 중 20,122,799명이 투표하여 63.9%를 기록하였다. 투표 시간을 1시간 늘렸음에도 불구하고 제

14대 국회의원선거의 투표율(71.9%)보다 무려 8% 포인트 낮았다. 또한 역대 국회의원선거 중 가장 낮은 투표율을 기록하였다. 최고 투표율을 보인 선거는 제헌의회선거 때의 95.5%였다.

지역별로는 서울, 인천, 부산, 대구 등의 대도시의 투표율이 낮은 반면 제주, 경북, 전남, 강원 등은 상대적으로 높은 투표율을 보여 이전 선거와 마찬가지로 '도저촌고' 현상이 나타났다. 경북이 71.7%로 가장 높은 투표율을 보였고, 제주 71.1%, 전남 69.8%, 강원 69.3% 순이었다. 반면 인천은 60.1%로 투표율이 가장 낮았으며, 부산 60.5%, 대구 60.9%, 서울 61.0%, 대전 63% 등 대도시의 투표율은 모두 평균치에도 못 미치는 수준의 투표율을 보였다. 이들 대도시 지역은 1995년 6.27 지방선거 때도 다른 시도지역이 73~80%의 투표율을 기록한데 비해 62~67%로 10% 가까이 낮은 경향을 보였었다.

투표율이 급락한 이유는 정치권 전반에 대한 유권자들의 뿌리 깊은 냉소현상 때문이었다. 특히 젊은 층의 정치 불신은 심각한 수준에 이르렀다. 20대의 투표율이 44.0%로 14대 국회의원선거에서 56.8%보다 12.8%p나 감소하였다는 것이 확인되었다. 선거운동 초반부터 터져 나온 장학로 전 청와대 제1부속실장 축재비리, 야권의 공천헌금시비 등을 비롯해 선거운동과정에서 지역감정 부추기기, 흑색선전 비방난무 등이 선거에 대한 무관심과 혐오를 불러일으켰다. 또한 정치쟁점이 제대로 부각되지 않은 것도 투표율을 끌어올리지 못한 요인으로 지적된다. 현 정권에 대한 중간평가론, 대선자금 논란, 내각제 개헌 시비, 장학로 사건 등이 불거지긴 했으나 전반적으로 선거에 대한 관심을 고조시키기에는 역부족이었다.

제15대 국회의원선거는 1997년 제15대 대통령선거를 앞두고 치러지는 관계로 대통령선거의 전초전 성격을 띠고 있었다. 이에 따라 각 정당은 국회의원선거 결과가 대권향방에 큰 변수가 될 것으로 보고 총력을 기울였다. 이로 인해 제15대 국회의원선거는 가열되었고, 탈법과 금권선거가 만연했으며 그만큼 선거법 위반 행위도 많이 발생하였다.

선거관리위원회는 후보자·정당은 물론이고, 향우회·산악회 등 불법적으로 선거운동에 이용될 수 있는 각종 단체 등에 대한 단속에 중점을 두었다. 특히 민선 지방자치단체장 체제가 출범한 이후 처음 실시하는 전국적인 규모의 선거라는 점에서 지방자치단체장들에 대한 감시·단속을 철저히 하였다. 선거관리위원회는 이러한 감시·단속 활동을 벌여 총 741건의 위반사례를 적발하였는데, 이는 제14대 국회의원 선거 때의 595건보다 146건이 많은 수치였다. 선거관리위원회는 위반 행위 정도가 중한 23건(3.1%)은 고발하고, 97건(13.1%)은 수사의뢰하였으며, 나머지는 경고·주의 등 조치를 내렸다.

한편 검찰 또한 제15대 국회의원선거의 선거사범으로 총 1,995명을 입건하였고, 이 가운데 713명을 기소하고, 나머지 1,282명은 불기소 처분하였다. 기소된 선거사범 중 구속자는 175명이었다. 이는 제14대 국회의원선거 때의 427명보다 67%가 늘어난 것이었다. 제15대 국회의원선거에서 검찰에 기소된 선거사범 중 국회의원 7명이 당선무효에 해당하는 형을 선고받았다. 이들은 후보자 본인 또는 선거사무장, 회계책임자 등의 선거범죄로 법원으로부터 유죄선고를 받아 의원직을 상실하였고, 이들의 지역구에서는 재선거 또는 보궐선거가 치러졌다.

이들 중 구로구을 이신행 후보와 송파구갑 홍준표 후보는 선거사상 처음으로 재정신청이 받아들여져 재판을 받았다. 당초 검찰은 이들을 불기소하였으나 상대편 정당에서 재정신청을 하였고, 이에 대해 법원이 공소제기를 결정함에 따라 재판에 회부되어 당선무효 판결을 받았다. 재정신청 제도는 1994년 새로운 선거법이 제정되면서 도입된 제도로 검찰의 기소독점주의와 기소편의주의의 폐단을 방지하기 위한 제도였다. 즉 검찰이 선거사범을 기소하지 않았을 경우 고소·고발을 한 후보자와 정당(중앙당에 한함)은 재정신청을 할 수 있게 하고, 법원이 공소제기를 결정할 경우 검찰의 불기소 결정에 불구하고 재판을 받도록 하는 제도였다.

제15대 국회의원선거가 끝난 후 1996년 4월 17일 새정치국민회의, 통합민주당, 자유민주연합 등 야 3당은 제15대 국회의원선거가 부정선거였다고 주장하며 '4·11 부정선거 합동 진상조사단'을 구성하여 부정시비가 있었던 23개 선거구를 방문하여 조사를 벌였다. 야 3당은 조사 후 문제가 된 지역의 신한국당 후보를 검찰에 고발하고 구속수사와 기소를 요구하였다. 또한 야당은 '제15대 국회의원선거 부정선거진상조사 공동백서'를 발행해 여당인 신한국당의 불법사례를 폭로하였다. 특히 자유민주연합의 공천을 받아 당선된 김화남 후보(경북의성군)가 선거법위반으로 검찰에 구속·수감되기 직전인 1996년 4월 27일 자유민주연합을 탈당한 것을 두고 표적·편파수사라고 비난하였다.

5. 선거결과와 의미: 여당의 과반의석 확보 실패와 지역주의의 지속

개표 결과 제15대 국회의원선거에 참여한 8개 정당 중 신한국당, 새정치국민회의, 통합민주당, 자유민주연합의 4개 정당은 지역구와 전국구에서 모두 당선자를 냈으나 나머지 4개 정당은 당선자를 한 명도 내지 못하였다. <표 4-4>에 보고되어 있는 정당별 의석 분포를 보면, 여당인 신한국당이 139석(46.5%)으로 가장 많은 의석을 차지하기는 했으나, 과반수 의석 확보에 실패했다. 넓은 의미의 분점정부 현상이 발생한 것이다. 새정치국민회의가 79석(28.6%), 자유민주연합이 50석(19.7%), 통합민주당이 15석(5.9%)을 차지했고, 무소속이 16석이나 차지했다.

지역주의적 색깔이 강한 세 정당이 가장 많은 의석을 차지했음은 이번 선거 역시 지역주의에 의해 상당한 영향을 받았음을 간접적으로 보여준다. 물론 지역주의의 영향력에 대한 보다 직접적인 분석은 각 지역별 정당 간 우열 비교를 통해 이루어져야 하는데, 이에 대해서는 뒤에서 보다 자세히 설명될 것이다.

선거결과에서 나타난 특징 중의 하나는 신한국당의 다선 중진의원들이 다수 탈락한 것이었다. 전국구를 포함하여 전체 299명의 당선자들 중 45.8%인 137명이 초선의원들이었다. 한국 국회의원선거에서 초선 비율은 항상 높았다. 제14대 선거에서는 39.1%였고, 제16대 선거에서는 40.7%였다. 따라서 제15대 국회의원선거에서만 특별히 높다고는 할 수 없지만, 다른 선거에 비해서 높은 초선 비율을 기록한 것은 분명하다. 그리고 절반 가까운 초선의원이 진출했다는 것은 국회에 대한 국민들의 불신이 높다는 것을 보여주는 증거이기도 하다. 다만 지나치게 높은 초선 의원 비율은 국회 운영에 어려움을 초래할 수 있다는 우려도 있기 때문에, 의원 물갈이를 절대선으로 보는 시각은 경계해야 할 것이다.

〈표 4-4〉 제15대 국회의원선거 정당별 의석 분포

구 분	지역구	전국구	득표율(%)	의석합계
신한국당	121	18	34.5	139
새정치국민회의	66	13	25.3	79
통합민주당	9	6	11.2	15
자유민주연합	41	9	16.2	50
무 소 속	16	–	11.9	16
합 계	253	46	100	299

자료: 중앙선거관리위원회, 역대선거정보(제15대 국회의원선거).

〈표 4-5〉 제15대 국회의원 선거 지역별, 정당별 지역구 의석 분포

합 계	신한국당	국민회의	민주당	자민련	무소속
서울/경기	54	30	4	5	3
호남	1	36	0	0	0
영남	51	0	3	10	12
충청	3	0	0	24	1

자료: 중앙선거관리위원회, 역대선거정보(제15대 국회의원선거).

제15대 국회의원선거에서 지역주의가 선거 결과를 지배했다는 것은 자명하다. 이는 지역주의의 연속성을 보여주는 것이며, 동시에 정당들이 아직도 정당 지도자의 출신지역 이외에는 차별적 입장을 보여주지 못하고 있으며, 아울러 각 정당과 후보들이 지역주의를 득표도 이용하고 있음을 시사한다. <표 4-5>에 따르면, 이전 선거와 마찬가지로 신한국당은 호남에서 단 1석만을 차지했고, 새정치국민회의는 영남에서 한 석도 얻지 못하였다. 자유민주연합은 대구에서 8석을 얻는 등 분발했으나, 주로 대부분의 의석은 충청권에 집중되어 있다.

의석수로만 본다면 전통적 야당 강세 지역인 서울 등 수도권에서 신한국당이 예상보다 선전하고, 상대적으로 국민회의가 당초 기대보다 부진한 성적을

거둔 것도 이번 선거의 특징이었다. 신한국당은 서울의 47개 선거구 중에서 27개 선거구에서 승리하였다. 비록 득표율은 36.5%로 새정치국민회의가 득표한 35.2%와 별 차이가 없었지만 의석에서는 18석을 얻은 새정치국민회의보다 9석을 더 얻은 것이다. 이 같이 작은 득표율 차이에도 불구하고 의석 차이가 난 것은 새정치국민회의는 서울의 선거구에서 고르게 득표한데 비하여 신한국당은 선거구별로 득표율의 집중도가 높았기 때문이라고 할 수 있다. 따라서 비록 의석의 차이는 있지만 득표율에서 큰 차이가 없다는 점에서 서울에서 여당이 성공적이라는 것을 크게 부각시킬 필요는 없다.

총체적으로 제15대 국회의원선거는 정치 발전에 기여한 선거라고 보기는 힘들다. 정당들이 선거를 앞두고 급조되는 현상이 나타났으며, 여전히 정당 보스에 의해 공천부터 선거운동까지 모든 것이 결정되는 구도를 그대로 유지하고 있었다. 정당들은 네거티브 선거운동에 주력함으로써 유권자들의 정치 불신을 오히려 더 조장시켰다는 것도 부인할 수 없다. 또한 선거 직전 알려진 비자금과 공천헌금 등의 문제에서 주요 정당들이 자유롭지 못한 것은 밀실정치와 국민과 유리된 정치가 지속되고 있다는 것을 다시 한 번 확인시켜 준 것이다.

제4절 제15대 대통령선거와 평화적 정권교체

1997년 12월 18일 실시된 제15대 대통령선거에서 김대중 새정치국민회의 총재가 여당의 이회창 후보를 누르고 당선되었다. 경제 위기 상황에 따른 반사이득, 그리고 DJP 연합이 승리의 주요 요인이었다고 할 수 있다. 이러한 선거결과는 '4수'만에 당선된 김대중 대통령 개인의 '인동초(忍冬草)' 같은 승리라는 의미를 넘어서, 한국 헌정사상 최초의 평화적 정권교체로서 민주화운동 10주년을 맞아 민주주의를 공고하게 다지는 계기를 마련했다는 점에서 한국 선거사에서 중요한 위치를 차지한다. 또한 지역적 차별을 받아온 호남에서 대통령이 나옴으로써 지역균형발전과 사회통합의 단초를 제공했다는 점도 특기할 만하다.

제15대 대통령선거는 선거운동 과정이 비교적 질서 있게 진행되었고, 선거관리의 측면에서도 큰 문제가 없었으며, 선거 후유증이 비교적 없었던 선거였다. 그러나 몇 가지 중대한 문제도 있었다. 일부 정치인의 경선 결과에 대한 불복, 언론 매체의 편파적 보도, 지역주의를 부추키는 선거운동 방식, 안기부 등 국가 기관의 선거개입 의혹 등 여러 문제가 노정되었다. 그러나 선거공영제가 확대되고 미디어 선거운동이 자리잡는 등의 성과도 있었으며, 전체적으로 과거 선거에 비해서 선거제도와 선거관리가 개선되었다고 평가할 수 있을 것이다.

1. 정치상황: 비리사건과 경제파탄에 의한 민심 이반과 여권 분열

제15대 대통령선거가 실시되었던 1997년은 정치 혼란과 대립이 과도하게 분출된 한 해였다. 당시 김영삼 대통령은 최측근이 연루된 여러 비리사건과 경제파탄으로 인해 급락한 지지도에 발목이 잡혀 국정 리더십을 제대로 발휘할 수 없었다. 당시 제15대 국회에서는 여당인 신한국당이 다수의석을 차지하고 있었지만, 이는 1996년 제15대 국회의원선거의 결과로 여소야대(분점정부와 같은 의미로 사용됨)가 발생하였던 것을 야당의원에 대한 무차별 영입교섭을 통해 여대야소로 전환시킨 것이었기 때문에 정통성 시비로부터 자유롭지 못했다. 국회의원 임기 개시 이후 2개월여 동안 개원이 지연되는 등 당시 제15대 국회는 심한 대립과 교착으로 점철되고 있었다.

그 중에서도 노동법 개정안의 기습 처리는 정국을 최고조로 경색시켰다. 정부가 제출한 이 개정안의 골자는 상급단체 복수노조 허용, 제3자 금지조항 삭제, 정리해고제와 변형근로제 도입 등이었다. 1996년 12월 26일 새벽 6시경 신한국당은 소속 국회의원 155명만 참석한 가운데 이 법안을 기습적으로 통과시켰다. 이에 야당 측은 장외투쟁을 펼치고, 노동계는 전국적 총파업에 돌입하고, 종교계, 학계, 사회단체도 반발하며 시국선언문 발표를 주도하였다. 반발이 워낙 크고 민심 이반 징후가 크자 김영삼 대통령은 강경입장에서 선회하여 노동법 재심의를 국회에 요구하게 되었고 여야는 40여 일간의 재협상 끝에 상급단체의 복수노조 허용, 정리해고의 2년간 유예를 골자로 하는 안을 1997년 3월 통과시켰다. 이러한 일련의 과정을 거치며 김영삼 정부와 신한국당은 신뢰도와 통치력에서 정치적 상처를 입게 되었다.

한보특혜대출 비리사건과 김현철 비리사건은 정부와 여당을 더욱 곤경에 빠지게 하였다. 한보사태란 한보그룹 총수인 정태수 회장이 은행대출을 받을 수 있게 해달라는 청탁과 함께 정치권에 거액의 뇌물을 제공한 일련의 금융부정 사건을 일컫는다. 1997년 1월 한보철강이 부도 처리되자 야당, 언론, 시민단체 등은 한보특혜대출의 배후로 김영삼 대통령의 차남인 김현철을 지목하였으나 폭로 공세에도 불구하고 검찰은 몇몇 의원만 기소하며 김현철과 대부분의 정치인은 무관하다는 결론을 내고 수사를 종결하였다. 이에 국회가 직접 국정조사에 착수해 1997년 3월부터 5월까지 45일간 국정조사를 진행해 김현철이 국정 전반과 정부 고위직 인사 및 국회의원선거 공천에 개입한 사실을 어느 정도 밝혀내었지만, 종반에는 여야 대립으로 결국 파행으로 끝났다. 그 후 김현철은 다시 기업인들로부터 이권청탁 대가로 66억원을 받은 혐의로 검찰에 의해 기소되어 1997년 10월 제1심 법원에서 징역 3년 형을 선고받았다.[1]

한보 사태 이상으로 정부와 여당의 악재로 작용한 것은 외환위기에 의한 경제파탄이었다. 이미 1996년부터 대외경제 환경이 나빠지며 큰 폭의 무역적자를 기록하고 여러 기업이 부도 처리되면서 금융시스템도 불안해지고 국내 금융기관들은 신용위기로 치달았다. 외국인들은 본격적으로 투자자금을 회수하기 시작했고 환율이 천정부지로 오르며 외환시장이 마비되었다. 급기야 정부는 1997년 11월 21일 국제통화기금(IMF)에 구제 금융을 신청해, 성장률 3%, 소비자물가상승률 5% 이내, 긴축통화정책 실시, 금융개혁법안 처리, 부실금융기관 폐쇄, 자본자유화 조기추진 등을 받아들이는 조건으로 구제 금융을 받았다. 경제가 이처럼 IMF관리체제에 놓이며 김영삼 대통령의 지지도는 최악으로 떨어졌고 그 여파로 제15대 대통령선거에 나선 여당과 이회창 후보도 큰 타격을 받게 되었다. 이러한 상황에서 '경제살리기'가 최대 선거쟁점으로 등장한 것은 당연한 일이었다.

---

1 김현철 비리사건은 결국 항소심과 상고심을 거쳐 김대중 대통령 집권 시기인 1999년 7월에 와서 징역 2년에 벌금 10억 5천만원과 추징금 5억 2천만원의 형이 확정되었다. 그러나 김현철은 곧 김대중 대통령의 8·15 특별사면을 받고 잔여형기를 면제받았다.

한보 특혜대출 비리 사건

한보 특혜대출 비리 사건은 1997년 1월 발생한 한보철강의 부도와 이에 관련된 권력형 금융부정 및 특혜 대출비리사건을 말한다. 1997년 1월 한국의 재계 서열 14위이던 한보그룹의 부도를 발단으로 이와 관련된 권력형 금융 부정과 특혜 대출 비리가 드러났는데, 이는 건국 후 최대의 금융부정 사건으로 기록되었다.

사건의 발단은 한보가 부도를 내면서 불거졌는데, 부실 대출의 규모가 5조 7,000억여 원에 달하는 엄청난 액수여서 온 나라가 술렁거렸다. 그러나 무엇보다도 이 사건이 전 국민적인 관심을 모은 것은, 정태수 당시 한보그룹 총회장이라는 한 기업인과 관련하여 천문학적 금액을 대출하는 과정에서 정계와 관계, 금융계의 핵심부가 서로 유착하면서 엄청난 부정과 비리가 행해졌기 때문이다.

먼저 한보그룹은 1990년부터 5조 원 규모의 당진제철소 프로젝트를 추진하였다. 이 과정에서 정부 차원의 견제를 받은 일이 전혀 없었고, 오히려 건설부가 부지매립 허가를 9개월 만에 내주었음은 물론, 통상산업부(지금의 산업자원부)는 검증도 되지 않은 코렉스 공법의 채택을 적극 권유하기까지 하였다. 철강업계에서는 한보의 경영능력으로는 이 프로젝트의 실행이 불가능하다는 입장이었음에도 1조 원 규모의 코렉스 설비를 도입하여 계속 철강 사업을 진행하였다.

처음에는 제철소의 투자비를 2조 2,800억원으로 책정하였으나, 2년 만에 5조 7,000억원으로 불어났다. 이러한 액수는 한보철강이 1994년 말 산업은행 주도로 11억 2,900만 달러의 외화를 대출받은 이듬해부터 급격히 늘어나기 시작한 것으로, 1995년에 1조 4300억원, 1996년에 2조원이 늘어났다. 이렇듯 대출금 규모가 늘어난 것은 정부와 채권은행단이 한보 측의 주장을 그대로 받아들이면서 투자비를 계속 지원했기 때문인데, 한보는 이 와중에도 18개의 회사를 인수하거나 설립하는 등 계속해서 사업을 확대하고 있었다.

결국 은행들은 한보철강에 거액을 물릴 수밖에 없었다. 당시 금융계는 사업의 타당성에 대한 상세한 검토도 없이 외압에 따라 대출을 결정하였다고 주장하였고, 실제로도 3개의 시중은행이 사업에 대한 타당성을 검토하지 않은 것으로 드러났다. 또 은행감독원 등 금융 감독 기관도 동일인 여신한도를 넘어선 한보철강에 대한 제일은행의 편법 지원에 대해 아무런 제재를 가하지 않고 가벼운 문책만 함으로써 감사원의 지적을 받기도 하였다.

1997년 5월, 이 사건으로 인해 정태수 한보그룹 총회장이 공금횡령 및 뇌물수수 혐의로 징역 15년을 선고받았고, 한보로부터 돈을 받은 정치인과 전직 은행장 등 10명이 징역 20~5년을 선고받았다. 그리고 국회에서는 한보사태 국정조사특별위원회가 열려 58명의 증인과 4명의 참고인이 채택되었으며, 이른바 '정태수 리스트'에 오른 정치인 33명이 소환되어 조사를 받았다. 또 당시 김영삼 대통령의 차남 김현철과 국가안전기획부(국가정보원) 운영차장 김기섭 역시 이 사건에 연루되어 구속되는 상황이 벌어지기도 하였다.

외환 위기와 IMF 구제금융 요청

IMF 구제금융 요청은 국가부도 위기에 처한 대한민국이 IMF으로부터 자금을 지원받는 양해각서를 체결한 사건을 의미한다. 1997년 12월 3일에 이루어졌다. 기업이 연쇄적으로 도산하면서 외환보유액이 급감했고 IMF에 20억 달러 긴급 융자를 요청하였다. 외환 위기 속에 대한민국은 외환보유액이 한때 39억 달러까지 급감했지만, IMF에서 195억 달러의 구제 금융을 받아 간신히 국가부도 사태는 면했다.

'IMF 경제 위기', 'IMF 외환 위기', 'IMF 환란', 'IMF 관리체제', 'IMF 시대', 'IMF 사태' 등으로 불리기도 하나, IMF라는 명칭 자체가 외환 위기의 의미를 담고 있지 않기 때문에 정확하지 못한 표현이다.

태국, 홍콩, 말레이시아, 필리핀, 인도네시아 등 동남아시아의 연쇄적 '외환 위기' 속에 대한민국 정부의 외환관리정책의 미숙과 실패가 IMF 외한 위기의 직접적인 원인이다. 대한민국 제14대 대통령 김영삼은 1997년 11월 10일에 이루어진 강경식 경제부총리와의 통화 이전까지 외환위기의 심각성조차 모르고 있었다고 한다.
많은 회사들의 부도 및 경영 위기가 나타났고, 이 과정에서 대량 해고와 경기 악화로 인해 대한민국의 온 국민이 큰 어려움을 겪었다. 이 사건이 일어난 직후인 1997년 12월 18일에 대한민국 제15대 대통령 선거가 치러졌고, 이 선거에서 여당은 야당에게 패배하여 정권 교체가 이루어졌다.

1998년 2월, 김대중 정부가 들어섰고 김대중 대통령은 취임 이후 계속해서 IMF의 개입을 전면적으로 받아들이고 경제개혁에 착수했다. 대한민국은 IT 산업 장려 정책이나 대기업 간의 사업 교환 및 통폐합으로 경제 재건을 도모했다. 1999년 3월, 정부는 사이버 코리아 21 계획을 발표하며 IT 산업 발전 및 인프라 투자에 힘을 쏟았다. 2000년 6월, 남북정상회담을 개최하여 경제에 활력을 불어넣었다.

1998년 12월, IMF 긴급 보관 금융에 18억 달러를 상환한 것을 계기로 대한민국은 금융 위기로부터 서서히 빠져나갔다. 2000년 12월 4일, 김대중 대통령은 "국제 통화 기금의 모든 차관를 상환하였고, 우리나라가 IMF 위기에서 완전히 벗어났다"라고 공식 발표하였다. 2001년 8월 23일, 대한민국에 대한 IMF 관리 체제가 종료되었다.

야당인 새정치국민회의와 자유민주연합은 공조체제를 공고히 하면서 대통령후보 단일화에 성공해 새정치국민회의 김대중 총재를 후보로 확정하였다. 이 소위 'DJP연합'(김대중 총재의 영문 이니셜 DJ와 자유민주연합 김종필 총재의 영문 이니셜 JP의 조합)은 호남과 충청을 묶는 지역연합의 한 형태로서 1990년 3당합당으로 형성된 호남 대 비호남 지역구도를 깨는 효과를 가져왔다. 또한 1996년 제15대 국회의원선거 이후 신한국당이 주도한 인위적 정계개편('의원 빼내기'를 통한)에 대항하는 모양새를 취했다. DJP연합은 처음에는 정책공조로 시작했지만 곧 선거공조로 확대되어 1996년 9월과 11월, 1997년 3월에 연이어 실시된 기초자치단체장 및 국회의원 재·보궐선거에 단일 후보를 출마시켜 모두 승리하였다. 결국 1997년 10월에는 내각제 개헌을 핵심 고리로 하여 대통령선거 후보단일화를 합의하는 데 이르렀다. 그 합의내용의 골자는, 김대중 총재를 대통령선거 단일후보로 하고 그 대신 1999년 말까지 내각제 개헌을 추진하고, 김종필 총재는 차기 공동정부의 국무총리를 맡고, 각료 배분과 지방선거 공천 등에서 양당의 배분비율을 동일하게 한다는 것이었다.

이처럼 야당진영이 연합을 이룬 것과 반대로 여당인 신한국당은 분열로 자멸의 길을 걷는다. 1997년 7월 신한국당 대통령후보 경선에서 이회창 후보가 당

[그림 4-7] DJP연합 합의문 조인식(1997년 11월 3일)

선되지만 아들 병역면제 의혹으로 지지도가 급락하자 후보경선에서 2위를 한 이인제 경기지사가 9월에 탈당 후 독자출마를 결행한다. 이 지사를 따르는 전·현직 의원을 비롯한 지지자들은 11월 국민신당을 창당하고 이 지사를 대통령후보로 추대하였다. 이런 와중에 김영삼 대통령이 껄끄러운 이회창 후보보다 이인제 후보를 은밀히 지원한다는 '국민신당 청와대 지원설'이 부상해 큰 논란을 낳기도 하였다.

수세에 몰린 신한국당은 이회창 후보의 지지율이 김대중, 이인제 후보에 이어 3위로 떨어지자 반전을 위해 김대중 총재의 비자금 의혹을 제기했다. 그러나 검찰은 이에 대한 수사 유보를 결정하고, 이에 격앙된 이회창 후보 측은 김영삼 대통령이 검찰 배후에 있다고 비난하며 양측 간 갈등이 격화되기도 하였다. 결국 신한국당은 국면전환을 위해 동년 11월 민주당(소위 '꼬마 민주당')과 당대 당 통합을 선언해 한나라당을 창당하고, 대통령후보는 이회창, 당 총재는 민주당의 조순이 맡는다는 후보 단일화에 합의하고 '3김 정치' 청산을 슬로건으로 내세웠다. 그 이후 이회창 후보의 지지도가 급상승하며 김대중 후보와 선거일까지 호각지세를 형성하게 된다.

1997년 국민회의-자민련 간 내각제 합의문 전문

가. 국민회의는 단일화 협상의 마무리와 함께 내각책임제 당론을 당헌 및 강령에 명시하고, 양당은 제15대 국회 임기 내에 내각책임제로 개헌 할 것임을 대국민 공약하기로 한다.
나. 내각책임제 헌법은 대통령을 국회에서 간선하고, 수상이 국정 전 반을 책임지는 순수내각제로 한다. 정부의 안정을 위한 장치로서 내각성립 후 1년 동안은 내각불신임 결의를 금지하고(다만, 개별국무위원에 대한 불신임은 허용) 독일 헌법의 건설적 불신임제도를 채택하기로 한다.
다. 내각책임제를 당론으로 하는 양당이 제15대 국회 임기 내 개헌을 공약하고 대선에서 승리할 경우, 이는 내각책임제 개헌과 그 시기에 관하여 국민의 뜻을 물은 것이므로 대통령이 개헌안을 직접 주도 발의하여 늦어도 1999년 12월 말까지 개헌을 완료하기로 한다.
라. 양당은 공동정부 출범 즉시 개헌안의 추진과 관계법안의 준비를 위하여 (가칭)

'내각책임제 개헌추진위원회'를 설치 운영하기로 한다. 위원회는 양당 동수의 대표로 구성하고, 내각책임제를 지지하는 양당 이외 의 세력도 참여할 수 있게 한다.

마. 양당은 내각책임제 정부 출범시에도 공동정부하에서의 공조정신을 견지하면서 연립정부를 구성하고, 새 정부에서 대통령과 수상은 자유민주연합측이 선택의 우선권을 갖기로 한다.

1997년 10월 31일.

자료: 조선일보. http://www.chosun.com/special/9904/full/p__/0714_01.html

2. 선거제도 변화: 제약적 선거운동 방식과 선거공영제의 확대

제15대 대통령선거는 1994년에 각종 선거법을 통합해 제정한 '공직선거 및 선거부정방지법(공선법)'을 기본 골격으로 하고 선거 직전인 1997년 11월에 통과된 개정법에 따라 실시되었다. 한보사태 이후 정경유착과 정치부패구조에 대한 국민적 비판이 고조된 상황을 반영해, 돈 안 드는 선거를 위해 전통적 방식의 선거운동은 그 규모나 횟수를 줄이고 선거운동 방법을 옥외집회 중심에서 TV 등 보다 새로운 미디어 선거운동 중심으로 전환하는 것이 당시 개정법의 핵심이었다. 또한 선거공영제의 확대도 개정법의 주요 내용이었다. 기타 개정의 주요 내용은 <표 4-6>을 참조하라.

〈표 4-6〉 제14대와 제15대 대통령선거 제도의 주요 내용 비교

주요 내용	제14대 대통령선거	제15대 대통령선거
피선거권 (거주요건)	40세 이상의 국민	선거일 기준 5년 이상 국내 거주 요건 추가
기탁금	3억원	5억원
선전벽보 첩부 기준	읍·동은 인구 500인, 면은 인구 200인에 1매 비율로 첩부	읍은 250인, 면은 100인, 동은 500인에 1매 비율로 첩부
소형인쇄물 종수 및 배부	책자형 3종, 전단형 1종 정당 또는 후보자가 배부	책자형, 전단형, 명함형 각 1종 선거관리위원회가 우편발송

신문광고 횟수	각 일간신문에 각 4회	70회 이내(정치자금모금 광고 가능)
정당과 후보자 연설회 장소횟수	개표구별 5회 이내에서 개최 집회 장소는 옥내 및 옥외 가능	시·도마다 2회, 구·시·군마다 1회 집회장소를 옥내로 한정
공영방송사 TV 토론회	규정 없음	공영방송사 텔레비전 대담 및 토론회 규정 신설. 대통령선거방송토론위원회 설치
방송연설 횟수	후보자와 연설원이 각각 TV 및 라디오 방송별로 각 5회 이내	후보자와 연설원이 각각 TV 및 라디오 방송별로 각 11회 이내
방송광고 횟수	TV·라디오 방송별로 각 5회 이내	TV·라디오 방송별로 각 30회 이내
후보자 경력방송 횟수	방송시설을 경영하는 자가 3회 이상	한국방송공사가 TV·라디오별 각 8회 이상
단체의 대담·토론	규정 없음	선거운동기간 중에는 횟수 제한 없음. 선거기간 전에는 개최 불가
언론기관 대담·토론	선거운동기간 중 TV·라디오 방송별로 각 3회 이내	선거운동기간 중에는 횟수 제한 없음. 선거일 전 120일부터 선거기간 개시일 전일까지 대담기간 연장
선거비용 보전 대상	방송연설 비용 중 일부 (후보자가 행한 각 3회, 연설원이 행한 각 2회)	신문광고의 70회 비용 방송광고 30회 비용 후보자가 행한 방송연설 비용 현수막 제작·게시 비용 유급 선거사무원 수당
투표용지 전국통일 기호	규정 없음	국회교섭단체 구성 정당의 추천후보자는 전국적 통일된 기호 부여
선거범죄 조사권	규정 없음	선거범죄 조사권 도입
선거방송심의위원회	규정 없음	선거기간 개시일 전 10일까지 방송위원회에 설치
반론보도청구권	규정 없음	선거보도 반론보도 청구권 신설

자료: 중앙선거관리위원회, 「대한민국선거사 제5집」, p. 443.

선거공영제

선거공영제는 선거운동의 자유방임으로 말미암아 야기되는 폐단을 방지하기 위하여 국가가 선거를 관리하고 그에 소요되는 선거비용을 국가의 부담으로 함으로써 선거의 형평을 기하고 선거비용을 경감하며 나아가 공명선거를 실현하려는 선거제도이다.

선거공영제는 재력이 없어 선거에 입후보하지 못하는 유능한 사람에게도 입후보할 수 있는 기회를 제공해 주고, 선거운동의 과열방지와 후보자간 선거운동의 기회균등을 통해 선거의 공정성을 확보하는데 도움이 된다. 반면에 선거공영제가 확대되면 후보자가 부담하는 비용의 감소로 많은 사람이 후보자로 나설 가능성이 높으며, 또한 국민의 조세부담률을 높이는 문제점을 발생시키기도 한다.

구체적으로 살펴보면, 선거과열과 선거비용을 줄이기 위해 공식적 선거운동기간을 28일에서 23일로 단축시켰고 정당·후보자 연설회의 옥외집회를 폐지하며 옥내연설회의 개최횟수도 제14대 때에 비해 5분의 1로 대폭 줄였다. 대신 미디어 매체에 의한 선거운동을 확대해 방송광고, 방송연설, 신문광고 횟수를 증편시켰고 언론기관과의 대담·토론회는 횟수제한을 없앴다. 후보 난립을 막기 위해 기탁금은 제14대 대선 때의 3억원에서 5억원으로 올렸고, 기탁금 반환은 제14대 때의 득표율 7% 이상에서 10% 이상으로 요건을 강화하였다. 부재자 투표기간을 제14대 때의 10일간에서 3일간으로 대폭 줄인 것도 선거과열 방지가 주된 이유였다. 물론 이러한 여러 제약적 제도의 도입이 소기의 효과를 거둬 실제로 선거비용을 줄이고 선거분위기를 차분하게 만들었는지에 대해서는 의문을 남겼다. 미디어 선거운동의 비용도 만만치 않았고 지지자 확보와 동원을 위한 조직운영에도 여전히 거액의 음성적 자금이 소요되었다는 것이 세간의 관측이었다.

선거운동 방식에 여러 제약이 가해진 것과는 대조적으로 선거운동의 주체와 관련해서는 제14대 때에 비해 제약이 크게 완화되어 선거법상 금지된 일부의 사람(미성년자, 공무원, 향토예비군 소대장급 이상의 간부, 통·리·반장 등)을 제외하고 누구든지 선거운동을 할 수 있게 되었다. 또한 선거비용 수입과 지출에 대한 선거관리위원회의 통제를 강화하는 대신, 선거공영제가 확대되어 선거 결과로 기탁금 반환요건을 충족한 경우에는 선전벽보, 소형인쇄물, 현수막, 신문 및 방송 광고, 방송연설 등의 비용과 선거사무원 수당을 대폭 보전할 수 있도록 하였다. 선거공영제는 후보자들이 선거자금을 마련하려고 각종 불법·편법적 방식에 의지하는 일이 없도록 하고 재력 있는 후보에게 불공정하게 유리한 금권선거가 발생하지 못하도록 하는 데에 그 목적이 있다. 그러나 국민의 세금으로 선거운동을 치르는 것이 정당한지에 대한 논란이 있었고, 새로 강화된 기탁금 반환요건을 충족한 경우에 한해 선거비용을 보전해주는 제도는 거대정당 측에 유리하고 군소후보를 차별하는 것이라는 비판을 받기도 하였다.

3. 선거 과정: 당내경선, 후보단일화, 그리고 미디어 선거운동

제 민주화 흐름에 부응하기 위해 주요 4당은 당내경선을 통해 대통령후보를 선출하였다. 물론 여기에는 당내 민주화라는 대의명분 뿐만 아니라 소위 '흥행'을 통해 국민적 지지를 높이려는 목적도 있었다. 신한국당의 경선을 보면, 총 9명이 경선에 나서 이른바 '9룡(龍)'으로 불렸으나 최종적으로는 6명(김덕룡, 이수성, 이인제, 이한동, 이회창, 최병렬)이 경선을 치렀다. 1997년 7월 전당대회에서 2차 결선투표까지 가는 접전 끝에 이회창 후보(60% 득표)가 이인제 후보(40% 득표)를 누르고 후보로 선출되었다. 새정치국민회의의 경우, 획기적인 국민경선제로 당 후보를 결정하자는 제안이 있었지만 당무회의에서 부결되었고, 결국 당내 경선을 실시하게 되었다. 대통령후보로 김대중 총재와 정대철 부총재가 경쟁을 펼쳐 1997년 5월 전당대회에서 김대중 후보(78%)가 압도적으로 승리함으로서 김 후보는 생애 네 번째로 대통령선거에 도전하게 되었다. 자유민주연합에서는 김종필 총재와 한영수 의원이 경선을 벌여 김 총재가 압도적 표차로 대통령후보로 선출되었다. 이 밖에 민주당은 조순 서울시장을 대통령후보로 추대하였다. 민주노총도 정기대의원대회에서 제15대 대통령선거에 참여하기로 결정하고 '건설국민승리21'을 창당한 후 권영길 민주노총 위원장을 대통령후보로 추대하였다.

과거처럼 극소수 정치인의 밀실 거래로 후보가 결정되지 않고 개방적이고 민주적인 당내경선이 후보결정의 보편적 방식이 되었다는 점은 큰 의의를 지닌다. 그러나 당내경선 결과가 나온 후 당내 의견수렴의 노력 없이 전격적인 합당과 후보단일화를 하거나 경선결과에 불복해 출마한 경우가 있어 당내경선의 취지가 흐려지고 당내 민주주의의 제도화가 침해된 측면도 있었다. 전술했듯이 김대중, 김종필 두 후보가 단일화에 성공했고 이회창, 조순 두 후보도 단일화를 결행하였다. 이는 아래로부터의 참여에 의한 후보결정을 위로부터의 전략적 계산에 의한 후보단일화가 덮어버린 셈이라고 하겠다. 신한국당 경선에서 차점으로 패한 이인제 전 경기지사는 경선 결과에 불복하고 탈당한 후 국민신당을 창당하고 대통령후보로 출마함으로써 민주절차에 의한 결과를 불복하는 나쁜 관례를 남기게 되었다.

한국의 선거공영제

한국 헌법은 제116조 제1항에 "선거운동은 각급 선거관리위원회의 관리 하에 법률이 정하는 범위 안에서 하되 균등한 기회가 보장되어야 한다"라고 하면서, 제2항에 "선거에 관한 경비는 법률이 정하는 경우를 제외하고는 정당 또는 후보자에게 부담시킬 수 없다"라고 규정하여 선거공영제를 선거운동의 기본원칙으로 하고 있다. 이에 따라 2012년 선거법은 122조, 122조의2 등에서 선거사무원 등 수당, 벽보·공보·소형인쇄물 작성비용, 신문·방송광고 비용, 방송연설 비용, 합동연설회 비용, 공개장소에서의 연설·대담 비용, 투·개표 참관인 수당 등에 소요되는 비용을 국가나 지방자치단체에서 부담하도록 하고 있다.

이처럼 선거운동에 있어서의 기회균등과 선거공영제를 기본원칙으로 하고 있으나, 공직선거법상의 선거공영제는 제한적으로 시행되고 있으며 오히려 선거비용의 상당부분을 후보자가 부담하고 있는 실정이다. 즉, 선거사무원 등 수당, 벽보·공보·소형인쇄물 작성비용, 신문·방송광고 비용, 방송연설 비용 등은 선거결과 기탁금 반환요건 충족 시(선거후보자의 득표수가 유효투표총수를 후보자수로 나눈 수 이상이거나 유효투표총수의 100분의 15 이상인 때)에만 국가에서 일부 보전해 주기 때문에 대부분의 후보는 자비로 할 수밖에 없다. 또한 정당연설회 개최비용, 표찰·수기를 이용한 선거운동비용, PC통신·전화에 의한 선거운동 비용 등은 후보자가 부담한다.

선거공영제는 선거관리위원회의 관리를 원칙으로 하는 관리공영제와 선거비용에 대한 국가부담을 원칙으로 하는 비용공영제로 구분된다. 관리공영제는 후보자의 선거운동을 각급 선거관리위원회의 관리 하에 두어 선거운동의 기회균등을 지향한다. 한편 비용공영제는 경제력의 차이로 인한 기회불균등을 방지하기 위해 국가에서 선거비용을 제공하는 것이다. 하지만 선거공영제에 소요되는 비용이 국민의 세금으로 충당되는 만큼 국가가 제공하는 선거비용이 무분별하게 사용되지 않도록 공직선거법에서는 '선거비용의 보전'을 규정하고 있다. 선거결과 당선 혹은 유효투표 총수의 15% 이상을 득표한 경우에는 지출한 선거비용의 전액을, 유효투표 총수의 10% 이상 15% 미만을 득표한 경우에는 지출한 선거비용의 50%를 국가의 예산으로써 선거관리위원회를 통해 정당 또는 후보자에게 보전하도록 일정 요건을 정하고 있다.

한국에서는 선거공영제가 점차 확대되어 오는 추세이며, 정경유착의 근절을 위해 선거공영제를 더욱 확대하여 완전 선거공영제를 도입해야 한다는 주장이 꾸준하게 제기되고 있다. 그러나 이에 대한 반론도 만만치 않다. 특히 국민들의 정치에 대한 불신이 팽배한 상태에서 세금을 들여 선거 비용을 모두 부담한다는 것에 대한 반감이 가장 큰 걸림돌이다.

각 정당은 후보를 확정한 후 본격적인 선거전에 돌입했다. 특히 국제통화기금 구제금융의 여파로 인해 각 후보는 경제위기 해결능력을 부각시키는 데 주력했고 각종 정치비리가 터진 당시 상황을 반영해 구질서의 청산과 변화를 모토로 내세웠다. 이회창 후보 측은 '깨끗한 정치', '튼튼한 경제', '3김 청산'을 슬로건으로 강조했고, 여당이지만 김영삼 대통령의 문민정부와 정책적 차별화를 하는 데 주안점을 두었다. 또한 이 후보의 강직하고 경륜을 겸비한 새 시대 정치인으로서의 면모를 홍보하는 전략을 썼다. 김대중 후보 측은 '정권교체'를 핵심 구호로 하고 '준비된 대통령, 경제 대통령'이라는 점을 부각시켰다. 특히 경제파탄책임론으로 한나라당과 이회창 후보를 비난하는 전략을 썼고, 'DJT 연대'(전술한 DJP연합에 소위 대구·경북 TK의 박태준 씨를 합한)를 통한 전국적 화합과 안정을 강조하고 김대중 후보의 대세론을 홍보하는 노력도 기울였다. 이인제 후보 측은 후보의 상대적 강점인 '젊음'을 부각시키고 '세대교체'를 슬로건으로 내세웠다.

각 후보는 다양한 방식을 통해 선거운동을 전개하였다. 선전벽보, 소형인쇄물, 현수막, 정당·후보자 연설회(제15대 대통령선거부터 옥내로 한정됨) 등 전통적 방식은 물론 방송연설, 방송광고, 신문광고, 거리유세(자동차 1대와 확성장치 1조 사용으로 한정), 언론매체 대담·토론회, PC 통신망과 홈페이지, 전화 등 보다 새로운 방식이 총동원되었다. 언론매체가 대거 활용되기 시작했고 컴퓨터도 중요한 선거운동의 도구로 떠올랐다는 점은 이전 선거와 차별되는 특징이라 하겠다. 이와 관련해, 선거운동을 저비용, 고효율로 할 수 있게 하고 유권자가 보다 충분한 정보를 얻을 수 있게 한다는 긍정성을 찾을 수 있으나 실효성에 대한 논란이 있었고 이미지 정치와 포퓰리즘의 폐해가 커진다는 부정적 지적도 있었다.

주요 선거쟁점 중 하나는 정치자금이었다. 먼저 1997년 상반기에 새정치국민회의와 자유민주연합이 김영삼 대통령의 제14대 대통령선거자금 공개를 요구하면서 선거쟁점이 되었고, 이어 1997년 10월 신한국당이 김대중 후보의 비자금 조성 의혹을 제기하면서 선거정국에 파란을 일으켰다. 그러나 검찰은 이회창 후보 측의 격한 반발에도 불구하고 이 사건에 대한 수사유보를 발표해 결국 판도라의 상자가 다 열리지는 않았다. 그 밖의 주요 선거쟁점으로 IMF 사태 책임 공방과 재협상 논란, 이회창 후보 두 아들의 병역면제 의혹 논란, 외환위기와 김현철 비리사건 등으로 불신대상이 된 청와대의 국민신당 지원 의혹, 김대중 후보의 건강문제 논란, 북풍 논란 등이 격렬한 설전을 낳았다.

선거법 위반행위는 이전 제14대 대통령선거 때에 비해 격감하였다. 제14대 때에 2,258명이 입건되어 994명이 기소된 것에 비해, 제15대의 경우 391명이 입건되어 129명이 기소되었다. 이처럼 선거사범이 줄어든 이유로, 선거법 개정으로 대규모 청중동원에 의한 옥외집회가 사라지고 미디어 선거의 활성화로 노골적이고 직접적인 금품살포가 감소했다는 점을 들 수 있다. 그 외에 선거관리위원회와 여러 시민단체가 공명선거운동을 전개하였고 선거관리위원회, 검찰, 경찰의 단속활동이 예방 효과를 냈을 것이라는 점도 들 수 있다.

[그림 4-8] 제15대 대통령선거 후보자 선전벽보

4. 투표율과 선거 관리: 지속적인 투표율 감소와 선거사범의 감소

선거는 1997년 12월 11일부터 13일까지 3일간 부재자투표를 실시하고 일반투표는 동년 12월 18일 실시되었다. 부재자신고인 총 80여만 명 중 96.8%가 투표하였고, 일반투표에서는 선거인 32,290,416 명 중 80.7%가 투표하였다. 이 투표율은 제13대 대통령선거(1987년) 때의 89.2%, 제14대 대통령선거(1992년) 때의 81.9%에 비해 떨어진 것이다. 역대 대통령선거의 투표율은 1960년 제4대 대통령선거에서 97.0%를 기록한 이후, 대통령 직선제가 부활된 1987년 제13대 대통령선거의 투표율(89.2%)을 제외하면 점차 낮아지는 추세에 있다.

그러나 그 후의 대통령선거 투표율이 70.8%(제16대, 2002년), 62.9%(제17대, 2007년)로 격감한 것에 비하면 제15대 대통령선거의 투표율이 특별히 낮았다고 말할 수는 없다. 특히 영남지역 연고후보가 없었고, 경제위기가 선거기간 중에 최고조로 다다르면서 선거 무관심이 팽배하였음에도 투표율이 큰 폭으로 떨어지지 않은 데에는 몇 가지 요인이 작용했다. 첫째, 선거 당일 겨울로서는 상당히 포근한 날씨가 어느 정도 영향을 미쳤으며, 둘째, 국제통화기금(IMF) 관리체제로 인한 취업난과 경제위기가 젊은 층과 대도시 유권자들의 투표 의사를 자극했고, 셋째, 한보사태 등으로 드러난 정경유착 근절에 대한 유권자의 심판욕구가 투표율 상승으로 이어진 것으로 지적되었다. 그 외에도 이회창·김대중·이인제 후보가 병역시비, 세대교체, 건강문제, 북풍관련 논쟁을 가열시키면서 선거 쟁점화하였고, 이를 두고 치열한 접전을 벌인 것도 투표율의 급락을 저지한 것으로 해석되었다.

지역별로는 김대중 후보의 고향인 호남권이 가장 높은 투표율을 기록해 최초의 호남 대통령 탄생에 대한 염원을 보였다. 반면 연고지 출신 후보가 나오지 않은 영남권의 투표율은 대체로 낮았고, 후보단일화에 의해 무대 뒤로 물러난 김종필 자민련 명예총재의 지역기반인 충남은 전국 최하위 투표율에 머물렀다. 수도권인 서울, 경기, 인천의 투표율은 세 후보 간 접전으로 소폭 상승 또는 하락에 그쳤다.

선거운동 종반에 이르러 흑색선전과 폭로전이 있었으나 고비용 정치구조 개선을 위해 대규모 옥외유세가 금지된 데다 텔레비전을 이용한 토론, 연설, 광고 등 미디어선거전이 본격화되어 금권·관권선거 등 기존의 불법선거운동이 현저하게 줄어들었다. 이로 인해 검찰의 선거사범 숫자도 1992년 제14대 대통령선거에 비해 12% 수준에 머물렀다.

검찰이 제15대 대통령선거와 관련하여 입건한 선거사범은 총 391명이었다. 이 중 약 33.0%인 129명이 기소되었고, 나머지 262명은 불기소 처리되었다. 이는 제14대 대통령선거에서 2,258명이 입건되어 994명이 기소된 것에 비하면 입건자수는 절반 이상 감소하였고, 기소자수에 있어서는 거의 90% 가까이 격감한 것이었다.

선거사범의 유형을 분석하면, 전체 391명 중 흑색선전사범이 100명으로 25.6%를 차지하였으며, 금품선거사범은 58명(14.8%), 폭력선거사범이 43명(11%), 불법선전사범이 40명(10.2%), 기타 선거사범이 150명(38.4%) 등으로 나타났다. 1992년 제14대 대통령선거 때와 비교하면 흑색선전사범은 87명에서 100명으로 증가하였으나 나머지 다른 선거사범이 대폭 감소했다. 이처럼 선거사범이 줄어들게 된 것은 선거법 개정으로 대규모 청중동원에 의한 옥외집회가 줄어들었고, 텔레비전을 통한 미디어 선거의 활성화로 금품살포가 현저하게 줄어들었기 때문이었다.

선거기간 중 여론조사 결과 공표 금지

공직선거법에 따르면 누구든지 선거일 전 6일부터 선거일의 투표마감 시각까지 선거에 관하여 정당에 지지도나 당선인을 예상하게 하는 여론조사(모의투표, 인기투표에 의한 경우 포함)의 경위와 그 결과를 공표하거나 인용하여 보도할 수 없다. 이를 위반할 경우 공직선거법 제256조에 의거, 2년 이하의 징역 또는 400만원 이하의 벌금에 처한다(<부록 7> 참조).

또한 선거에 관한 여론조사의 결과를 왜곡한 공표 및 보도는 금지된다. 그리고 외국의 신문·방송사 등이 실시한 여론조사결과를 인용 보도하는 것도 금지된다. 그러나 금지기간 전에 기 공표된 여론조사결과를 인용·보도하거나 금지기간 전에 조사한 것임을 명시하여 공표하는 것은 가능하며, 그 결과를 공표하지 않는 한 선거운동에 이르지 않는 방법으로 정당이나 후보자가 전문 조사기관에 여론조사를 의뢰하는 것은 가능하다.

> 여론조사결과의 공표를 금지하는 것은 공평하고 정확하게 이루어진 여론조사라 하더라도 그 결과가 공표되면 투표자로 하여금 승산이 있는 후보자에게 가담하게 하는 '밴드왜건 효과'(bandwagon effect)나 반대로 열세자 편을 들게 하는 '언더독 효과'(underdog effect)가 나타나게 됨으로써 선거에 미칠 영향을 차단하기 위한 것이다.
>
> 그러나 이에 대한 반론도 상당하다. 여론조사 공표를 허용해야 한다는 입장의 주요 논거는 1) 공표 금지는 정보의 불균형 또는 비대칭 (소수는 알고, 다수 유권자는 모름)을 초래하며, 2) 인터넷의 등장으로 여론조사 결과가 음성적으로 확산될 가능성이 있으며, 3) 제한된 정보로 인한 유권자의 비합리적 의사결정 위험성이 있으며, 4) 신문권력에 의한 여론조작 가능성이 있다는 것이다.

선거법 위반 사례 중 흥미로운 것은 선거기간 중 여론조사 결과 공표였다. 제15대 대통령 선거일을 사흘 앞둔 1997년 12월 15일 중앙일보는 "대통령선거 양자 대결 압축"이라는 제목으로 각종 여론조사 결과를 종합하면 김대중 후보가 오차범위 내에서 1위를 달리고 있으며 이회창 후보가 그 뒤를 바짝 뒤쫓고 있고, 이인제 후보는 상승세를 회복하지 못하는 형편이라는 내용의 기사를 게재했다. 국민신당은 중앙일보가 선거법상 금지돼 있는 여론조사 결과를 공표했다며 중앙일보사와 홍석현 사장 등을 선거법 위반혐의로 검찰에 고소했다. 이와 관련 국민신당 당원인 허용현은 1997년 12월 15일과 16일 '전국여론조사내역'이라는 제목의 여론조사를 빙자한 유인물을 중앙당 당직자들의 학교 선·후배, 친지와 각 언론기관에 팩시밀리로 전송하고 전화 부스, 지하철역, 빌딩, 화장실, 주택가 벽 등에 첩부하는 사례가 있었다.

5. 선거 결과와 의미: 김대중 후보의 신승과 평화적 정권교체

개표 결과, 김대중 후보가 유효 투표 25,642,438 표의 40.3%인 10,326,275 표를 얻어 당선이 확정되었고, 2위 이회창 후보는 38.7%의 득표율을 기록해 근소한 차로 패했다(<표 4-7> 참조). 이인제 후보는 19.2%를 얻어 3위에 그쳤고 여권을 분열시켜 결과적으로 야권에 승리를 안겼다는 비난을 받아야 했다. 김대중 후보는 호남권에서 90%를 크게 상회하는 압승을 거두었고 'DJP 연합' 덕에 충청권에서 낙승을 거두었으며 수도권에서도 근소하나마 1등을 차지하였다. 반면 이회창 후보는 한나라당(신한국당과 민주당이 1997년 11월 합당해 생긴 새로운 정당)이 아성을 굳히고 있던 영남과 강원에서 높은 득표율을 기록했다. '3김 시대'의 마지막을 장식한 선거였지만 지역주의 구도가 여전히 존속했음을 알 수 있다.

선거결과는 한국 헌정사에 있어서 여러 의미를 지닌다. 첫째, 헌정사상 최초로 혁명, 쿠데타, 여당 내에서의 승계가 아닌 자유선거를 통해 여야 정권이 평화적으로 교체되었다는 점이다. 이는 민주화가 진척된 결과이자 민주화를 더욱 촉진시키는 요인이었다고 할 수 있다. 적어도 두 번의 평화적 정권교체는 있어야 민주주의가 공고화된 것으로 볼 수 있다면, 제15대 대통령선거는 또 다른 정권교체를 가져온 2007년의 제17대 대통령선거와 함께 한국 민주주의 공고화의 결정적 계기가 되었다고 볼 수 있다.

둘째, 지역주의 투표행태가 고착화되었다는 점을 들 수 있다. 과거 '3김 시대'부터 지속되어온 '영남 대 호남 대 충청'의 지역주의 투표행태가 호남과 충청의 연대로 인해 동서분할로 변형되었지만 기본 형태는 유지되었다. 소위 '3김' 중 김대중 후보만 출마한 선거였음에도 불구하고 지역주의가 존속했다는 점은 지역주의가 정치인 개인에 대한 지지 현상을 넘어 정당 차원으로 고착화되었음을 알리는 신호였다고 할 수 있다. 실제로 그 후에도 지역주의는 다소의 정도 차에도 불구하고 한국정치의 큰 특징으로 상존해 오늘에까지 이르고 있다.

셋째, 후보들의 정치적 계산에 따른 이합집산이 선거결과에 지대한 영향을 끼쳤다는 점이다. 그러한 이합집산이 뚜렷한 명분 없이 선거승리만을 목표로 책략적 차원에서 이루어졌다는 점에서 정당민주주의의 제도화에 부정적 영향을 미쳤다고 평가할 수 있다. 결과적으로는, 지역 연합에 성공한 측은 승리하고 당내 분열로 분당을 겪은 측은 패배하는 결과를 도출함으로써 선거에서 연합의 중요성을 다시 한번 보여주었다고 할 수 있다.

DJP 연합과 DJT 연대

제15대 대선에서 이회창 대세론을 무너뜨린 것은 바로 김대중(DJ)과 김종필(JP) 사이의 소위 'DJP 연합'이었다. DJP 연합은 유래를 찾기 힘들 만큼 이념적으로 상이한 두 정치세력 간의 선거연합이었다는 점에서 상당한 주목을 끌었다. 김대중과 김종필의 단일화협상은 7월 22일 소위원회를 구성하면서 시작되었으며, 국민회의의 한광옥과 자민련 김용환이 실무책임을 맡아 김대중으로 대통령 후보를 단일화하는 대신 내각제 개헌을 추진하기로 10월 26일 합의하고, '야권후보 단일화 합의문 서명식'을 11월 3일 거행한 이후인 11월 6일 이를 공표하였다.

김대중은 자신에게는 마지막 도전이 될 대통령선거에서 비자금설로 인해 당선이 위협받는 상황에서 대폭적인 정치적 양보를 통해 김종필과의 연합을 추진하였다고 볼 수 있다. "여야 간의 정권교체를 위한 새정치국민회의·자유민주연합의 대통령 후보 단일화와 공동정부의 구성·내각책임제의 추진에 관한 협약"이라는 긴 제목을 가진 양당의 합의문은 총 4개의 장으로 구성되어 있었다. 보다 구체적으로 1장에는 "공동 정부의 구성 및 운영" 2장에는 "내각 책임제로의 개헌", 3장에는 "합의 사항의 대국민 공약", 4장에는 "양당의 공동 선거 대책 기구 구성" 등에 관한 합의사항이 포함되어 있다.

DJP 연합을 통해 김대중 후보는 김종필을 지지하던 충청지역 유권자들로부터 지지를 얻을 수 있게 되었다는 점 외에도 그동안 보수 세력의 '색깔론'과 같은 이념공세를 사전에 차단할 수 있는 결정적 계기를 마련하게 되었다. 실제로, 대선직전인 12월 5일 국가안전기획부가 새정치국민회의 창당발기인이었던 오익제가 북한으로 밀입국(1997.8.15)한 이후 김대중 후보에게 전화와 서신을 보냈다는 내용을 담은 소위 '오익제 편지사건'에 대한 소명을 요구하자 김종필이 기자회견에 나서서 '정치공작'임을 주장하여 '북풍'을 차단하는데 큰 도움을 주었다.

흥미로운 것은 호남과 충청 지역의 연합은 5년 뒤 2002년 제16대 대통령선거에서도 계속되었는데, 이번에는 인물들 간의 연합이 아니라, 노무현 후보의 충청권으로의 행정수도 이전 공약을 통한 두 지역의 연합이었다. 이러한 공약을 통한 연합과 충청권 유권자의 대폭적인 지지에 힘입어 노무현 후보는 대통령에 당선되었다. 한편 DJP 연합과 유사한 것으로 'DJT 연대'라는 표현이 있다. 이는 DJP 연합에 추가로 TK(대구 경북)을 합한다는 의미인데, TK를 대표한다고 주장하는 박태준 씨가 김대중 후보와 힘을 합하면서 나온 표현이다.

〈표 4-7〉 제15대 대통령 선거 시도별 결과

시도명	유권자수	유권자 비중	이회창	김대중	이인제	권영길	허경영	김한식	신정일
합계	32,290,416	100.0	38.7	40.3	19.2	1.2	0.2	0.2	0.2
서울	7,358,547	22.8	40.9	44.9	12.8	1.1	0.1	0.2	0.1
부산	2,692,311	8.3	53.3	15.3	29.8	1.2	0.1	0.1	0.2
대구	1,707,338	5.3	72.7	12.5	13.1	1.2	0.1	0.1	0.3
인천	1,639,655	5.1	36.4	38.5	23.0	1.6	0.1	0.2	0.1
광주	870,554	2.7	1.7	97.3	0.7	0.2	0.0	0.1	0.0
대전	881,474	2.7	29.2	45.0	24.1	1.2	0.2	0.2	0.1
울산	654,125	2.0	51.4	15.4	26.7	6.1	0.1	0.1	0.2
경기	5,707,087	17.7	35.5	39.3	23.6	1.0	0.2	0.2	0.2
강원	1,077,853	3.3	43.2	23.8	30.9	1.0	0.4	0.2	0.5
충북	1,015,921	3.1	30.8	37.4	29.4	1.3	0.4	0.3	0.4
충남	1,330,627	4.1	23.5	48.3	26.1	1.0	0.3	0.4	0.4
전북	1,391,537	4.3	4.5	92.3	2.1	0.4	0.1	0.4	0.2
전남	1,519,292	4.7	3.2	94.6	1.4	0.2	0.1	0.4	0.2
경북	1,988,379	6.2	61.9	13.7	21.8	1.5	0.3	0.2	0.8
경남	2,094,036	6.5	55.1	11.0	31.3	1.7	0.2	0.1	0.5
제주	361,680	1.1	36.6	40.6	20.5	1.4	0.2	0.3	0.5

자료: 중앙선거관리위원회, 역대선거정보(15대 대통령선거).

제 5 장 결론: 노태우, 김영삼 정부 시기의 선거에 대한 종합 평가와 시사점

CHAPTER

05 결론: 노태우, 김영삼 정부 시기의 선거에 대한 종합 평가와 시사점

지금까지 우리는 노태우, 김영삼 정부 시대의 각종 선거에 대해서 살펴보았다. 이 시기에 포함된 선거는 제13대 대통령 선거(1987년), 제13대 국회의원 선거(1988년), 최초의 지방의회의원선거(1991년), 제14대 국회의원 선거(1992년), 제14대 대통령 선거(1992년), 제1회 전국동시지방선거(1995년), 제15대 국회의원 선거(1996년), 그리고 제15대 대통령 선거(1997년) 등 모두 8개의 선거이다. 선거의 유형별로 보면, 3회의 대통령 선거, 3회의 국회의원 선거, 그리고 2회의 지방선거가 분석의 대상이 되었다.

앞에서 수차례 강조한 바와 같이, 이 시기는 권위주의 시대가 끝나고 민주화가 막 시작된 시기였다. 민주주의가 현실에서 완벽하게 재현할 수 없는 하나의 이상(ideal)이라고 볼 때, 민주화는 계속 진행되는 과정이라고 할 수 있다. 따라서 이 시기는 한국의 정치가 민주화 혹은 민주주의의 공고화라는 긴 여정을 막 출발한 시기로 규정할 수 있다. 그에 따라 민주주의의 이상에 견주어 볼 때, 이 시기의 선거에서 부족하고 아쉬웠던 점을 발견하는 것은 어렵지 않다. 그러나 이 연구에서는 그러한 단점을 찾아내는 데 주력하기보다는 부족하지만 조금씩 나아지고 있는 긍정적 측면들을 강조하고 있다. 왜냐하면 민주주의를 하나의 지속적인 과정으로 보고 있기 때문이다.

이 시기의 선거에 있어서 가장 중요한 특징은 지역주의의 폭발적인 성장이다. 이 시기의 모든 선거는 그 유형을 불문하고 지역주의의 독점적인 영향력 하에 있었으며, 지역주의는 이 시기에 점차 공고화되었다고 할 수 있다. 여기서 지역주의의 독점적인 영향력이라 함은 당시 우리 사회에는 많은 잠재적인 갈등들이 존재하였지만(예를 들면, 도농 갈등, 이념 갈등, 세대 갈등, 계급 갈등 등) 이러한 갈등들이 선거정치에 제대로 표출되지 못했음을 의미한다. 지역주의 혹은 지역 갈등은 한국 정치에 있어서 많은 문제점을 가져왔지만, 가장 중요한 것은 바로 그 독점적 지위로 인해 사회의 다른 갈등들의 표출을 막아 왔다는 점이다.

노태우 정부 시기에 폭발적으로 등장한 지역주의가 김영삼 정부 시기에 와서 더욱 심화되었는가에 대해서는 의견이 다소 갈린다. 분명한 것은 노태우 정부 초기 시절 분리되었던 대구·경북과 부산·경남이 김영삼 정부 시기에는 상당히 견고한 연합 전선을 형성했다는 점이다. 3김이 물러난 2002년 이후의 선거부터는 지역주의의 독점적 영향력이 다소 감소하고, 이념 갈등과 세대 갈등의 중요성이 상대적으로 부상하게 되었다. 또한 지역주의의 성격도 변했는데, 과거의 지역주의가 특정 지도자에 대한 정서적 유대감에 기반했던 것과는 달리, 최근의 지역주의는 지역의 이익을 중시하는 공리주의적 성격이 강화된 것이다. 그러나 그 성격이 어떠하던 간에, 한국 정치에서 지역주의와 지역 갈등의 영향력은 오늘날에도 여전히 중요한 요인으로 남아 있다.

이 시기의 선거제도 변화를 종합적으로 살펴보면, 전체적으로 긍정적인 방향으로 변화하고 있음을 알 수 있다. 먼저 선거제도의 기본 틀의 변화를 보면, 대통령 선거제도의 경우 제13대 대통령선거(1987년)부터 간접선거에서 직접선거로 바뀌면서 대통령제 하에서의 제대로 된 선거의 모습을 되찾았다(<표 5-1> 참조). 물론 대표적인 대통령제 국가인 미국은 여전히 대통령선거를 간접선거로 하고 있으나, 이는 연방제 국가의 특성을 반영한 특수한 형태이며, 현재는 대의원의 자율성이 사라졌기 때문에 실질적으로는 직접선거에 가깝다고 할 수 있다. 특히 4공화국과 5공화국의 권위주의 시기의 대통령선거는 상식을 벗어나는 형태의 간접선거였음을 감안할 때, 제13대 대통령선거에 직접선거로의 변화는 매우 중요한 의미를 갖는다고 할 수 있다. 최근 들어서는 당선자의 정당성 강화를 위해 현재의 단순다수제에서 프랑스 방식의 절대다수제로 변화해야 한다는 의견이 제기되고 있는데, 아직 실현되지 않고 있다.

〈표 5-1〉 역대 대통령 선거제도의 변화

	직접-간접 선거	간접 선거의 주체	비고
1대	간접	국회	의원내각제적 성격 반영
2~3대	직접		
4대	간접	국회	의원내각제 하 대통령 선출
5~7대	직접		
8~11대	간접	통일주체국민회의	
12대	간접	대통령선거인단	
13~19대	직접		

국회의원 선거의 경우 노태우 정부 출범 직후인 제13대(1988년)부터 권위주의 시절 정략적으로 이용되어 왔던 중선구제를 없애고 소선거구제로 돌아갔다. 그리고 제14대(1992년)와 제15대(1996년)를 거치면서 왜곡되었던 전국구 의원 배분 방식을 합리적으로 개선한 점(즉, 제1당에게 주던 보너스 의석을 없애고, 의석 배분 기준을 정당 의석수에서 정당 득표율로 바꿈) 또한 높이 평가할 수 있다. 다만 여전히 1인1표제를 유지함으로써 정당의 득표율을 계산함에 있어서 지역구 선거에서의 득표율을 활용해 왔는데, 이는 비례제의 원래 취지와 어긋나는 것이었다. 이러한 문제점은 제17대(2004년)에 와서야 1인2표제의 도입이라는 중요한 선거제도 개혁을 통해 정상화되었다. 현재는 전국구라는 표현 대신에 비례제라는 표현을 사용하고 있으며, 비례대표 의석의 정당 간 배분은 지역구 득표율이 아니라 정당명부에 대한 득표율을 기준으로 이루어지고 있다. 한국 국회의원 선거제도의 역사적 변화 과정은 <표 5-2>를 참조하라.

〈표 5-2〉 역대 국회의원 선거제도의 변화

국회	의원정수	지역구 선출방식	전국구·비례대표 선출방식
제헌 (1948)	200	소선거구 단순다수제	해당 없음
2대 (1950)	210		
3대 (1954)	203		
4대 (1958)	233		
5대 (1960)	민의원:233		
6대 (1963)	175(지역구:151, 전국구:44)		전국: 제1당 과반수이상 득표의 경우 득표율에 따라, 제1당이 과반수 미만 득표의 경우 제1당 1/2, 잔여의석 제2당 이하 득표율에 따라 배분, 의석배분조건:5% 이상 또는 지역구 3석 이상 *무소속 출마금지
7대 (1967)			
8대 (1971)	204(지역구:153, 전국구:51)		
9대 (1973)	219(지역구:146, 유정회:73)	2인 중선거구 다수대표제	*유정회: 대통령 추천
10대 (1978)	231(지역구:154, 유정회: 77)		
11대 (1981)	276(지역구:184, 전국구:92)		전국: 제1당 2/3, 1/3은 제2당 이하 득표율에 따라 배분, 조건: 5석 이상 획득
12대 (1985)			
13대 (1988)	299(지역구:224, 전국구:75)	소선거구 단순다수제	전국: 제1당 1/2, 1/2은 제2당 이하 지역구 의석 비율에 따라 배분, 조건: 5석 이상 획득
14대 (1992)	299(지역구:237, 전국구:62)		정당의 지역구 의석율에 비례 배분, 조건: 5석 이상 (5석 미만 혹은 3% 이상 1석 배정)
15대 (1996)	299(지역구:253, 전국구:46)		정당득표율에 비례 배분, 조건: 5석 이상 혹은 3% 이상 (3%~5% 1석 배정)
16대 (2000)	273(지역구:227, 비례:46)		
17대 (2004)	299(지역구:243, 비례:56)		정당투표 정당득표율 비례, 조건: 5석 이상 혹은 3% *17대 총선부터 정당투표제 도입
18대 (2008)	299(지역구:245, 비례:54)		
19대 (2012)	300(지역구:246, 비례:54)		

지방선거의 경우는 오랜 동안 실시되어 오지 않았기 때문에 이 시기에 제도의 큰 틀을 새로 마련했다는 데에서 의의를 찾을 수 있다. 다만 지방의회의원선거에서 정당공천제를 배제한 것은 정당정치의 원칙에 위배되는 것이었다고 평가할 수 있다. 그 후 다시 정당공천제가 부활되었지만, 여전히 일부에서는 정당공천제의 폐지를 주장하는 의견을 제기하고 있다. 이러한 반정당정치적이고 정치혐오적인 의견이 나오게 된 이유 중의 하나가 바로 초창기 선거제도의 기본 틀을 만들 때 정당정치의 중요성을 제대로 인지하지 못했기 때문이라고 할 수 있다.

선거제도의 기본 틀의 변화 외에도 선거운동 방식, 선거공영제, 선거관리, 선거사범 처벌 등의 측면에서도 선거법은 노태우, 김영삼 정부 시기 동안 지속적으로 변화해 왔다. 권위주의 시대에 비해 선거운동 방식을 다양화하였으며, 선거공영제의 방식도 합리적으로 변화해 왔다. 선거관리의 공정성 또한 증대해 왔으며, 특히 선거사범의 처벌을 점차 강화해 온 것은 긍정적인 변화라고 할 수 있다. 그리고 1994년 3월 「대통령선거법」, 「국회의원선거법」, 「지방의회의원선거법」, 「지방자치단체의장선거법」 등 4개의 개별 선거법을 통합하여 「공직선거 및 선거부정 방지법」을 제정한 것도 중요한 성과라고 할 수 있다.

그러나 이러한 긍정적인 변화에도 불구하고 노태우, 김영삼 정부 시기 한국의 선거법은 권위주의 시대의 틀을 유지하면서 규제 중심의 형태를 여전히 띠고 있었다. 이로 인해 정당/후보와 유권자 간의 자유로운 소통이 제대로 이루어지지 않고 있다는 지적이 지속적으로 제기되었던 것이다. 2000년대 이후 들어 이러한 규제가 다소 완화되기는 했지만, 규제 중심의 기본 틀은 아직도 유지되고 있다. 진정한 의미의 유권자 중심의 선거를 실현하기 위해서는 선거법이 규정하고 있는 모든 규제를 과감히 풀어야 한다는 목소리가 점점 더 커지고 있는 실정이다.

부분적으로는 이러한 규제 중심의 선거법의 영향으로 이 시기 한국 선거의 투표율은 선거의 유형을 불문하고 지속적으로 감소해 왔다(<표 5-3> 참조). 물론 투표율 하락의 가장 큰 원인은 민주화에 대한 유권자의 열망과 관심이 시간이 지나면서 줄어들었다는 것이겠지만, 선거법과 선거제도가 유권자의 참여 의지를 가로막았던 측면도 일부분 존재했다고 할 수 있다. 따라서 투표율 상승을

〈표 5-3〉 민주화 이후 주요 선거 투표율 변화 추이

년 도	지방선거	국회의원선거	대통령선거
1987			89.2%
1988		75.8%	
1992		71.9%	81.9%
1995	65.8%		
1996		63.9%	
1997			80.7%
1998	52.7%		
2000		57.2%	
2002	48.9%		70.8%
2004		60.6%	
2006	51.6%		
2007			63.0%
2008		46.0%	
2010	54.5%		
2012		54.2%	75.8%
2014	56.8%		

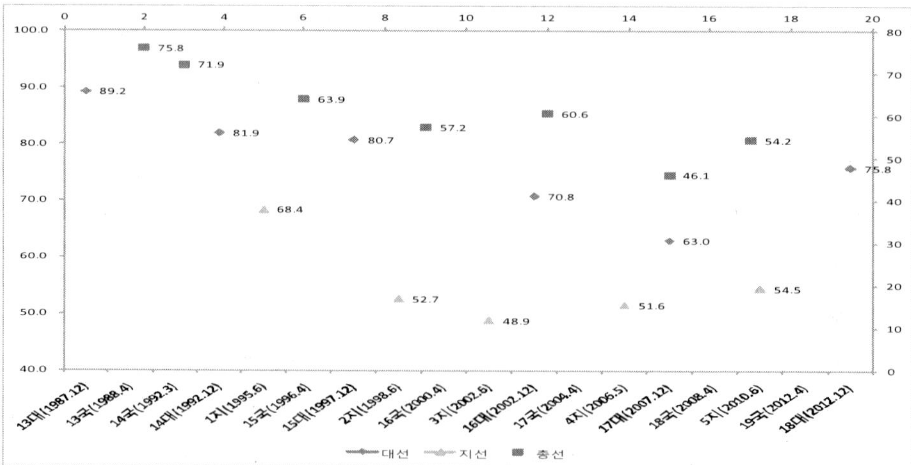

자료: 중앙선거관리위원회 웹사이트(http://www.nec.go.kr)

위해서는 선거법과 선거제도의 개혁(사표가 많이 발생하는 소선거구제보다는 비례대표제로의 전환)이 필요하다는 주장은 분명 일리가 있다고 평가할 수 있다. 일부에서는 의무투표제 도입(<부록 4> 참조) 등과 같은 과격한 제도 개선을 통해서 투표율을 제고해야 한다는 의견을 제시하고 있으나, 아직까지 이에 대한 공감대는 형성되지 않고 있다. 다행히도 2002년 이후부터는 이러한 투표율 하락 추세가 주춤해지고 있으며, 보다 최근의 선거에서는 오히려 투표율이 소폭 상승하는 모습도 나타나고 있다.

노태우, 김영삼 정부 시기의 선거에서 나타난 또 하나의 특징은 선거를 전후하여 정당의 이합집산이 매우 극심했다는 사실이다(<그림 5-1> 참조). 1990년 3당합당을 비롯하여 수많은 합당, 분당, 창당, 당명 변경이 이루어져 왔다. 이는 한편으로는 민주화 초기 시기의 정치적 불안정성을 반영하는 것이지만, 다른 한편으로는 소수 정치지도자 중심으로 운영되는 한국 정당의 명사정당적 성격을 반영하는 것이기도 하다. 만약에 당시 한국의 정당들이 대중적 기반이 단단하였다면, 그렇게 쉽게 합당, 분당, 혹은 당명 변경을 할 수 없을 것이다. 이러한 잦은 변화에도 불구하고 이 시기의 정당정치가 단절되지 않고 어느 정도의 연속성을 유지할 수 있었던 것은 한국 민주주의의 공고화에 긍정적인 영향을 미친 것으로 평가할 수 있을 것이다.

이러한 정당의 잦은 이합집산과 그에 따른 정당정치의 낮은 제도화 수준은 노태우, 김영삼 정부 이후 시기에도 계속되고 있다. 이는 향후 한국 민주정치가 극복해야 할 과제 중의 하나임에 틀림없다. 다만 한 가지 흥미로운 사실은 [그림 5-1]에서 볼 수 있듯이, 노태우, 김영삼 정부 시기에는 여당과 야당 모두 잦은 변화를 경험한 데 반해 그 이후 시기에는 여당(보수 성향 정당)이 야당(진보 성향 정당)에 비해 상대적으로 안정적인 모습을 보이고 있다는 점이다.

그렇다면, 이러한 여당과 야당 간의 차이가 발생하는 원인은 무엇이며, 또한 이것이 한국 민주정치에 어떠한 의미를 가지는가? 이에 대해서는 앞으로 더 많은 연구가 필요하다. 다만 한 가지 분명한 것은 여당(보수 성향 정당)의 지지층이 상대적으로 안정적인데 반해, 야당(진보 성향 정당)의 지지층은 기존 정당과 정치에 대한 불만이 상대적으로 큰 것으로 보인다. 특히 2000년대 들어 기성 세대와 젊은 세대 간의 세대 갈등이 부상하면서 젊은 유권자 층의 야당 지지가 두

드러지게 나타나고 있는 점을 주목할 필요가 있다. 그런데 이들 젊은 유권자들은 야당을 지지하는 경향을 가지고 있기는 하나, 그와 함께 기존 정당체제와 기존 정치에 대한 불만도 가지고 있다. 따라서 그들의 야당 지지는 기성 세대 유권자들의 여당 지지에 비해 가변적이며, 그에 따라 야당으로서는 이러한 주요 지지층의 요구에 맞추기 위해서 더 많은 변화를 모색해야만 하는 입장에 있다고 할 수 있다.

노태우, 김영삼 정부 시기 정당체계와 관련하여 주목할 만한 또 한 가지 현상은 다당제적 경향이 반복적으로 나타나고 있다는 것이다. 이는 한국의 국회의원 선거제도가 소선거구 단순다수제 중심으로 되어 있다는 점, 그리고 대통령 선거 또한 단순다수제라는 점을 감안할 때, 더욱 흥미로운 현상이다. 앞에서 논의했던 뒤베르제의 법칙에 따르면, 단순다수제는 양당제를 유도하는 경향이 있기 때문이다. 물론 이 시기 다당제 현상은 부분적으로는 야당의 분열을 반영하는 것이지만, 동시에 특정 지역에 기반을 둔 자유민주연합은 물론이고 통일국민당, 국민신당 등이 출현한 것은 단순히 야당의 분열로만 설명할 수 없다. 그리고 이러한 다당제적 경향은 그 이후 시기에도 민주노동당 등 진보정당의 성공으로 계속 나타나고 있는데, 이는 한국 사회와 정치의 균열 구조가 그리 단순하지 않음을 반영하는 결과로서, 향후 선거제도의 개혁 방향에 있어서 에 많은 시사점을 준다.

[그림 5-1] 제3공화국 이후 한국의 정당변천사

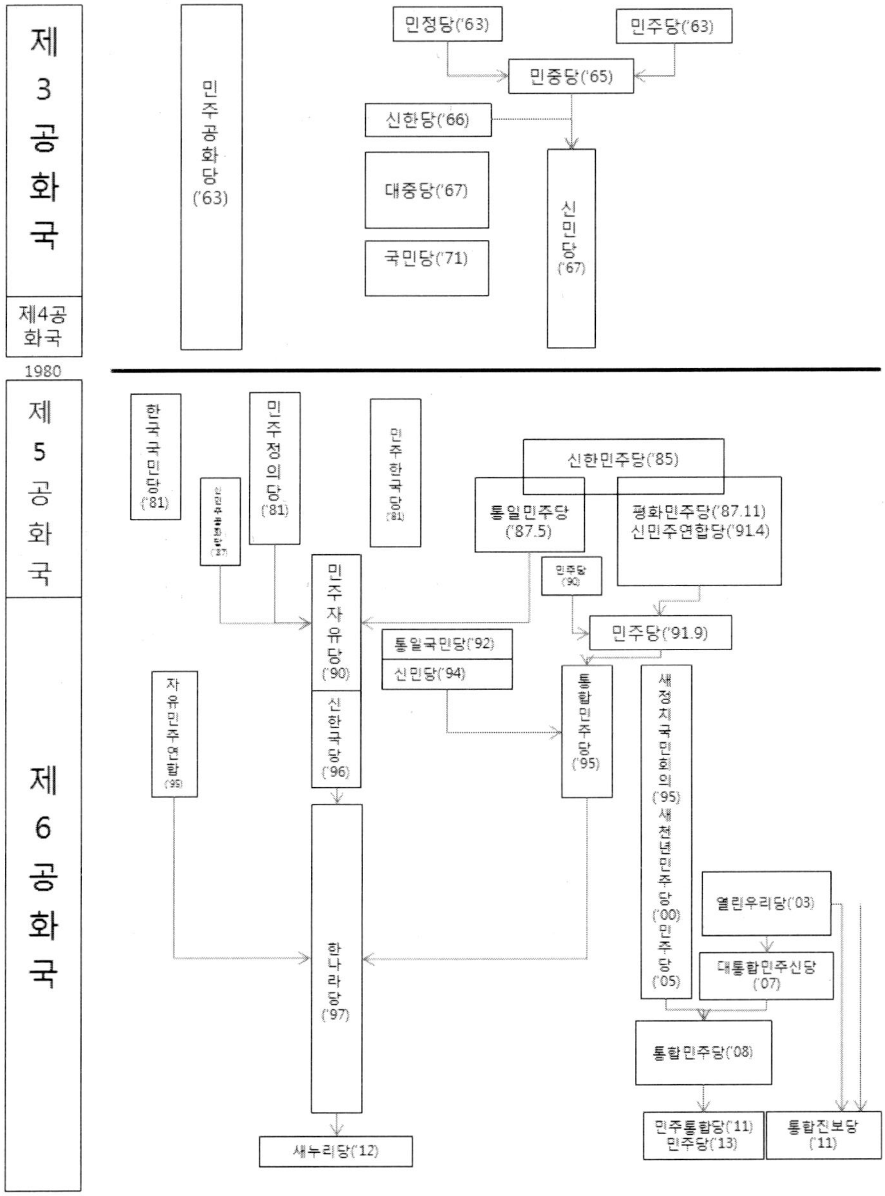

자료: 중앙선거관리위원회, 「대한민국선거사 제6집」, <부록 1>

이 시기 발생한 다양한 변화들의 근본 동력 중의 하나는 정치문화의 변동이라고 할 수 있다. 비록 이 연구에서 이러한 유권자의 정치문화의 변화를 본격적으로 다루지는 못했지만, 앞에서 살펴 본 대부분의 변화들이 유권자의 의식과 연결되어 있음은 분명하다. 예를 들어, 대통령 및 국회의원 선거제도가 점차 민주적이고 합리적인 방향으로 변화할 수 있었던 데에는 유권자의 향상된 의식 수준이 크게 작용하였다. 또한 이 시기 동안 선거의 공정성이 증가하고, 불법, 관권 선거가 과거에 비해 줄어들고 보다 자율적인 선거문화가 자리잡아 갈 수 있었던 것도 유권자의 정치문화가 점차 성숙되어 왔기 때문이다.

전반적으로 볼 때, 노태우, 김영삼 정부 시기의 선거는 한국 민주주의의 공고화에 기여한 것으로 평가할 수 있다. 비록 여러 가지 아쉬운 점과 부족한 점도 많았지만, 오랜 기간의 권위주의 시대를 끝내고 민주화의 과정에 무사히 진입하였다는 점, 헌법 개정을 통해 민주적인 정치제도의 틀을 마련하고 지속적인 선거제도 개혁과 선거법 개정을 통해 선거제도를 안정화했다는 점, 지방자치와 지방선거를 부활한 점, 그리고 비록 지나치게 잦은 이합집산에도 불구하고 정당정치가 어느 정도의 연속성을 유지해 온 점, 그리고 유권자의 정치문화가 성숙되어 가고 선거 결과에 대해 승복하는 문화가 정치엘리트 사이에서 점차 자리 잡아 갔던 점 등은 높이 평가할 수 있다.

물론 이러한 긍정적인 평가가 가능한 것은 이후 시기, 즉 김대중 정부 이후 시기에도 한국의 민주화가 지속적으로 진행되어 왔기 때문이다. 민주주의가 하나의 긴 과정이라는 시각을 견지한다면, 노태우, 김영삼 정부 시기의 선거는 한국 민주주의 역사에 있어서 새로운 출발점에 해당하는 시기로서 그 이후 지속적으로 진행되어 온 한국 민주주의 발전의 토대를 마련했다고 평가할 수 있다.

참고문헌

강원택. 2003.『한국의 선거정치: 이념, 지역, 세대와 미디어』. 서울: 푸른길.

______. 2009. "한국 선거 정치의 변화 과정과 개혁 과제." 이정복 편,『21세기 한국 정치의 발전 방향』, 서울대학교 출판부, pp.445~466.

______. 2010.『한국 선거정치의 변화와 지속: 이념, 이슈, 캠페인과 투표참여』. 서울: 나남.

강정구. 1993. "5·10선거와 5·30선거의 비교연구."『한국과 국제정치』. Vol. 9. No. 1

공보부. 1962.『헌법 개정과 국민투표』. 공보부.

국회사무처. 2008.『대한민국국회 60년사』. 국회사무처.

길승흠. 1990. "한국에 있어서 정당정치와 정치문화: 한국의 정당과 정치".『한국논단』. 4월호.

김광웅 편. 1990.『한국의 선거정치학』. 서울: 나남.

김만흠. 1991. "한국의 정치균열에 관한 연구: 지역균열의 정치과정에 대한 구조적 접근". 서울대학교 박사학위논문.

김민하. 1994.『한국정당정치론』. 서울: 풀빛.

김영명. 1992.『한국현대정치사 －정치변동의 역학－』. 서울: 을유문화사.

김영태. 2002. "1인2표제의 제도적 효과와 정치적 영향: 독일, 뉴질랜드, 일본의 경험과 시사점." 진영재 편,『한국의 선거제도 1』, 서울: 한국사회과학데이터센터.

김용호. 2001.『한국 정당정치의 이해』. 나남.

______. 2001.『한국 정당정치의 이해』. 서울: 나남출판.

김 욱. 2002. "분권화시대의 선거제도 개혁방안." 진영재 편.『한국의 선거제도 1』. 서울: 한국사회과학데이터센터.

______. 2005.『정치참여와 탈물질주의』. 서울: 집문당.

______. 2006. "16대 대선에서 세대, 이념, 그리고 가치의 영향력." 어수영 편저,『한국의 선거 5』, 서울: 오름.

______. 2008. "선거: 선거제도와 투표행태." 한국정치학회 편,『정치학 이해의 길잡이: 정치과정』, 서울: 법문사.

김운태 외. 1993. 『한국정치론』(증보판). 서울: 박영사.

로드 헤이그, 마틴 해롭. 2007. 김계동 외 옮김. 『현대비교정치론』. 서울: 명인문화사.

모종린, 전용주. 2004. "후보경선제, 본선경쟁력 그리고 정당 민주화: 2002년 6、13 기초자치단체장선거를 중심으로." 『한국정치학회보』 38집 1호, 233~253.

문용직. 1992. "한국의 정당과 지역주의." 『한국과 국제정치』 제8권 1호.

박명호. 2007. "2006 지방선거의 공직후보자 선정과정에 대한 분석: 열린우리당과 한나라당을 중심으로." 『정치정보연구』 10집 2호, 79~95.

박찬욱 편. 2000. 『비례대표 선거제도』. 서울: 박영사.

박찬표. 2007. 『한국의 국가형성과 민주주의』. 후마니타스

서복경. 2003. "한국 정당체제의 기원과 변화에 관한 연구." 고려대학교 대학원 정치외교학과 박사학위 논문.

손호철. 1994. "분단 후 한국사회에서 '진보적' 투표 행태에 관한 연구: 1956년, 63년 대통령 선거를 중심으로." 『사회비평』 11호.

심지연. 1982. 『한국민주당연구1 －정치적 성장과정과 정치이념 및 관계자료－』. 서울: 풀빛.

______. 1990. "한국보수정당론." 『사상과 정책』. 제11호.

______. 2009. 『증보판 한국정당정치사: 위기와 통합의 정치』. 백산서당.

______. 김민전. 2006. 『한국 정치제도의 진화경로: 선거, 정당, 정치자금제도』. 백산서당.

안병만. 1985. 『한국선거론』. 서울: 다산출판사.

안순철. 1998. 『선거체계 비교: 제도적 효과와 정치적 영향』. 서울: 법문사.

어수영. 1999. "한국인의 가치변화와 지속성, 그리고 민주화." 『한국정치학회보』 33집 3호.

______. 2004. "가치변화와 민주주의 공고화: 1990~2001년간의 변화 비교연구." 『한국정치학회보』 38집 1호.

이갑윤. 1985. "제5공화국 국회의원선거의 분석과 전망." 『한국정치학회보』 제19집, 47~58.

______. 1992. "선거제도와 정당정치." 서강대학교 사회과학연구소. 『사회과학연구』 제1집.

______. 1998. 『한국의 선거와 지역주의』. 서울: 오름.

이남영 편. 1993. 『한국의 선거 Ⅰ』. 서울: 나남.

______. 1998. 『한국의 선거 Ⅱ』. 서울: 푸른길.

이은진·김석준 외. 1992.『한국의 정치와 선거문화』. 서울: 사회문화연구소.

이현우. 2006. "16대 대통령 선거에서 나타난 이슈와 후보자 전략." 어수영 편,『한국의 선거 V: 제16대 대통령 선거와 제17대 국회의원 선거』, 서울: 오름, pp. 39~73.

______. 2006. "지방선거를 통한 지방자치 평가: 대표성, 민주성, 자율성."『세계지역연구논총』 24집 3호, 219~245.

임혁백. 1997. "한국에서의 민주화과정 분석." 임혁백,『시장, 국가, 민주주의: 한국 민주화와 정치경제이론』, 서울: 나남.

장 훈. 2000. "민주공화당의 실패한 실험: 전통 앞에서 좌절한 민주공화당의 대중정당의 실험." 한국정치학회 한국정치사 기획학술회의 '박정희 시대의 한국: 국가, 시민사회, 동맹체제' 발표논문.

조진만. 최준영. 2006. "1인 2표 병립제의 도입과 유권자의 투표행태: 일관투표와 분할투표의 결정요인 분석."『한국정치학회보』 제40집 제1호, 71~90.

주용학. 2002. "지방선거에서의 기초단체장 정당공천제에 대한 연구."『한국지방자치학회보』 14권 1호, 43~69.

중앙선거관리위원회. 1973.『대한민국선거사 제1집』. 서울: 중앙선거관리위원회.

________________. 1981.『대한민국정당사 제2집』. 서울: 중앙선거관리위원회.

________________. 1983.『국회의원선거법 변천상황』. 서울: 중앙선거관리위원회.

________________. 1989.『대한민국선거사 제1집』(3판). 서울: 서광문화사.

________________. 1992.『국회의원 선거법령집』. 서울: 중앙선거관리위원회.

________________. 1992.『대한민국정당사 제3집』. 서울: 중앙선거관리위원회.

________________. 1992.『대한민국정당사 제1집』(3판). 서울: 영진사.

________________. 2000.『제16대 국회의원선거 총람』. 서울: 중앙선거관리위원회.

________________. 2002.『제3회 전국동시지방선거 총람』. 서울: 중앙선거관리위원회.

________________. 2009.『대한민국선거사 제4집』. 서울: 중앙선거관리위원회.

________________. 2009.『대한민국선거사 제5집』. 서울: 중앙선거관리위원회.

________________. 2009.『대한민국선거사 제6집』. 서울: 중앙선거관리위원회.

지병문, 김용철, 천성권, 지충남, 유경화. 2010.『현대한국의 정치: 전개과정과 동인』. 서울: 박영사.

진영재 편. 2002.『한국의 선거제도 1』. 서울: 한국사회과학데이터센터.

최장집. 2010.『민주화 이후의 민주주의』 개정 제2판. 후마니타스.

필립스 쉬블리. 2008. 김계동 외 옮김. 『정치학 개론: 권력과 선택』. 서울: 명인문화사.

한국선거학회 편. 2011. 『민주화 이후의 민주주의』. 서울: 오름.

한국정치연구회. 1989. 『한국정치론』. 서울: 백산서당.

호광석. 1996. 『한국 정당체계 분석: 제헌 국회부터 제14대 국회까지 한국 정당체계의 환경과 구조』. 서울: 들녘.

황아란. 1998. 『1998년 6·4 지방선거 분석』. 한국지방행정연구원 연구보고서.

Downs, Anthony. 1957. *An Economic Theory of Democracy*. New York: Harper & Row.

Duverger, Maurice. 1963. *Political Parties: Their Organization and Activities in the Modern State*. New York: Wiley.

Edelman, Murray. 1964. *The Symbolic Uses of Politics*. Urbana: Illinois University Press.

Farrell, D. 2001. *Electoral Systems: A Comparative Introduction*. London and New York: Palgrave.

Hague, Rod and Martin Harrop. 2001. *Comparative Government and Politics*. New York and London: Palgrave Macmillan.

Hermet, Guy. Richard Rose, Alain Rouquie, eds. 1978. *Elections without Choice*. London: MacMillan.

Inglehart, Ronald. 1977. *The Silent Revolution: Changing Values and Political Styles among Western Publics*. Princeton, NJ: Princeton University Press.

_______________. 1990. *Culture Shift in Advanced Industrial Society*. Princeton, NJ: Princeton University Press.

_______________. 1997. *Modernization and Postmodernization: Cultural, Economic, and Political Change in 43 Societies*. Princeton, NJ: Princeton University Press.

_______________. (ed.) 2003. *Human Values and Social Change: Findings from the Value Surveys*. Leiden, The Netherlands: Brill.

Katz, Richard. 1997. *Democracy and Elections*. Oxford: Oxford University Press.

Kim, Chong Lim. 1980. "Political Participation and Mobilized Voting." In Chong Lim Kim, ed., *Political Participation in Korea: Democracy, Mobilization and Stability*. Santa Barbara, CA: Clio Books.

Laakso, M. and R Taagepera. 1979. "Effective Number of Parties: A measure with Application to West Europe." *Comparative Political Studies* 12: 1, pp. 3－27

Lijphart, Arend. 1994. *Electoral Systems and Party Systems: A Study of Twenty Seven Democracies. 1945~1990.* Oxford: Oxford University Press.

_______. 1999. *Patterns of Democracy: Government Forms and Performance in Thirty Six Countries.* New Haven: Yale University Press.

Norris, Pippa. 2004. *Electoral Engineering: Voting Rules and Political Behavior.* Cambridge: Cambridge University Press.

Rokkan, S. 1970. *Citizens, Elections, Parties.* New York: McKay.

Shively, Phillips. 2008. *Power and Choice: An Introduction to Political Science.* 11th ed. New York: McGraw-Hill.

Shugart, M. and M. Wattenberg. 2000. *Mixed-Member Electoral Systems; The Best of Both Worlds.* Oxford and New York: Oxford University Press.

Taagepera, Rein and Matthew Soberg Shugart. 1989. *Seats and Votes: The Effects and Determinants of Electoral Systems.* New Haven: Yale University Press.

부 록

<부록 1> 노태우, 김영삼 정부 시기 주요 사건사 연표

해당 시기	일 자	사건사명	내 용	비 고
전두환 정부	1987.6.29	6.29선언	6월 항쟁에 대한 대응책으로 집권당 실력자였던 노태우가 발표한 선언	
	1987.10.29	제9차 개헌	6.29선언을 계기로 여야 합의하에 추진된 개헌. 제6공화국 헌법으로, 대통령 직선제 및 5년단임제를 주요 내용으로 함	
	1987.11.28	KAL858기 폭파 사건	13대 대통령 선거를 앞둔 민감한 시기에 발생한 북한의 KAL기 폭파 사건	
	1987.12.16	제13대 대통령선거	노태우 민정당 후보 당선	
노태우 정부	1988.2.25	노태우 정부 출범	제6공화국 출범	
	1988.4.26	제13대 국회의원선거	부활된 소선구제를 기반으로 실시. 여소야대 현상 발생	
	1988.7.7	7.7선언	노태우 대통령이 발표한 민족자존과 통일 번영을 위한 특별선언으로 북한, 중국, 소련 등에 대한 개방을 내용으로 함	
	1988.9.17	서울올림픽 개최	1988년 10월 2일까지 16일간 서울에서 개최된 제24회 올림픽	
	1888.11.	5공청산 청문회	5공비리, 광주민주화운동, 언론문제 등에 대한 청문회 실시	
	1989.3.25	문익환 목사 방북	전국민족민주운동연합(전민련) 고문 문익환 목사의 평양 비밀 방문 사건	

	1989.5.3	동의대 사태	부산 동의대생들과 경찰 간의 충돌로 대형 화재 발생. 경찰관 7명 사망, 학생과 경찰 11명 중상	
	1989.6.30	임수경 평양축전 참가	전대협 대표 임수경이 단신으로 평양 <제13차 세계청년학생축전>에 참가한 뒤 판문점을 통해 돌아온 사건	
	1989.9.11	한민족공동체 통일방안발표	노태우 대통령이 국회연설을 통해 발표한 통일방안	
	1990.1.22	3당합당 선언	당시 여당이었던 민주정의당이 야당이었던 통일민주당, 신민주공화당과 함께 합당하여 민주자유당 (민자당)이라는 거대여당을 탄생시킨 사건	
	1990.4.3	4.3보궐선거	대구 서갑구와 충북 진천, 음성 지역에서 국회의원 보궐선거 실시. 여권의 아성인 대구와 충북에서 여당인 민주자유당은 1석만을 간신히 건지며 패배	
	1991.3.26, 6.20	지방의회의원 선거	3.26일은 구시군(기초)의회의원 선거, 6.20일은 시도(광역)의회의원 선거 실시. 민자당 압승	
	1991.4.26	강경대 폭행 치사 사건	명지대생 강경대가 시위 도중 경찰사복체포조의 집단 구타로 숨진 사건	
	1991.6.3	정원식 총리 폭행 사건	한국외국어대에서 정원식 총리가 학생들에게 폭행당한 사건. 6.20일 광역의회의원 선거에서 민자당 압승의 결정적 요인으로 작용	
	1991.9.18	남북한 유엔동시가입	제46차 유엔총회에서 남북한이 별개의 의석으로 유엔 회원국으로 동시 가입한 사건	
	1991.12.13	남북화해와 불가침합의서	서울에서 열린 제5차 남북고위급회담에서 채택된 <남북 사이의 화해와 불가침 및 교류협력에 관한 합의서>	
	1992.3.24	제14대 국회의원선거	민자당 승리했으나, 과반수 의석 확보에 실패	

	1992.12.18	第14대 대통령선거	김영삼, 김대중, 정주영 후보 간 3파전으로, 김영삼 후보 승리	
김영삼 정부	1993.2.25	김영삼 정부 출범	문민정부 탄생	
	1993.8.7	대전 엑스포	충남 대전에서 열린 세계박람회	
	1994.10.21	성수대교 붕괴	서울 성수대교 붕괴로, 등굣길 여고생 등 32명 사망	
	1995.6.27	지방선거	4대 동시지방선거가 처음 실시. 민자당 참패	
	1995.11.16, 12.3	노태우, 전두환 구속	11월 16일 노태우 전 대통령이 거액 수뢰혐의로, 12월 3일에는 전두환 전 대통령이 반란주도 혐의로 각각 구속됨	
	1996.4.11	第15대 국회의원선거	여소야대 구도 재현	
	1996.12.12	OECD 가입	선진국 진입인 관문격인 경제협력개발기구(OECD)에 한국이 가입	
	1997.12.3	IMF 구제금융요청	경제 및 외환 위기 확산으로, 정부는 국제통화기금에 구제금융 신청	
	1997.12.18	第15대 대통령 선거	김대중 후보 당선	

<부록 2> 노태우, 김영삼 정부 시기 정당 연표

해당 시기	일 자	내 용	비 고
전두환 정부	1987.5.6	통일민주당 창당 (김영삼과 김대중 중심),	
	1987.11.11	신민주공화당 창당 (김종필 중심)	
	1987.11.12	평화민주당 창당 (통일민주당 탈당한 김대중 중심)	
노태우 정부	1988.3.11	민중의당 창당 (백기완 중심 진보정당) 1988년 4월 29일 정당법에 의해 등록 취소	
	1990.2.15	민주자유당 창당 (민주정의당, 통일민주당, 신민주공화당 3당합당)	
	1990.6.15	민주당 창당 (3당합당 반대세력들 중심)	
	1990.11.19	민중당 창당 1992년 3월 20일 정당법에 의해 등록 취소	
	1991.4.15	평화민주당이 신민주연합당으로 당명 변경	
	1991.9.16	민주당 창당 (과거 민주당과 신민주연합당이 합당)	
	1992.2.10	통일국민당 창당 (정주영 중심)	
	1992.10.	새한국당 창당 (이종찬 중심) 1995년 3월 민주당과 합당으로 소멸	
김영삼 정부	1994.7.8	신민당 창당 (통일국민당과 신정치개혁당 합당)	
	1995.4.13	자유민주연합 창당 (김종필 중심) 통합민주당 창당 (대통합민주신당+민주당)	
	1995.5.31	자유민주연합, 신민당과 합당하여 자유민주연합 신설 창당	
	1995.9.5	새정치국민회의 창당 (김대중 중심)	
	1995.12.21	통합민주당 창당 (새정치국민회의에 합류하지 않은 민주장 세력 중심)	
	1996.2.17	민주자유당이 신한국당으로 당명 변경	
	1997.10.10	국민신당 창당 (신한국당 탈당한 이인제 중심)	
	1997.11.24	한나라당 창당 (신한국당과 민주당 합당)	

<부록 3> 역대 한국의 주요선거와 정당

시기	주요 집권당	주요 야당	주요선거
제1공화국: (1945.8~)	대한독립촉성국민회 (1946.2~) ·자유당 (1951.12~1970.) 이승만	한국민주당(1945.9~)· 민주국민당(1949.2~)· 민주당(1955.9~1961.5); 진보당(1955.11~1958.9) 김구·이시영·신익희· 조병옥; 조봉암	초대대선***(1948.07, 이승만), 초대(제헌의회)총선(1948.05) 제2대 총선(1950.05) 제2대 대선(1952.08, 이승만), 제3대 총선(1954.05) 제3대 대선(1956.05, 이승만), 제4대 총선(1958.05) 제4대 대선(1960.03, 이승만),
제2공화국: (1960.4~)	민주당(1955.9~1961.5) 윤보선, 장면	자유당; 신민당 (1960.11~1961.5)	제5대 총선****(1960.07) 제4대 대선(1960.08, 윤보선),
제3공화국: 5.16 이후 (1961.5~)	민주공화당 (1963.2~1980.10) 박정희	민정당(1963.6~)· 민중당(1965.11~)· 신민당(1967.2~1980.10) 윤보선, 유진오	제5대 대선(1963.10, 박정희), 제6대 총선(1963.11) 제6대 대선(1967.05, 박정희), 제7대 총선(1967.06) 제7대 대선(1971.04, 박정희), 제8대 총선(1971.05)
제4공화국: 유신 시대 (1972.10~)	민주공화당 (1963.2~1980.10) 박정희	신민당 (1967.2~1980.10) 김대중, 김영삼, 유진산	제8대 대선*(1972.12, 박정희), 제9대 총선(1973.02) 제9대 대선*(1978.07, 박정희), 제10대 총선(1978.12) 제10대 대선*(1979.12, 최규하),
제5공화국: 전두환 정부 (1979.12~)	민정당 (1981.1~1990.2) 전두환	민주한국당 (1981.1~1988.4); 신한민주당 (1985.1~1988.4);	제11대 대선*(1980.08, 전두환), 제12대 대선**(1981.02, 전두환), 제11대 총선(1981.03), 제12대 총선(1985.02)
제6공화국: 노태우 정부 (1987~)	민정당 전두환·노태우	통일민주당(1987.4~1990.2), 평민당(1987. 11~1991.4), 신민주공화당(1987.11~1990.2) 김대중, 김영삼, 김종필	제13대 대선(1987.12, 노태우), 제13대 총선(1988.04)
김영삼 정부 3당합당 이후 (1990.2~)	민자당(1990.2~)·신한국당·한나라당 김영삼·이회창	평민당·신민주연합당· 국민회의; 자민련 김대중, 김종필	제14대 총선(1992.03) 제14대 대선(1992.12, 김영삼), 제15대 총선(1996.04) 제15대 대선(1997.12, 김대중),

김대중 정부 (1997.12~)	국민회의·민주당 김대중·노무현	한나라당; 자민련; 이회창, 김종필	제16대 총선(2000.04) 제16대 대선(2002.12, 노무현),
노무현 정부 (2002.12~)	민주당·열린우리당· 대통합민주신당 노무현·정동영	한나라당; 국민중심당; 민주당; 민주노동당 이회창·이명박·박근혜	제17대 총선(2004.04) 제17대 대선(2007.12, 이명박)
이명박 정부 (2007.12~)	한나라당·새누리당 이명박·박근혜	민주당·새정치민주연합; 자유선진당·선진통일당; 민주노동당·통합진보당; 진보신당·정의당 문재인, 안철수	제18대 총선(2008.04) 제19대 총선(2012.04) 제18대 대선(2012.12)

( ) 안의 수는 창당/소멸시기 혹은 선거개최시기, ( )안의 이름은 당선자, 하단의 인명은 중요정치인
* 통일주체국민회의선출; ** 대통령선거인단선출; *** 국회선출; **** 참의원; ·후계정당(정치인)
자료: 중앙선거관리위원회 역대선거정보

<부록 4> 의무투표제의 전 세계적 사용 현황 (2009년 기준)

국 가	시행년도	제재 유형	집행 강도	전체적 분류	최근 선거 평균 투표율
<유럽>					
벨기에	1893	1, 2, 4, 5	강	강성	90.9%
사이프러스	1960	1, 2	강	강성	91.0%
그리스	1929	1, 3	약	연성	75.7%
룩셈부르그	1919	1, 2	강	강성	87.4%
스위스	1903	2	강	강성	N/A
터키	1982	1, 2	약	연성	86.2%
<미주>					
아르헨티나	1912	1, 2, 4	약	연성	78.4%
볼리비아	1924	4	N/A		71.1%
브라질	1932	2	약	연성	80.4%
칠레	1925	1, 2, 3	약	연성	89.2%
코스타리카	1936	없음	집행 안됨	선언적	75.6%
도미니카 공화국	1966	없음	집행 안됨	선언적	65.8%
에콰도르	1929	2	약	연성	57.6%
엘살바도르	1950	N/A	N/A		N/A
과테말라	1965	없음	집행 안됨	선언적	43.6%
혼두라스	1894	없음	집행 안됨	선언적	68.4%
멕시코	1917	5	약	연성	57.8%
파나마	1928	N/A	N/A		N/A
파라과이	1967	2	집행 안됨	선언적	73.4%
페루	1931	2, 4	약	연성	81.7%
우루과이	1924	2, 4	강	강성	91.6%
베네수엘라	1958	없음	집행 안됨	선언적	N/A
<아시아태평양>					
호주	1924	1, 2	강	강성	95.5%
피지	1990	1, 2, 3	강	강성	82.1%
라오스	1989	N/A	N/A		N/A
나우루	1965	1, 2	강	강성	90.3%
싱가폴	1958	4	강	강성	95.3%
태국	1997	없음	집행 안됨	선언적	66.2%
<중동-아프리카>					
이집트	1956	1, 2, 3	집행 안됨	선언적	46.2%

주: 1) 제재 유형: 1=불참 이유 설명, 2=벌금, 3=구속, 4=시민권 혹은 투표권 박탈, 5=기타.
2) 최근 선거 투표율은 지난 두 차례의 의원 (양원제일 경우 하원) 선거에서의 등록 유권자 대비 평균 투표율이다.

자료: Birch(2007)를 기본으로 하여 Wikipedia와 IDEA 사이트 최신 자료 반영.

<부록 5> 대한민국 헌법

대한민국헌법

[시행 1988.2.25] [헌법 제10호, 1987.10.29, 전부개정]

경제·사회·문화의 모든 영역에 있어서 각인의 기회를 균등히 하고, 능력을 최고도로 발휘하게 하며, 자유와 권리에 따르는 책임과 의무를 완수하게 하여, 안으로는 국민생활의 균등한 향상을 기하고 밖으로는 항구적인 세계평화와 인류공영에 이바지함으로써 우리들과 우리들의 자손의 안전과 자유와 행복을 영원히 확보할 것을 다짐하면서 1948년 7월 12일에 제정되고 8차에 걸쳐 개정된 헌법을 이제 국회의 의결을 거쳐 국민투표에 의하여 개정한다.

제1장 총강

제1조 ① 대한민국은 민주공화국이다.
② 대한민국의 주권은 국민에게 있고, 모든 권력은 국민으로부터 나온다.

제2조 ① 대한민국의 국민이 되는 요건은 법률로 정한다.
② 국가는 법률이 정하는 바에 의하여 재외국민을 보호할 의무를 진다.

제3조 대한민국의 영토는 한반도와 그 부속도서로 한다.

제4조 대한민국은 통일을 지향하며, 자유민주적 기본질서에 입각한 평화적 통일 정책을 수립하고 이를 추진한다.

제5조 ① 대한민국은 국제평화의 유지에 노력하고 침략적 전쟁을 부인한다.
② 국군은 국가의 안전보장과 국토방위의 신성한 의무를 수행함을 사명으로 하며, 그 정치적 중립성은 준수된다.

제6조 ① 헌법에 의하여 체결·공포된 조약과 일반적으로 승인된 국제법규는 국내법과 같은 효력을 가진다.
② 외국인은 국제법과 조약이 정하는 바에 의하여 그 지위가 보장된다.

제7조 ① 공무원은 국민전체에 대한 봉사자이며, 국민에 대하여 책임을 진다.
② 공무원의 신분과 정치적 중립성은 법률이 정하는 바에 의하여 보장된다.

제8조 ① 정당의 설립은 자유이며, 복수정당제는 보장된다.
② 정당은 그 목적·조직과 활동이 민주적이어야 하며, 국민의 정치적 의사형성에 참여하는데 필요한 조직을 가져야 한다.

③ 정당은 법률이 정하는 바에 의하여 국가의 보호를 받으며, 국가는 법률이 정하는 바에 의하여 정당운영에 필요한 자금을 보조할 수 있다.

④ 정당의 목적이나 활동이 민주적 기본질서에 위배될 때에는 정부는 헌법재판소에 그 해산을 제소할 수 있고, 정당은 헌법재판소의 심판에 의하여 해산된다.

제9조 국가는 전통문화의 계승·발전과 민족문화의 창달에 노력하여야 한다.

제2장 국민의 권리와 의무

제10조 모든 국민은 인간으로서의 존엄과 가치를 가지며, 행복을 추구할 권리를 가진다. 국가는 개인이 가지는 불가침의 기본적 인권을 확인하고 이를 보장할 의무를 진다.

제11조 ① 모든 국민은 법 앞에 평등하다. 누구든지 성별·종교 또는 사회적 신분에 의하여 정치적·경제적·사회적·문화적 생활의 모든 영역에 있어서 차별을 받지 아니한다.

② 사회적 특수계급의 제도는 인정되지 아니하며, 어떠한 형태로도 이를 창설할 수 없다.

③ 훈장등의 영전은 이를 받은 자에게만 효력이 있고, 어떠한 특권도 이에 따르지 아니한다.

제12조 ① 모든 국민은 신체의 자유를 가진다. 누구든지 법률에 의하지 아니하고는 체포·구속·압수·수색 또는 심문을 받지 아니하며, 법률과 적법한 절차에 의하지 아니하고는 처벌·보안처분 또는 강제노역을 받지 아니한다.

② 모든 국민은 고문을 받지 아니하며, 형사상 자기에게 불리한 진술을 강요당하지 아니한다.

③ 체포·구속·압수 또는 수색을 할 때에는 적법한 절차에 따라 검사의 신청에 의하여 법관이 발부한 영장을 제시하여야 한다. 다만, 현행범인인 경우와 장기 3년 이상의 형에 해당하는 죄를 범하고 도피 또는 증거인멸의 염려가 있을 때에는 사후에 영장을 청구할 수 있다.

④ 누구든지 체포 또는 구속을 당한 때에는 즉시 변호인의 조력을 받을 권리를 가진다. 다만, 형사피고인이 스스로 변호인을 구할 수 없을 때에는 법률이 정하는 바에 의하여 국가가 변호인을 붙인다.

⑤ 누구든지 체포 또는 구속의 이유와 변호인의 조력을 받을 권리가 있음을 고지받지 아니하고는 체포 또는 구속을 당하지 아니한다. 체포 또는 구속을 당한

자의 가족등 법률이 정하는 자에게는 그 이유와 일시·장소가 지체없이 통지되어야 한다.

⑥ 누구든지 체포 또는 구속을 당한 때에는 적부의 심사를 법원에 청구할 권리를 가진다.

⑦ 피고인의 자백이 고문·폭행·협박·구속의 부당한 장기화 또는 기망 기타의 방법에 의하여 자의로 진술된 것이 아니라고 인정될 때 또는 정식재판에 있어서 피고인의 자백이 그에게 불리한 유일한 증거일 때에는 이를 유죄의 증거로 삼거나 이를 이유로 처벌할 수 없다.

제13조 ① 모든 국민은 행위시의 법률에 의하여 범죄를 구성하지 아니하는 행위로 소추되지 아니하며, 동일한 범죄에 대하여 거듭 처벌받지 아니한다.

② 모든 국민은 소급입법에 의하여 참정권의 제한을 받거나 재산권을 박탈당하지 아니한다.

③ 모든 국민은 자기의 행위가 아닌 친족의 행위로 인하여 불이익한 처우를 받지 아니한다.

제14조 모든 국민은 거주·이전의 자유를 가진다.

제15조 모든 국민은 직업선택의 자유를 가진다.

제16조 모든 국민은 주거의 자유를 침해받지 아니한다. 주거에 대한 압수나 수색을 할 때에는 검사의 신청에 의하여 법관이 발부한 영장을 제시하여야 한다.

제17조 모든 국민은 사생활의 비밀과 자유를 침해받지 아니한다.

제18조 모든 국민은 통신의 비밀을 침해받지 아니한다.

제19조 모든 국민은 양심의 자유를 가진다.

제20조 ① 모든 국민은 종교의 자유를 가진다.

② 국교는 인정되지 아니하며, 종교와 정치는 분리된다.

제21조 ① 모든 국민은 언론·출판의 자유와 집회·결사의 자유를 가진다.

② 언론·출판에 대한 허가나 검열과 집회·결사에 대한 허가는 인정되지 아니한다.

③ 통신·방송의 시설기준과 신문의 기능을 보장하기 위하여 필요한 사항은 법률로 정한다.

④ 언론·출판은 타인의 명예나 권리 또는 공중도덕이나 사회윤리를 침해하여서는 아니된다. 언론·출판이 타인의 명예나 권리를 침해한 때에는 피해자는 이에 대한 피해의 배상을 청구할 수 있다.

제22조 ① 모든 국민은 학문과 예술의 자유를 가진다.

② 저작자·발명가·과학기술자와 예술가의 권리는 법률로써 보호한다.

제23조 ① 모든 국민의 재산권은 보장된다. 그 내용과 한계는 법률로 정한다.

② 재산권의 행사는 공공복리에 적합하도록 하여야 한다.

③ 공공필요에 의한 재산권의 수용·사용 또는 제한 및 그에 대한 보상은 법률로써 하되, 정당한 보상을 지급하여야 한다.

제24조 모든 국민은 법률이 정하는 바에 의하여 선거권을 가진다.

제25조 모든 국민은 법률이 정하는 바에 의하여 공무담임권을 가진다.

제26조 ① 모든 국민은 법률이 정하는 바에 의하여 국가기관에 문서로 청원할 권리를 가진다.

② 국가는 청원에 대하여 심사할 의무를 진다.

제27조 ① 모든 국민은 헌법과 법률이 정한 법관에 의하여 법률에 의한 재판을 받을 권리를 가진다.

② 군인 또는 군무원이 아닌 국민은 대한민국의 영역안에서는 중대한 군사상 기밀·초병·초소·유독음식물공급·포로·군용물에 관한 죄중 법률이 정한 경우와 비상계엄이 선포된 경우를 제외하고는 군사법원의 재판을 받지 아니한다.

③ 모든 국민은 신속한 재판을 받을 권리를 가진다. 형사피고인은 상당한 이유가 없는 한 지체없이 공개재판을 받을 권리를 가진다.

④ 형사피고인은 유죄의 판결이 확정될 때까지는 무죄로 추정된다.

⑤ 형사피해자는 법률이 정하는 바에 의하여 당해 사건의 재판절차에서 진술할 수 있다.

제28조 형사피의자 또는 형사피고인으로서 구금되었던 자가 법률이 정하는 불기소처분을 받거나 무죄판결을 받은 때에는 법률이 정하는 바에 의하여 국가에 정당한 보상을 청구할 수 있다.

제29조 ① 공무원의 직무상 불법행위로 손해를 받은 국민은 법률이 정하는 바에 의하여 국가 또는 공공단체에 정당한 배상을 청구할 수 있다. 이 경우 공무원 자신의 책임은 면제되지 아니한다.

② 군인·군무원·경찰공무원 기타 법률이 정하는 자가 전투·훈련등 직무집행과 관련하여 받은 손해에 대하여는 법률이 정하는 보상외에 국가 또는 공공단체에 공무원의 직무상 불법행위로 인한 배상은 청구할 수 없다.

제30조 타인의 범죄행위로 인하여 생명·신체에 대한 피해를 받은 국민은 법률이 정하는 바에 의하여 국가로부터 구조를 받을 수 있다.

제31조 ① 모든 국민은 능력에 따라 균등하게 교육을 받을 권리를 가진다.

② 모든 국민은 그 보호하는 자녀에게 적어도 초등교육과 법률이 정하는 교육을 받게 할 의무를 진다.

③ 의무교육은 무상으로 한다.

④ 교육의 자주성·전문성·정치적 중립성 및 대학의 자율성은 법률이 정하는 바에 의하여 보장된다.

⑤ 국가는 평생교육을 진흥하여야 한다.

⑥ 학교교육 및 평생교육을 포함한 교육제도와 그 운영, 교육재정 및 교원의 지위에 관한 기본적인 사항은 법률로 정한다.

제32조 ① 모든 국민은 근로의 권리를 가진다. 국가는 사회적·경제적 방법으로 근로자의 고용의 증진과 적정임금의 보장에 노력하여야 하며, 법률이 정하는 바에 의하여 최저임금제를 시행하여야 한다.

② 모든 국민은 근로의 의무를 진다. 국가는 근로의 의무의 내용과 조건을 민주주의원칙에 따라 법률로 정한다.

③ 근로조건의 기준은 인간의 존엄성을 보장하도록 법률로 정한다.

④ 여자의 근로는 특별한 보호를 받으며, 고용·임금 및 근로조건에 있어서 부당한 차별을 받지 아니한다.

⑤ 연소자의 근로는 특별한 보호를 받는다.

⑥ 국가유공자·상이군경 및 전몰군경의 유가족은 법률이 정하는 바에 의하여 우선적으로 근로의 기회를 부여받는다.

제33조 ① 근로자는 근로조건의 향상을 위하여 자주적인 단결권·단체교섭권 및 단체행동권을 가진다.

② 공무원인 근로자는 법률이 정하는 자에 한하여 단결권·단체교섭권 및 단체행동권을 가진다.

③ 법률이 정하는 주요방위산업체에 종사하는 근로자의 단체행동권은 법률이 정하는 바에 의하여 이를 제한하거나 인정하지 아니할 수 있다.

제34조 ① 모든 국민은 인간다운 생활을 할 권리를 가진다.

② 국가는 사회보장·사회복지의 증진에 노력할 의무를 진다.

③ 국가는 여자의 복지와 권익의 향상을 위하여 노력하여야 한다.

④ 국가는 노인과 청소년의 복지향상을 위한 정책을 실시할 의무를 진다.

⑤ 신체장애자 및 질병·노령 기타의 사유로 생활능력이 없는 국민은 법률이 정하는 바에 의하여 국가의 보호를 받는다.

⑥ 국가는 재해를 예방하고 그 위험으로부터 국민을 보호하기 위하여 노력하여

야 한다.

제35조 ① 모든 국민은 건강하고 쾌적한 환경에서 생활할 권리를 가지며, 국가와 국민은 환경보전을 위하여 노력하여야 한다.

② 환경권의 내용과 행사에 관하여는 법률로 정한다.

③ 국가는 주택개발정책등을 통하여 모든 국민이 쾌적한 주거생활을 할 수 있도록 노력하여야 한다.

제36조 ① 혼인과 가족생활은 개인의 존엄과 양성의 평등을 기초로 성립되고 유지되어야 하며, 국가는 이를 보장한다.

② 국가는 모성의 보호를 위하여 노력하여야 한다.

③ 모든 국민은 보건에 관하여 국가의 보호를 받는다.

제37조 ① 국민의 자유와 권리는 헌법에 열거되지 아니한 이유로 경시되지 아니한다.

② 국민의 모든 자유와 권리는 국가안전보장·질서유지 또는 공공복리를 위하여 필요한 경우에 한하여 법률로써 제한할 수 있으며, 제한하는 경우에도 자유와 권리의 본질적인 내용을 침해할 수 없다.

제38조 모든 국민은 법률이 정하는 바에 의하여 납세의 의무를 진다.

제39조 ①모든 국민은 법률이 정하는 바에 의하여 국방의 의무를 진다.

②누구든지 병역의무의 이행으로 인하여 불이익한 처우를 받지 아니한다.

제3장 국회

제40조 입법권은 국회에 속한다.

제41조 ① 국회는 국민의 보통·평등·직접·비밀선거에 의하여 선출된 국회의원으로 구성한다.

② 국회의원의 수는 법률로 정하되, 200인 이상으로 한다.

③ 국회의원의 선거구와 비례대표제 기타 선거에 관한 사항은 법률로 정한다.

제42조 국회의원의 임기는 4년으로 한다.

제43조 국회의원은 법률이 정하는 직을 겸할 수 없다.

제44조 ① 국회의원은 현행범인인 경우를 제외하고는 회기중 국회의 동의없이 체포 또는 구금되지 아니한다.

② 국회의원이 회기전에 체포 또는 구금된 때에는 현행범인이 아닌 한 국회의 요구가 있으면 회기중 석방된다.

제45조 국회의원은 국회에서 직무상 행한 발언과 표결에 관하여 국회외에서 책임

을 지지 아니한다.

제46조 ① 국회의원은 청렴의 의무가 있다.

② 국회의원은 국가이익을 우선하여 양심에 따라 직무를 행한다.

③ 국회의원은 그 지위를 남용하여 국가·공공단체 또는 기업체와의 계약이나 그 처분에 의하여 재산상의 권리·이익 또는 직위를 취득하거나 타인을 위하여 그 취득을 알선할 수 없다.

제47조 ① 국회의 정기회는 법률이 정하는 바에 의하여 매년 1회 집회되며, 국회의 임시회는 대통령 또는 국회재적의원 4분의 1 이상의 요구에 의하여 집회된다.

② 정기회의 회기는 100일을, 임시회의 회기는 30일을 초과할 수 없다.

③ 대통령이 임시회의 집회를 요구할 때에는 기간과 집회요구의 이유를 명시하여야 한다.

제48조 국회는 의장 1인과 부의장 2인을 선출한다.

제49조 국회는 헌법 또는 법률에 특별한 규정이 없는 한 재적의원 과반수의 출석과 출석의원 과반수의 찬성으로 의결한다. 가부동수인 때에는 부결된 것으로 본다.

제50조 ① 국회의 회의는 공개한다. 다만, 출석의원 과반수의 찬성이 있거나 의장이 국가의 안전보장을 위하여 필요하다고 인정할 때에는 공개하지 아니할 수 있다.

② 공개하지 아니한 회의내용의 공표에 관하여는 법률이 정하는 바에 의한다.

제51조 국회에 제출된 법률안 기타의 의안은 회기중에 의결되지 못한 이유로 폐기되지 아니한다. 다만, 국회의원의 임기가 만료된 때에는 그러하지 아니하다.

제52조 국회의원과 정부는 법률안을 제출할 수 있다.

제53조 ① 국회에서 의결된 법률안은 정부에 이송되어 15일 이내에 대통령이 공포한다.

② 법률안에 이의가 있을 때에는 대통령은 제1항의 기간내에 이의서를 붙여 국회로 환부하고, 그 재의를 요구할 수 있다. 국회의 폐회중에도 또한 같다.

③ 대통령은 법률안의 일부에 대하여 또는 법률안을 수정하여 재의를 요구할 수 없다.

④ 재의의 요구가 있을 때에는 국회는 재의에 붙이고, 재적의원과반수의 출석과 출석의원 3분의 2 이상의 찬성으로 전과 같은 의결을 하면 그 법률안은 법률로서 확정된다.

⑤ 대통령이 제1항의 기간내에 공포나 재의의 요구를 하지 아니한 때에도 그 법률안은 법률로서 확정된다.

⑥ 대통령은 제4항과 제5항의 규정에 의하여 확정된 법률을 지체없이 공포하여야 한다. 제5항에 의하여 법률이 확정된 후 또는 제4항에 의한 확정법률이 정부에 이송된 후 5일 이내에 대통령이 공포하지 아니할 때에는 국회의장이 이를 공포한다.

⑦ 법률은 특별한 규정이 없는 한 공포한 날로부터 20일을 경과함으로써 효력을 발생한다.

제54조 ① 국회는 국가의 예산안을 심의·확정한다.

② 정부는 회계연도마다 예산안을 편성하여 회계연도 개시 90일전까지 국회에 제출하고, 국회는 회계연도 개시 30일전까지 이를 의결하여야 한다.

③ 새로운 회계연도가 개시될 때까지 예산안이 의결되지 못한 때에는 정부는 국회에서 예산안이 의결될 때까지 다음의 목적을 위한 경비는 전년도 예산에 준하여 집행할 수 있다.

1. 헌법이나 법률에 의하여 설치된 기관 또는 시설의 유지·운영
2. 법률상 지출의무의 이행
3. 이미 예산으로 승인된 사업의 계속

제55조 ① 한 회계연도를 넘어 계속하여 지출할 필요가 있을 때에는 정부는 연한을 정하여 계속비로서 국회의 의결을 얻어야 한다.

② 예비비는 총액으로 국회의 의결을 얻어야 한다. 예비비의 지출은 차기국회의 승인을 얻어야 한다.

제56조 정부는 예산에 변경을 가할 필요가 있을 때에는 추가경정예산안을 편성하여 국회에 제출할 수 있다.

제57조 국회는 정부의 동의없이 정부가 제출한 지출예산 각항의 금액을 증가하거나 새 비목을 설치할 수 없다.

제58조 국채를 모집하거나 예산외에 국가의 부담이 될 계약을 체결하려 할 때에는 정부는 미리 국회의 의결을 얻어야 한다.

제59조 조세의 종목과 세율은 법률로 정한다.

제60조 ① 국회는 상호원조 또는 안전보장에 관한 조약, 중요한 국제조직에 관한 조약, 우호통상항해조약, 주권의 제약에 관한 조약, 강화조약, 국가나 국민에게 중대한 재정적 부담을 지우는 조약 또는 입법사항에 관한 조약의 체결·비준에 대한 동의권을 가진다.

② 국회는 선전포고, 국군의 외국에의 파견 또는 외국군대의 대한민국 영역안에서의 주류에 대한 동의권을 가진다.

제61조 ① 국회는 국정을 감사하거나 특정한 국정사안에 대하여 조사할 수 있으며, 이에 필요한 서류의 제출 또는 증인의 출석과 증언이나 의견의 진술을 요구할 수 있다.

② 국정감사 및 조사에 관한 절차 기타 필요한 사항은 법률로 정한다.

제62조 ① 국무총리·국무위원 또는 정부위원은 국회나 그 위원회에 출석하여 국정처리상황을 보고하거나 의견을 진술하고 질문에 응답할 수 있다.

② 국회나 그 위원회의 요구가 있을 때에는 국무총리·국무위원 또는 정부위원은 출석·답변하여야 하며, 국무총리 또는 국무위원이 출석요구를 받은 때에는 국무위원 또는 정부위원으로 하여금 출석·답변하게 할 수 있다.

제63조 ① 국회는 국무총리 또는 국무위원의 해임을 대통령에게 건의할 수 있다.

② 제1항의 해임건의는 국회재적의원 3분의 1 이상의 발의에 의하여 국회재적의원 과반수의 찬성이 있어야 한다.

제64조 ① 국회는 법률에 저촉되지 아니하는 범위안에서 의사와 내부규율에 관한 규칙을 제정할 수 있다.

② 국회는 의원의 자격을 심사하며, 의원을 징계할 수 있다.

③ 의원을 제명하려면 국회재적의원 3분의 2 이상의 찬성이 있어야 한다.

④ 제2항과 제3항의 처분에 대하여는 법원에 제소할 수 없다.

제65조 ① 대통령·국무총리·국무위원·행정각부의 장·헌법재판소 재판관·법관·중앙선거관리위원회 위원·감사원장·감사위원 기타 법률이 정한 공무원이 그 직무집행에 있어서 헌법이나 법률을 위배한 때에는 국회는 탄핵의 소추를 의결할 수 있다.

② 제1항의 탄핵소추는 국회재적의원 3분의 1 이상의 발의가 있어야 하며, 그 의결은 국회재적의원 과반수의 찬성이 있어야 한다. 다만, 대통령에 대한 탄핵소추는 국회재적의원 과반수의 발의와 국회재적의원 3분의 2 이상의 찬성이 있어야 한다.

③ 탄핵소추의 의결을 받은 자는 탄핵심판이 있을 때까지 그 권한행사가 정지된다.

④ 탄핵결정은 공직으로부터 파면함에 그친다. 그러나, 이에 의하여 민사상이나 형사상의 책임이 면제되지는 아니한다.

제4장 정부

제1절 대통령

제66조 ① 대통령은 국가의 원수이며, 외국에 대하여 국가를 대표한다.

② 대통령은 국가의 독립·영토의 보전·국가의 계속성과 헌법을 수호할 책무를 진다.

③ 대통령은 조국의 평화적 통일을 위한 성실한 의무를 진다.

④ 행정권은 대통령을 수반으로 하는 정부에 속한다.

제67조 ① 대통령은 국민의 보통·평등·직접·비밀선거에 의하여 선출한다.

② 제1항의 선거에 있어서 최고득표자가 2인 이상인 때에는 국회의 재적의원 과반수가 출석한 공개회의에서 다수표를 얻은 자를 당선자로 한다.

③ 대통령후보자가 1인일 때에는 그 득표수가 선거권자 총수의 3분의 1 이상이 아니면 대통령으로 당선될 수 없다.

④ 대통령으로 선거될 수 있는 자는 국회의원의 피선거권이 있고 선거일 현재 40세에 달하여야 한다.

⑤ 대통령의 선거에 관한 사항은 법률로 정한다.

제68조 ① 대통령의 임기가 만료되는 때에는 임기만료 70일 내지 40일전에 후임자를 선거한다.

② 대통령이 궐위된 때 또는 대통령 당선자가 사망하거나 판결 기타의 사유로 그 자격을 상실한 때에는 60일 이내에 후임자를 선거한다.

제69조 대통령은 취임에 즈음하여 다음의 선서를 한다.

"나는 헌법을 준수하고 국가를 보위하며 조국의 평화적 통일과 국민의 자유와 복리의 증진 및 민족문화의 창달에 노력하여 대통령으로서의 직책을 성실히 수행할 것을 국민 앞에 엄숙히 선서합니다."

제70조 대통령의 임기는 5년으로 하며, 중임할 수 없다.

제71조 대통령이 궐위되거나 사고로 인하여 직무를 수행할 수 없을 때에는 국무총리, 법률이 정한 국무위원의 순서로 그 권한을 대행한다.

제72조 대통령은 필요하다고 인정할 때에는 외교·국방·통일 기타 국가안위에 관한 중요정책을 국민투표에 붙일 수 있다.

제73조 대통령은 조약을 체결·비준하고, 외교사절을 신임·접수 또는 파견하며, 선전포고와 강화를 한다.

제74조 ① 대통령은 헌법과 법률이 정하는 바에 의하여 국군을 통수한다.

② 국군의 조직과 편성은 법률로 정한다.

제75조 대통령은 법률에서 구체적으로 범위를 정하여 위임받은 사항과 법률을 집행하기 위하여 필요한 사항에 관하여 대통령령을 발할 수 있다.

제76조 ① 대통령은 내우·외환·천재·지변 또는 중대한 재정·경제상의 위기에 있어서 국가의 안전보장 또는 공공의 안녕질서를 유지하기 위하여 긴급한 조치가 필요하고 국회의 집회를 기다릴 여유가 없을 때에 한하여 최소한으로 필요한 재정·경제상의 처분을 하거나 이에 관하여 법률의 효력을 가지는 명령을 발할 수 있다.

② 대통령은 국가의 안위에 관계되는 중대한 교전상태에 있어서 국가를 보위하기 위하여 긴급한 조치가 필요하고 국회의 집회가 불가능한 때에 한하여 법률의 효력을 가지는 명령을 발할 수 있다.

③ 대통령은 제1항과 제2항의 처분 또는 명령을 한 때에는 지체없이 국회에 보고하여 그 승인을 얻어야 한다.

④ 제3항의 승인을 얻지 못한 때에는 그 처분 또는 명령은 그때부터 효력을 상실한다. 이 경우 그 명령에 의하여 개정 또는 폐지되었던 법률은 그 명령이 승인을 얻지 못한 때부터 당연히 효력을 회복한다.

⑤ 대통령은 제3항과 제4항의 사유를 지체없이 공포하여야 한다.

제77조 ① 대통령은 전시·사변 또는 이에 준하는 국가비상사태에 있어서 병력으로써 군사상의 필요에 응하거나 공공의 안녕질서를 유지할 필요가 있을 때에는 법률이 정하는 바에 의하여 계엄을 선포할 수 있다.

② 계엄은 비상계엄과 경비계엄으로 한다.

③ 비상계엄이 선포된 때에는 법률이 정하는 바에 의하여 영장제도, 언론·출판·집회·결사의 자유, 정부나 법원의 권한에 관하여 특별한 조치를 할 수 있다.

④ 계엄을 선포한 때에는 대통령은 지체없이 국회에 통고하여야 한다.

⑤ 국회가 재적의원 과반수의 찬성으로 계엄의 해제를 요구한 때에는 대통령은 이를 해제하여야 한다.

제78조 대통령은 헌법과 법률이 정하는 바에 의하여 공무원을 임면한다.

제79조 ① 대통령은 법률이 정하는 바에 의하여 사면·감형 또는 복권을 명할 수 있다.

② 일반사면을 명하려면 국회의 동의를 얻어야 한다.

③ 사면·감형 및 복권에 관한 사항은 법률로 정한다.

제80조 대통령은 법률이 정하는 바에 의하여 훈장 기타의 영전을 수여한다.

제81조 대통령은 국회에 출석하여 발언하거나 서한으로 의견을 표시할 수 있다.

제82조 대통령의 국법상 행위는 문서로써 하며, 이 문서에는 국무총리와 관계 국무위원이 부서한다. 군사에 관한 것도 또한 같다.

제83조 대통령은 국무총리·국무위원·행정각부의 장 기타 법률이 정하는 공사의 직을 겸할 수 없다.

제84조 대통령은 내란 또는 외환의 죄를 범한 경우를 제외하고는 재직중 형사상의 소추를 받지 아니한다.

제85조 전직대통령의 신분과 예우에 관하여는 법률로 정한다.

제2절 행정부

제1관 국무총리와 국무위원

제86조 ① 국무총리는 국회의 동의를 얻어 대통령이 임명한다.

② 국무총리는 대통령을 보좌하며, 행정에 관하여 대통령의 명을 받아 행정각부를 통할한다.

③ 군인은 현역을 면한 후가 아니면 국무총리로 임명될 수 없다.

제87조 ① 국무위원은 국무총리의 제청으로 대통령이 임명한다.

② 국무위원은 국정에 관하여 대통령을 보좌하며, 국무회의의 구성원으로서 국정을 심의한다.

③ 국무총리는 국무위원의 해임을 대통령에게 건의할 수 있다.

④ 군인은 현역을 면한 후가 아니면 국무위원으로 임명될 수 없다.

제2관 국무회의

제88조 ① 국무회의는 정부의 권한에 속하는 중요한 정책을 심의한다.

② 국무회의는 대통령·국무총리와 15인 이상 30인 이하의 국무위원으로 구성한다.

③ 대통령은 국무회의의 의장이 되고, 국무총리는 부의장이 된다.

제89조 다음 사항은 국무회의의 심의를 거쳐야 한다.

1. 국정의 기본계획과 정부의 일반정책
2. 선전·강화 기타 중요한 대외정책
3. 헌법개정안·국민투표안·조약안·법률안 및 대통령령안
4. 예산안·결산·국유재산처분의 기본계획·국가의 부담이 될 계약 기타 재정에 관한 중요사항

5. 대통령의 긴급명령·긴급재정경제처분 및 명령 또는 계엄과 그 해제
6. 군사에 관한 중요사항
7. 국회의 임시회 집회의 요구
8. 영전수여
9. 사면·감형과 복권
10. 행정각부간의 권한의 획정
11. 정부안의 권한의 위임 또는 배정에 관한 기본계획
12. 국정처리상황의 평가·분석
13. 행정각부의 중요한 정책의 수립과 조정
14. 정당해산의 제소
15. 정부에 제출 또는 회부된 정부의 정책에 관계되는 청원의 심사
16. 검찰총장·합동참모의장·각군참모총장·국립대학교총장·대사 기타 법률이 정한 공무원과 국영기업체관리자의 임명
17. 기타 대통령·국무총리 또는 국무위원이 제출한 사항

제90조 ① 국정의 중요한 사항에 관한 대통령의 자문에 응하기 위하여 국가원로로 구성되는 국가원로자문회의를 둘 수 있다.

② 국가원로자문회의의 의장은 직전대통령이 된다. 다만, 직전대통령이 없을 때에는 대통령이 지명한다.

③ 국가원로자문회의의 조직·직무범위 기타 필요한 사항은 법률로 정한다.

제91조 ① 국가안전보장에 관련되는 대외정책·군사정책과 국내정책의 수립에 관하여 국무회의의 심의에 앞서 대통령의 자문에 응하기 위하여 국가안전보장회의를 둔다.

② 국가안전보장회의는 대통령이 주재한다.

③ 국가안전보장회의의 조직·직무범위 기타 필요한 사항은 법률로 정한다.

제92조 ① 평화통일정책의 수립에 관한 대통령의 자문에 응하기 위하여 민주평화통일자문회의를 둘 수 있다.

② 민주평화통일자문회의의 조직·직무범위 기타 필요한 사항은 법률로 정한다.

제93조 ① 국민경제의 발전을 위한 중요정책의 수립에 관하여 대통령의 자문에 응하기 위하여 국민경제자문회의를 둘 수 있다.

② 국민경제자문회의의 조직·직무범위 기타 필요한 사항은 법률로 정한다.

제3관 행정각부

제94조 행정각부의 장은 국무위원 중에서 국무총리의 제청으로 대통령이 임명한다.

제95조 국무총리 또는 행정각부의 장은 소관사무에 관하여 법률이나 대통령령의 위임 또는 직권으로 총리령 또는 부령을 발할 수 있다.

제96조 행정각부의 설치·조직과 직무범위는 법률로 정한다.

제4관 감사원

제97조 국가의 세입·세출의 결산, 국가 및 법률이 정한 단체의 회계검사와 행정기관 및 공무원의 직무에 관한 감찰을 하기 위하여 대통령 소속하에 감사원을 둔다.

제98조 ① 감사원은 원장을 포함한 5인 이상 11인 이하의 감사위원으로 구성한다.

② 원장은 국회의 동의를 얻어 대통령이 임명하고, 그 임기는 4년으로 하며, 1차에 한하여 중임할 수 있다.

③ 감사위원은 원장의 제청으로 대통령이 임명하고, 그 임기는 4년으로 하며, 1차에 한하여 중임할 수 있다.

제99조 감사원은 세입·세출의 결산을 매년 검사하여 대통령과 차년도국회에 그 결과를 보고하여야 한다.

제100조 감사원의 조직·직무범위·감사위원의 자격·감사대상공무원의 범위 기타 필요한 사항은 법률로 정한다.

제5장 법원

제101조 ① 사법권은 법관으로 구성된 법원에 속한다.

② 법원은 최고법원인 대법원과 각급법원으로 조직된다.

③ 법관의 자격은 법률로 정한다.

제102조 ① 대법원에 부를 둘 수 있다.

② 대법원에 대법관을 둔다. 다만, 법률이 정하는 바에 의하여 대법관이 아닌 법관을 둘 수 있다.

③ 대법원과 각급법원의 조직은 법률로 정한다.

제103조 법관은 헌법과 법률에 의하여 그 양심에 따라 독립하여 심판한다.

제104조 ① 대법원장은 국회의 동의를 얻어 대통령이 임명한다.

② 대법관은 대법원장의 제청으로 국회의 동의를 얻어 대통령이 임명한다.

③ 대법원장과 대법관이 아닌 법관은 대법관회의의 동의를 얻어 대법원장이 임명한다.

제105조 ① 대법원장의 임기는 6년으로 하며, 중임할 수 없다.

② 대법관의 임기는 6년으로 하며, 법률이 정하는 바에 의하여 연임할 수 있다.

③ 대법원장과 대법관이 아닌 법관의 임기는 10년으로 하며, 법률이 정하는 바에 의하여 연임할 수 있다.

④ 법관의 정년은 법률로 정한다.

제106조 ① 법관은 탄핵 또는 금고 이상의 형의 선고에 의하지 아니하고는 파면되지 아니하며, 징계처분에 의하지 아니하고는 정직·감봉 기타 불리한 처분을 받지 아니한다.

② 법관이 중대한 심신상의 장해로 직무를 수행할 수 없을 때에는 법률이 정하는 바에 의하여 퇴직하게 할 수 있다.

제107조 ① 법률이 헌법에 위반되는 여부가 재판의 전제가 된 경우에는 법원은 헌법재판소에 제청하여 그 심판에 의하여 재판한다.

② 명령·규칙 또는 처분이 헌법이나 법률에 위반되는 여부가 재판의 전제가 된 경우에는 대법원은 이를 최종적으로 심사할 권한을 가진다.

③ 재판의 전심절차로서 행정심판을 할 수 있다. 행정심판의 절차는 법률로 정하되, 사법절차가 준용되어야 한다.

제108조 대법원은 법률에 저촉되지 아니하는 범위안에서 소송에 관한 절차, 법원의 내부규율과 사무처리에 관한 규칙을 제정할 수 있다.

제109조 재판의 심리와 판결은 공개한다. 다만, 심리는 국가의 안전보장 또는 안녕질서를 방해하거나 선량한 풍속을 해할 염려가 있을 때에는 법원의 결정으로 공개하지 아니할 수 있다.

제110조 ① 군사재판을 관할하기 위하여 특별법원으로서 군사법원을 둘 수 있다.

② 군사법원의 상고심은 대법원에서 관할한다.

③ 군사법원의 조직·권한 및 재판관의 자격은 법률로 정한다.

④ 비상계엄하의 군사재판은 군인·군무원의 범죄나 군사에 관한 간첩죄의 경우와 초병·초소·유독음식물공급·포로에 관한 죄중 법률이 정한 경우에 한하여 단심으로 할 수 있다. 다만, 사형을 선고한 경우에는 그러하지 아니하다.

제6장 헌법재판소

제111조 ① 헌법재판소는 다음 사항을 관장한다.

1. 법원의 제청에 의한 법률의 위헌여부 심판
2. 탄핵의 심판
3. 정당의 해산 심판
4. 국가기관 상호간, 국가기관과 지방자치단체간 및 지방자치단체 상호간의 권한쟁의에 관한 심판
5. 법률이 정하는 헌법소원에 관한 심판

② 헌법재판소는 법관의 자격을 가진 9인의 재판관으로 구성하며, 재판관은 대통령이 임명한다.

③ 제2항의 재판관중 3인은 국회에서 선출하는 자를, 3인은 대법원장이 지명하는 자를 임명한다.

④ 헌법재판소의 장은 국회의 동의를 얻어 재판관중에서 대통령이 임명한다.

제112조 ① 헌법재판소 재판관의 임기는 6년으로 하며, 법률이 정하는 바에 의하여 연임할 수 있다.

② 헌법재판소 재판관은 정당에 가입하거나 정치에 관여할 수 없다.

③ 헌법재판소 재판관은 탄핵 또는 금고 이상의 형의 선고에 의하지 아니하고는 파면되지 아니한다.

제113조 ① 헌법재판소에서 법률의 위헌결정, 탄핵의 결정, 정당해산의 결정 또는 헌법소원에 관한 인용결정을 할 때에는 재판관 6인 이상의 찬성이 있어야 한다.

② 헌법재판소는 법률에 저촉되지 아니하는 범위안에서 심판에 관한 절차, 내부규율과 사무처리에 관한 규칙을 제정할 수 있다.

③ 헌법재판소의 조직과 운영 기타 필요한 사항은 법률로 정한다.

제7장 선거관리

제114조 ① 선거와 국민투표의 공정한 관리 및 정당에 관한 사무를 처리하기 위하여 선거관리위원회를 둔다.

② 중앙선거관리위원회는 대통령이 임명하는 3인, 국회에서 선출하는 3인과 대법원장이 지명하는 3인의 위원으로 구성한다. 위원장은 위원중에서 호선한다.

③ 위원의 임기는 6년으로 한다.

④ 위원은 정당에 가입하거나 정치에 관여할 수 없다.

⑤ 위원은 탄핵 또는 금고 이상의 형의 선고에 의하지 아니하고는 파면되지 아니한다.

⑥ 중앙선거관리위원회는 법령의 범위안에서 선거관리·국민투표관리 또는 정당사무에 관한 규칙을 제정할 수 있으며, 법률에 저촉되지 아니하는 범위안에서 내부규율에 관한 규칙을 제정할 수 있다.

⑦ 각급 선거관리위원회의 조직·직무범위 기타 필요한 사항은 법률로 정한다.

제115조 ① 각급 선거관리위원회는 선거인명부의 작성등 선거사무와 국민투표사무에 관하여 관계 행정기관에 필요한 지시를 할 수 있다.

② 제1항의 지시를 받은 당해 행정기관은 이에 응하여야 한다.

제116조 ① 선거운동은 각급 선거관리위원회의 관리하에 법률이 정하는 범위안에서 하되, 균등한 기회가 보장되어야 한다.

② 선거에 관한 경비는 법률이 정하는 경우를 제외하고는 정당 또는 후보자에게 부담시킬 수 없다.

제8장 지방자치

제117조 ① 지방자치단체는 주민의 복리에 관한 사무를 처리하고 재산을 관리하며, 법령의 범위안에서 자치에 관한 규정을 제정할 수 있다.

② 지방자치단체의 종류는 법률로 정한다.

제118조 ① 지방자치단체에 의회를 둔다.

② 지방의회의 조직·권한·의원선거와 지방자치단체의 장의 선임방법 기타 지방자치단체의 조직과 운영에 관한 사항은 법률로 정한다.

제9장 경제

제119조 ① 대한민국의 경제질서는 개인과 기업의 경제상의 자유와 창의를 존중함을 기본으로 한다.

② 국가는 균형있는 국민경제의 성장 및 안정과 적정한 소득의 분배를 유지하고, 시장의 지배와 경제력의 남용을 방지하며, 경제주체간의 조화를 통한 경제의 민주화를 위하여 경제에 관한 규제와 조정을 할 수 있다.

제120조 ① 광물 기타 중요한 지하자원·수산자원·수력과 경제상 이용할 수 있는

자연력은 법률이 정하는 바에 의하여 일정한 기간 그 채취·개발 또는 이용을 특허할 수 있다.

② 국토와 자원은 국가의 보호를 받으며, 국가는 그 균형있는 개발과 이용을 위하여 필요한 계획을 수립한다.

제121조 ① 국가는 농지에 관하여 경자유전의 원칙이 달성될 수 있도록 노력하여야 하며, 농지의 소작제도는 금지된다.

② 농업생산성의 제고와 농지의 합리적인 이용을 위하거나 불가피한 사정으로 발생하는 농지의 임대차와 위탁경영은 법률이 정하는 바에 의하여 인정된다.

제122조 국가는 국민 모두의 생산 및 생활의 기반이 되는 국토의 효율적이고 균형있는 이용·개발과 보전을 위하여 법률이 정하는 바에 의하여 그에 관한 필요한 제한과 의무를 과할 수 있다.

제123조 ① 국가는 농업 및 어업을 보호·육성하기 위하여 농·어촌종합개발과 그 지원등 필요한 계획을 수립·시행하여야 한다.

② 국가는 지역간의 균형있는 발전을 위하여 지역경제를 육성할 의무를 진다.

③ 국가는 중소기업을 보호·육성하여야 한다.

④ 국가는 농수산물의 수급균형과 유통구조의 개선에 노력하여 가격안정을 도모함으로써 농·어민의 이익을 보호한다.

⑤ 국가는 농·어민과 중소기업의 자조조직을 육성하여야 하며, 그 자율적 활동과 발전을 보장한다.

제124조 국가는 건전한 소비행위를 계도하고 생산품의 품질향상을 촉구하기 위한 소비자보호운동을 법률이 정하는 바에 의하여 보장한다.

제125조 국가는 대외무역을 육성하며, 이를 규제·조정할 수 있다.

제126조 국방상 또는 국민경제상 긴절한 필요로 인하여 법률이 정하는 경우를 제외하고는, 사영기업을 국유 또는 공유로 이전하거나 그 경영을 통제 또는 관리할 수 없다.

제127조 ① 국가는 과학기술의 혁신과 정보 및 인력의 개발을 통하여 국민경제의 발전에 노력하여야 한다.

② 국가는 국가표준제도를 확립한다.

③대통령은 제1항의 목적을 달성하기 위하여 필요한 자문기구를 둘 수 있다.

제10장 헌법개정

제128조 ① 헌법개정은 국회재적의원 과반수 또는 대통령의 발의로 제안된다.

② 대통령의 임기연장 또는 중임변경을 위한 헌법개정은 그 헌법개정 제안 당시의 대통령에 대하여는 효력이 없다.

제129조 제안된 헌법개정안은 대통령이 20일 이상의 기간 이를 공고하여야 한다.

제130조 ① 국회는 헌법개정안이 공고된 날로부터 60일 이내에 의결하여야 하며, 국회의 의결은 재적의원 3분의 2 이상의 찬성을 얻어야 한다.

② 헌법개정안은 국회가 의결한 후 30일 이내에 국민투표에 붙여 국회의원 선거권자 과반수의 투표와 투표자 과반수의 찬성을 얻어야 한다.

③ 헌법개정안이 제2항의 찬성을 얻은 때에는 헌법개정은 확정되며, 대통령은 즉시 이를 공포하여야 한다.

부칙 <제10호, 1987.10.29>

제1조 이 헌법은 1988년 2월 25일부터 시행한다. 다만, 이 헌법을 시행하기 위하여 필요한 법률의 제정·개정과 이 헌법에 의한 대통령 및 국회의원의 선거 기타 이 헌법시행에 관한 준비는 이 헌법시행 전에 할 수 있다.

제2조 ① 이 헌법에 의한 최초의 대통령선거는 이 헌법시행일 40일 전까지 실시한다.

② 이 헌법에 의한 최초의 대통령의 임기는 이 헌법시행일로부터 개시한다.

제3조 ① 이 헌법에 의한 최초의 국회의원선거는 이 헌법공포일로부터 6월 이내에 실시하며, 이 헌법에 의하여 선출된 최초의 국회의원의 임기는 국회의원선거후 이 헌법에 의한 국회의 최초의 집회일로부터 개시한다.

② 이 헌법공포 당시의 국회의원의 임기는 제1항에 의한 국회의 최초의 집회일 전일까지로 한다.

제4조 ① 이 헌법시행 당시의 공무원과 정부가 임명한 기업체의 임원은 이 헌법에 의하여 임명된 것으로 본다. 다만, 이 헌법에 의하여 선임방법이나 임명권자가 변경된 공무원과 대법원장 및 감사원장은 이 헌법에 의하여 후임자가 선임될 때까지 그 직무를 행하며, 이 경우 전임자인 공무원의 임기는 후임자가 선임되는 전일까지로 한다.

② 이 헌법시행 당시의 대법원장과 대법원판사가 아닌 법관은 제1항 단서의 규정에 불구하고 이 헌법에 의하여 임명된 것으로 본다.

③ 이 헌법중 공무원의 임기 또는 중임제한에 관한 규정은 이 헌법에 의하여 그

공무원이 최초로 선출 또는 임명된 때로부터 적용한다.

제5조 이 헌법시행 당시의 법령과 조약은 이 헌법에 위배되지 아니하는 한 그 효력을 지속한다.

제6조 이 헌법시행 당시에 이 헌법에 의하여 새로 설치될 기관의 권한에 속하는 직무를 행하고 있는 기관은 이 헌법에 의하여 새로운 기관이 설치될 때까지 존속하며 그 직무를 행한다.

<부록 6> 공직선거법 총칙－제4장

공직선거법

[시행 2015.3.31.] [법률 제12946호, 2014.12.30., 타법개정]

중앙선거관리위원회(법제과) 02－503－2190

제1장 총칙

제1조(목적) 이 법은 「대한민국헌법」과 「지방자치법」에 의한 선거가 국민의 자유로운 의사와 민주적인 절차에 의하여 공정히 행하여지도록 하고, 선거와 관련한 부정을 방지함으로써 민주정치의 발전에 기여함을 목적으로 한다. <개정 2005.8.4.>

제2조(적용범위) 이 법은 대통령선거·국회의원선거·지방의회의원 및 지방자치단체의 장의 선거에 적용한다.

제3조(선거인의 정의) 이 법에서 "선거인"이란 선거권이 있는 사람으로서 선거인명부 또는 재외선거인명부에 올라 있는 사람을 말한다.

[전문개정 2009.2.12.]

제4조(인구의 기준) 이 법에서 선거사무관리의 기준이 되는 인구는 「주민등록법」에 따른 주민등록표와 「재외동포의 출입국과 법적 지위에 관한 법률」에 따른 국내거소신고대장에 따라 조사한 국민의 최근 인구통계에 의한다. 이 경우 지방자치단체의 의회의원 및 장의 선거에서는 제15조 제2항 제3호에 따라 선거권이 있는 외국인의 수를 포함한다.

[전문개정 2009.2.12.]

제5조(선거사무협조) 관공서 기타 공공기관은 선거사무에 관하여 선거관리위원회의 협조요구를 받은 때에는 우선적으로 이에 따라야 한다. <개정 2000.2.16.>

제6조(선거권행사의 보장) ① 국가는 선거권자가 선거권을 행사할 수 있도록 필요한 조치를 취하여야 한다.

② 각급선거관리위원회(읍·면·동선거관리위원회는 제외한다)는 선거인의 투표참여를 촉진하기 위하여 교통이 불편한 지역에 거주하는 선거인 또는 노약자·장애인 등 거동이 불편한 선거인에게 교통편의를 제공하거나, 투표를 마친 선거인에게 국공립 유료시설의 이용요금을 면제·할인하는 등의 필요한 대책을 수

립·시행할 수 있다. 이 경우 공정한 실시방법 등을 정당·후보자와 미리 협의하여야 한다. <신설 2008.2.29.>

③ 공무원·학생 또는 다른 사람에게 고용된 자가 선거인명부를 열람하거나 투표하기 위하여 필요한 시간은 보장되어야 하며, 이를 휴무 또는 휴업으로 보지 아니한다. <개정 2008.2.29.>

④ 선거권자는 성실하게 선거에 참여하여 선거권을 행사하여야 한다. <개정 2008.2.29.>

⑤ 선거의 중요성과 의미를 되새기고 주권의식을 높이기 위하여 매년 5월 10일을 유권자의 날로, 유권자의 날부터 1주간을 유권자 주간으로 하고, 각급선거관리위원회(읍·면·동선거관리위원회는 제외한다)는 공명선거 추진활동을 하는 기관 또는 단체 등과 함께 유권자의 날 의식과 그에 부수되는 행사를 개최할 수 있다. <신설 2012.1.17.>

제6조의2(다른 자에게 고용된 사람의 투표시간 보장) ① 다른 자에게 고용된 사람이 사전투표기간 및 선거일에 모두 근무를 하는 경우에는 투표하기 위하여 필요한 시간을 고용주에게 청구할 수 있다.

② 고용주는 제1항에 따른 청구가 있으면 고용된 사람이 투표하기 위하여 필요한 시간을 보장하여 주어야 한다.

③ 고용주는 고용된 사람이 투표하기 위하여 필요한 시간을 청구할 수 있다는 사실을 선거일 전 7일부터 선거일 전 3일까지 인터넷 홈페이지, 사보, 사내게시판 등을 통하여 알려야 한다.

[본조신설 2014.2.13.]

제7조(정당·후보자 등의 공정경쟁의무) ① 선거에 참여하는 정당·후보자(후보자가 되고자 하는 자를 포함한다. 이하 이 조에서 같다) 및 후보자를 위하여 선거운동을 하는 자는 선거운동을 함에 있어 이 법을 준수하고 공정하게 경쟁하여야 하며, 정당의 정강·정책이나 후보자의 정견을 지지·선전하거나 이를 비판·반대함에 있어 선량한 풍속 기타 사회질서를 해하는 행위를 하여서는 아니된다. <개정 2004.3.12., 2008.2.29.>

② 각급선거관리위원회(읍·면·동선거관리위원회는 제외한다)는 정책선거의 촉진을 위하여 필요한 사항을 적극적으로 홍보하여야 하며, 중립적으로 정책선거 촉진활동을 추진하는 단체에 그 활동에 필요한 경비를 지원할 수 있다. <신설 2008.2.29., 2010.1.25.>

제8조(언론기관의 공정보도의무) 방송·신문·통신·잡지 기타의 간행물을 경영·관

리하거나 편집·취재·집필·보도하는 자와 제8조의5(인터넷선거보도심의위원회)제1항의 규정에 따른 인터넷언론사가 정당의 정강·정책이나 후보자(후보자가 되고자 하는 자를 포함한다. 이하 이 조에서 같다)의 정견 기타사항에 관하여 보도·논평을 하는 경우와 정당의 대표자나 후보자 또는 그의 대리인을 참여하게 하여 대담을 하거나 토론을 행하고 이를 방송·보도하는 경우에는 공정하게 하여야 한다. <개정 1997.11.14., 2005.8.4.>

제8조의2(선거방송심의위원회) ① 「방송통신위원회의 설치 및 운영에 관한 법률」 제18조 제1항에 따른 방송통신심의위원회(이하 "방송통신심의위원회"라 한다)는 선거방송의 공정성을 유지하기 위하여 다음 각 호의 구분에 따른 기간 동안 선거방송심의위원회를 설치·운영하여야 한다. <개정 2010.1.25., 2012.1.17.>

1. 임기만료에 의한 선거
   제60조의2 제1항에 따른 예비후보자등록신청개시일 전일부터 선거일 후 30일까지
2. 보궐선거등
   선거일 전 60일(선거일 전 60일 후에 실시사유가 확정된 보궐선거등의 경우에는 그 선거의 실시사유가 확정된 후 10일)부터 선거일 후 30일까지

② 선거방송심의위원회는 국회에 교섭단체를 구성한 정당과 중앙선거관리위원회가 추천하는 각 1명, 방송사(제70조 제1항에 따른 방송시설을 경영 또는 관리하는 자를 말한다. 이하 이 조 및 제8조의4에서 같다)·방송학계·대한변호사협회·언론인단체 및 시민단체 등이 추천하는 사람을 포함하여 9명 이내의 위원으로 구성한다. 이 경우 선거방송심의위원회를 구성한 후에 국회에 교섭단체를 구성한 정당의 수가 증가하여 위원정수를 초과하게 되는 경우에는 현원을 위원정수로 본다. <개정 2010.1.25.>

③ 선거방송심의위원회의 위원은 정당에 가입할 수 없다.

④ 선거방송심의위원회는 선거방송의 정치적 중립성·형평성·객관성 및 제작기술상의 균형유지와 권리구제 기타 선거방송의 공정을 보장하기 위하여 필요한 사항을 정하여 이를 공표하여야 한다.

⑤ 선거방송심의위원회는 선거방송의 공정여부를 조사하여야 하고, 조사결과 선거방송의 내용이 공정하지 아니하다고 인정되는 경우에는 「방송법」 제100조 제1항 각 호에 따른 제재조치 등을 정하여 이를 「방송통신위원회의 설치 및 운영에 관한 법률」 제3조 제1항에 따른 방송통신위원회에 통보하여야 하며, 방송통신위원회는 불공정한 선거방송을 한 방송사에 대하여 통보받은 제재조치 등

을 지체없이 명하여야 한다. <개정 2000.2.16., 2005.8.4., 2008.2.29., 2010.1.25.>

⑥ 후보자 및 후보자가 되려는 사람은 제1항에 따라 선거방송심의위원회가 설치된 때부터 선거방송의 내용이 불공정하다고 인정되는 경우에는 선거방송심의위원회에 그 시정을 요구할 수 있고, 선거방송심의위원회는 지체없이 이를 심의·의결하여야 한다. <개정 2010.1.25.>

⑦ 선거방송심의위원회의 구성과 운영 그 밖에 필요한 사항은 방송통신심의위원회규칙으로 정한다. <개정 2010.1.25.>

[본조신설 1997.11.14.]

제8조의3(선거기사심의위원회) ①「언론중재 및 피해구제 등에 관한 법률」 제7조에 따른 언론중재위원회(이하 "언론중재위원회"라 한다)는 선거기사(사설·논평·광고 그 밖에 선거에 관한 내용을 포함한다. 이하 이 조에서 같다)의 공정성을 유지하기 위하여 제8조의2 제1항 각 호의 구분에 따른 기간 동안 선거기사심의위원회를 설치·운영하여야 한다. <개정 2005.8.4., 2010.1.25.>

② 선거기사심의위원회는 국회에 교섭단체를 구성한 정당과 중앙선거관리위원회가 추천하는 각 1명, 언론학계·대한변호사협회·언론인단체 및 시민단체 등이 추천하는 사람을 포함하여 9명 이내의 위원으로 구성한다. 이 경우 위원정수에 관하여는 제8조의2 제2항 후단을 준용한다. <개정 2010.1.25.>

③ 선거기사심의위원회는「신문 등의 진흥에 관한 법률」 제2조에 따른 신문,「잡지 등 정기간행물의 진흥에 관한 법률」 제2조 제1호에 따른 잡지·정보간행물·전자간행물·기타간행물 및「뉴스통신진흥에 관한 법률」 제2조 제1호에 따른 뉴스통신(이하 이 조 및 제8조의4에서 "정기간행물등"이라 한다)에 게재된 선거기사의 공정 여부를 조사하여야 하고, 조사결과 선거기사의 내용이 공정하지 아니하다고 인정되는 경우에는 해당 기사의 내용에 관한 사과문 또는 정정보도문의 게재를 결정하여 이를 언론중재위원회에 통보하여야 하며, 언론중재위원회는 불공정한 선거기사를 게재한 정기간행물등을 발행한 자(이하 이 조 및 제8조의4에서 "언론사"라 한다)에 대하여 그 사과문 또는 정정보도문의 게재를 지체 없이 명하여야 한다. <개정 2008.2.29., 2009.7.31.>

④ 정기간행물등을 발행하는 자가 제1항에 규정된 선거기사심의위원회의 운영기간중에「신문 등의 진흥에 관한 법률」 제2조 제1호 가목 또는 다목의 규정에 따른 일반일간신문 또는 일반주간신문을 발행하는 때에는 그 정기간행물등 1부를, 그 외의 정기간행물등을 발행하는 때에는 선거기사심의위원회의 요청이 있는 경우 1부를 지체없이 선거기사심의위원회에 제출하여야 한다. <신설 2002.3.7.,

2005.8.4., 2008.2.29., 2009.7.31.>

⑤ 제4항의 규정에 의하여 정기간행물등을 제출한 자의 요구가 있는 때에는 선거기사심의위원회는 정당한 보상을 하여야 한다. <신설 2002.3.7., 2008.2.29.>

⑥ 제8조의2(選擧放送審議委員會) 제3항·제4항 및 제6항의 규정은 선거기사심의위원회에 관하여 이를 준용한다.

⑦ 선거기사심의위원회의 구성과 운영에 관하여 필요한 사항은 언론중재위원회가 정한다.

[전문개정 2000.2.16.]

제8조의4(선거보도에 대한 반론보도청구) ① 선거방송심의위원회 또는 선거기사심의위원회가 설치된 때부터 선거일까지 방송 또는 정기간행물등에 공표된 인신공격, 정책의 왜곡선전 등으로 피해를 받은 정당(중앙당에 한한다. 이하 이 조에서 같다) 또는 후보자(후보자가 되고자 하는 자를 포함한다. 이하 이 조에서 같다)는 그 방송 또는 기사게재가 있음을 안 날부터 10일 이내에 서면으로 당해 방송을 한 방송사에 반론보도의 방송을, 당해 기사를 게재한 언론사에 반론보도문의 게재를 각각 청구할 수 있다. 다만, 그 방송 또는 기사게재가 있은 날부터 30일이 경과한 때에는 그러하지 아니하다. <개정 2002.3.7., 2008.2.29., 2010.1.25.>

② 방송사 또는 언론사는 제1항의 청구를 받은 때에는 지체없이 당해 정당, 후보자 또는 그 대리인과 반론보도의 내용·크기·횟수 등에 관하여 협의한 후, 방송에 있어서는 이를 청구받은 때부터 48시간 이내에 무료로 반론보도의 방송을 하여야 하며, 정기간행물등에 있어서는 편집이 완료되지 아니한 같은 정기간행물등의 다음 발행호에 무료로 반론보도문의 게재를 하여야 한다. 이 경우 정기간행물등에 있어서 다음 발행호가 선거일후에 발행·배부되는 경우에는 반론보도의 청구를 받은 때부터 48시간 이내에 당해 정기간행물등이 배부된 지역에 배부되는 「신문 등의 진흥에 관한 법률」 제2조(정의)제1호가목에 따른 일반일간신문에 이를 게재하여야 하며, 그 비용은 당해 언론사의 부담으로 한다. <개정 2002.3.7., 2005.8.4., 2008.2.29., 2009.7.31.>

③ 제2항의 규정에 의한 협의가 이루어지지 아니한 때에는 당해 정당, 후보자, 방송사 또는 언론사는 선거방송심의위원회 또는 선거기사심의위원회에 지체없이 이를 회부하고, 선거방송심의위원회 또는 선거기사심의위원회는 회부받은 때부터 48시간 이내에 심의하여 각하·기각 또는 인용결정을 한 후 지체없이 이를 당해 정당 또는 후보자와 방송사 또는 언론사에 통지하여야 한다. 이 경우

반론보도의 인용결정을 하는 때에는 반론방송 또는 반론보도문의 내용·크기·횟수 기타 반론보도에 필요한 사항을 함께 결정하여야 한다. <개정 2002.3.7.>

④「언론중재 및 피해구제 등에 관한 법률」 제15조(정정보도청구권의 행사) 제1항·제4항 내지 제7항의 규정은 반론보도청구에 이를 준용한다. 이 경우 "정정보도청구"는 "반론보도청구"로, "정정"은 "반론"으로, "정정보도청구권"은 "반론보도청구권"으로, "정정보도"는 "반론보도"로, "정정보도문"은 "반론보도문"으로 본다. <개정 2005.8.4.>

[전문개정 2000.2.16.]

제8조의5(인터넷선거보도심의위원회) ① 중앙선거관리위원회는 인터넷언론사[「신문 등의 진흥에 관한 법률」 제2조(정의)제4호에 따른 인터넷신문사업자 그 밖에 정치·경제·사회·문화·시사 등에 관한 보도·논평·여론 및 정보 등을 전파할 목적으로 취재·편집·집필한 기사를 인터넷을 통하여 보도·제공하거나 매개하는 인터넷홈페이지를 경영·관리하는 자와 이와 유사한 언론의 기능을 행하는 인터넷홈페이지를 경영·관리하는 자를 말한다. 이하 같다]의 인터넷홈페이지에 게재된 선거보도[사설·논평·사진·방송·동영상 기타 선거에 관한 내용을 포함한다. 이하 이 조 및 제8조의6(인터넷언론사의 정정보도 등)에서 같다]의 공정성을 유지하기 위하여 인터넷선거보도심의위원회를 설치·운영하여야 한다. <개정 2005.8.4., 2009.7.31.>

② 인터넷선거보도심의위원회는 국회에 교섭단체를 구성한 정당이 추천하는 각 1인과 방송통신심의위원회, 언론중재위원회, 학계, 법조계, 인터넷 언론단체 및 시민단체 등이 추천하는 자를 포함하여 중앙선거관리위원회가 위촉하는 11인 이내의 위원으로 구성하며, 위원의 임기는 3년으로 한다. 이 경우 위원정수에 관하여는 제8조의2 제2항 후단을 준용한다. <개정 2010.1.25.>

③ 인터넷선거보도심의위원회에 위원장 1인을 두되, 위원장은 위원중에서 호선한다.

④ 인터넷선거보도심의위원회에 상임위원 1인을 두되, 중앙선거관리위원회가 인터넷선거보도심의위원회의 위원중에서 지명한다.

⑤ 정당의 당원은 인터넷선거보도심의위원회의 위원이 될 수 없다.

⑥ 인터넷선거보도심의위원회는 인터넷 선거보도의 정치적 중립성·형평성·객관성 및 권리구제 기타 선거보도의 공정을 보장하기 위하여 필요한 사항을 정하여 이를 공표하여야 한다.

⑦ 인터넷선거보도심의위원회는 업무수행을 위하여 필요하다고 인정하는 때에

는 관계 공무원 또는 전문가를 초청하여 의견을 듣거나 관련 기관·단체 등에 자료 및 의견제출 등 협조를 요청할 수 있다.

⑧ 인터넷선거보도심의위원회의 사무를 처리하기 위하여 선거관리위원회 소속 공무원으로 구성하는 사무국을 둔다.

⑨ 인터넷선거보도심의위원회의 구성·운영, 위원 및 상임위원의 대우, 사무국의 조직·직무범위 기타 필요한 사항은 중앙선거관리위원회규칙으로 정한다.

[본조신설 2004.3.12.]

제8조의6(인터넷언론사의 정정보도 등) ① 인터넷선거보도심의위원회는 인터넷언론사의 인터넷홈페이지에 게재된 선거보도의 공정 여부를 조사하여야 하며, 조사결과 선거보도의 내용이 공정하지 아니하다고 인정되는 때에는 당해 인터넷언론사에 대하여 해당 선거보도의 내용에 관한 정정보도문의 게재 등 필요한 조치를 명하여야 한다. <신설 2005.8.4.>

② 정당 또는 후보자(후보자가 되고자 하는 자를 포함한다. 이하 이 조에서 같다)는 인터넷언론사의 선거보도가 불공정하다고 인정되는 때에는 그 보도가 있음을 안 날부터 10일 이내에 인터넷선거보도심의위원회에 서면으로 이의신청을 할 수 있다.

③ 인터넷선거보도심의위원회는 제2항의 규정에 의한 이의신청을 받은 때에는 지체없이 이의신청 대상이 된 선거보도의 공정여부를 심의하여야 하며, 심의결과 선거보도가 공정하지 아니하다고 인정되는 때에는 당해 인터넷언론사에 대하여 해당 선거보도의 내용에 관한 정정보도문의 게재 등 필요한 조치를 명하여야 한다. <개정 2005.8.4.>

④ 인터넷언론사의 왜곡된 선거보도로 인하여 피해를 받은 정당 또는 후보자는 그 보도의 공표가 있음을 안 날부터 10일 이내에 서면으로 당해 인터넷언론사에 반론보도의 방송 또는 반론보도문의 게재(이하 이 조에서 "반론보도"라 한다)를 청구할 수 있다. 이 경우 그 보도의 공표가 있은 날부터 30일이 경과한 때에는 반론보도를 청구할 수 없다.

⑤ 인터넷언론사는 제4항의 청구를 받은 때에는 지체없이 당해 정당이나 후보자 또는 그 대리인과 반론보도의 형식·내용·크기 및 횟수 등에 관하여 협의한 후, 이를 청구받은 때부터 12시간 이내에 당해 인터넷언론사의 부담으로 반론보도를 하여야 한다. <개정 2005.8.4.>

⑥ 제5항의 규정에 의한 반론보도 협의가 이루어지지 아니하는 경우에 당해 정당 또는 후보자는 인터넷선거보도심의위원회에 즉시 반론보도청구를 할 수 있

으며, 인터넷선거보도심의위원회는 이를 심의하여 각하·기각 또는 인용결정을 한 후 당해 정당·후보자 및 인터넷언론사에 그 결정내용을 통지하여야 한다. 이 경우 반론보도의 인용결정을 하는 때에는 그 형식·내용·크기·횟수 기타 필요한 사항을 함께 결정하여 통지하여야 하며, 통지를 받은 인터넷언론사는 지체없이 이를 이행하여야 한다. <개정 2005.8.4.>

⑦ 「언론중재 및 피해구제 등에 관한 법률」 제15조(정정보도청구권의 행사)제1항·제4항부터 제6항까지 및 제8항은 그 성질에 반하지 아니하는 한 인터넷언론사의 선거보도에 관한 반론보도청구에 이를 준용한다. 이 경우 "정정보도청구"는 "반론보도청구"로, "정정"은 "반론"으로, "정정보도청구권"은 "반론보도청구권"으로, "정정보도"는 "반론보도"로, "정정보도문"은 "반론보도문"으로 본다. <개정 2005.8.4., 2012.1.17.>

[본조신설 2004.3.12.]

제8조의7(선거방송토론위원회) ① 각급선거관리위원회(읍·면·동선거관리위원회를 제외한다. 이하 이 조에서 같다)는 제82조의2(선거방송토론위원회 주관 대담·토론회)의 규정에 의한 대담·토론회와 제82조의3(선거방송토론위원회 주관 정책토론회)의 규정에 의한 정책토론회(이하 이 조에서 "대담·토론회등"이라 한다)를 공정하게 주관·진행하기 위하여 각각 선거방송토론위원회(이하 이 조에서 "각급선거방송토론위원회"라 한다)를 설치·운영하여야 한다. 다만, 구·시·군선거관리위원회에 설치하는 구·시·군선거방송토론위원회(이하 "구·시·군선거방송토론위원회"라 한다)는 지역구국회의원선거구단위 또는 「방송법」에 의한 종합유선방송사업자의 방송권역단위로 설치·운영할 수 있다. <개정 2005.8.4.>

② 각급선거방송토론위원회는 다음 각 호에 따라 구성하며, 위원의 임기는 제2호 후단의 경우를 제외하고는 3년으로 한다. 이 경우 위원정수에 관하여는 제8조의2 제2항 후단을 준용한다. <개정 2010.1.25.>

1. 중앙선거관리위원회에 설치하는 중앙선거방송토론위원회(이하 "중앙선거방송토론위원회"라 한다) 및 특별시·광역시·도·특별자치도(이하 "시·도"라 한다)선거관리위원회에 설치하는 시·도선거방송토론위원회(이하 "시·도선거방송토론위원회"라 한다)

   국회에 교섭단체를 구성한 정당과 공영방송사(한국방송공사와 「방송문화진흥회법」에 따른 방송문화진흥회가 최다출자자인 방송사업자를 말한다. 이하 같다)가 추천하는 각 1명, 방송통신심의위원회·학계·법조계·시민단체가 추천하는 사람 등 학식과 덕망이 있는 사람 중에서 중앙선거관리위원회 또는 시·도선거관리위원회가 각각 위촉하는 사람을 포함하여 중앙선거방송토론위원회는 11명 이내, 시·도선거방송토론위원회는 9명 이내의 위원

2. 구·시·군선거방송토론위원회
해당 구·시·군선거관리위원회의 위원장 및 정당추천위원을 포함한 위원 3명(정당추천위원의 수가 3명 이상인 경우에는 그 위원을 모두 포함한 수를 말한다), 학계·법조계·시민단체·전문언론인 중에서 해당 구·시·군선거관리위원회가 위촉하는 사람을 포함하여 9명 이내의 위원. 이 경우 구·시·군선거관리위원회 위원을 겸하는 위원의 임기는 「선거관리위원회법」 제8조에 따른 재임기간으로 한다.

③ 각급선거방송토론위원회에 위원장 1인을 두되, 위원장은 위원중에서 호선한다. 다만, 구·시·군선거방송토론위원회 위원장은 해당 구·시·군선거관리위원회 위원장이 겸한다. <개정 2010.1.25.>

④ 중앙선거방송토론위원회에 상임위원 1인을 두되, 중앙선거관리위원회가 중앙선거방송토론위원회의 위원중에서 지명한다.

⑤ 정당의 당원은 선거방송토론위원회의 위원이 될 수 없다.

⑥ 중앙선거방송토론위원회는 대담·토론회등의 주관·진행 기타 공정성을 보장하기 위하여 필요한 사항을 정하여 공표하여야 한다.

⑦ 각급선거방송토론위원회는 대담·토론회등의 업무수행을 위하여 필요한 때에는 공영방송사 또는 관련 기관·단체등에 대하여 협조요구를 할 수 있으며, 그 협조요구를 받은 공영방송사는 우선적으로 이에 응하여야 한다.

⑧ 중앙선거방송토론위원회 또는 시·도선거방송토론위원회에 그 사무를 처리하게 하기 위하여 선거관리위원회 소속 공무원으로 구성하는 사무국을 둔다. <개정 2005.8.4., 2010.1.25.>

⑨ 선거방송토론위원회는 업무수행을 위하여 필요하다고 인정하는 때에는 관계행정기관 또는 관련 기관·단체 등의 장과 협의하여 그 소속 공무원 또는 임·직원을 파견받거나 관계 행정기관 소속 공무원으로 하여금 제8항의 규정에 의한 사무국의 소속 공무원의 직을 겸임하게 할 수 있다.

⑩ 각급선거방송토론위원회의 구성·운영, 위원 및 상임위원의 대우, 사무국의 조직·직무범위 기타 필요한 사항은 중앙선거관리위원회규칙으로 정한다.

[본조신설 2004.3.12.]

제8조의8(선거여론조사공정심의위원회) ① 중앙선거관리위원회와 시·도선거관리위원회는 공표 또는 보도를 목적으로 선거에 관하여 정당에 대한 지지도나 당

선인을 예상하게 하는 여론조사의 객관성·신뢰성을 확보하기 위하여 선거여론조사공정심의위원회를 각각 설치·운영하여야 한다.

② 중앙선거관리위원회에 설치하는 선거여론조사공정심의위원회(이하 "중앙선거여론조사공정심의위원회"라 한다) 및 시·도선거관리위원회에 설치하는 선거여론조사공정심의위원회(이하 "시·도선거여론조사공정심의위원회"라 한다)는 국회에 교섭단체를 구성한 정당이 추천하는 각 1명과 학계, 법조계, 여론조사 관련 기관·단체의 전문가 등을 포함하여 중립적이고 공정한 사람 중에서 중앙선거관리위원회 또는 시·도선거관리위원회가 위촉하는 사람으로 총 9명 이내의 위원으로 각각 구성하며, 위원의 임기는 3년으로 한다. 이 경우 위원정수에 관하여는 제8조의2 제2항 후단을 준용한다.

③ 선거여론조사공정심의위원회에 위원장 1명을 두되, 위원장은 위원 중에서 호선한다.

④ 중앙선거여론조사공정심의위원회에 상임위원 1명을 두되, 중앙선거관리위원회가 중앙선거여론조사공정심의위원회의 위원 중에서 지명한다.

⑤ 정당의 당원은 선거여론조사공정심의위원회의 위원이 될 수 없다.

⑥ 중앙선거여론조사공정심의위원회는 공표 또는 보도를 목적으로 선거에 관하여 정당에 대한 지지도나 당선인을 예상하게 하는 여론조사의 객관성·신뢰성을 확보하기 위하여 필요한 사항(이하 "선거여론조사기준"이라 한다)을 정하여 선거일 전 200일까지 공표하여야 한다.

⑦ 선거여론조사공정심의위원회의 직무는 다음 각 호와 같다.

1. 제108조 제4항에 따른 이의신청에 대한 심의 및 같은 조 제7항에 따른 등록처리
2. 공표 또는 보도된 선거에 관하여 정당에 대한 지지도나 당선인을 예상하게 하는 여론조사가 이 법 또는 선거여론조사기준을 위반하였는지 여부에 대한 심의

⑧ 선거여론조사공정심의위원회가 심의하는 관할 여론조사는 다음 각 호와 같다.

1. 중앙선거여론조사공정심의위원회: 전국 또는 2 이상 시·도의 선거구민을 대상으로 하는 여론조사
2. 시·도선거여론조사공정심의위원회: 해당 시·도의 선거구민을 대상으로 하는 여론조사

⑨ 선거여론조사공정심의위원회는 선거에 관한 여론조사가 이 법을 위반한 혐의가 있다고 인정되는 경우에는 관할 선거구선거관리위원회에 통보하여야 한다.

⑩ 선거여론조사공정심의위원회는 업무수행을 위하여 필요하다고 인정하는 때에는 관계 공무원 또는 전문가를 초청하여 의견을 듣거나 관련 기관·단체 등에 자료 및 의견 제출 등 협조를 요청할 수 있다.

⑪ 선거여론조사공정심의위원회에 그 사무를 처리하기 위하여 선거관리위원회 소속 공무원으로 구성하는 사무국을 둘 수 있다.

⑫ 선거여론조사공정심의위원회의 구성·운영, 위원 및 상임위원의 대우, 사무국의 조직·직무범위, 선거여론조사기준의 공표방법, 그 밖에 필요한 사항은 중앙선거관리위원회규칙으로 정한다.

[본조신설 2014.2.13.]

제9조(공무원의 중립의무 등) ① 공무원 기타 정치적 중립을 지켜야 하는 자(기관·단체를 포함한다)는 선거에 대한 부당한 영향력의 행사 기타 선거결과에 영향을 미치는 행위를 하여서는 아니된다.

② 검사(군검찰관을 포함한다) 또는 국가경찰공무원(검찰수사관 및 군사법경찰관리를 포함한다)은 이 법의 규정에 위반한 행위가 있다고 인정되는 때에는 신속·공정하게 단속·수사를 하여야 한다. <개정 2006.2.21.>

제10조(사회단체 등의 공명선거추진활동) ① 사회단체 등은 선거부정을 감시하는 등 공명선거추진활동을 할 수 있다. 다만, 다음 각 호의 어느 하나에 해당하는 단체는 그 명의 또는 그 대표의 명의로 공명선거추진활동을 할 수 없다. <개정 2000.2.16., 2002.3.7., 2004.3.12., 2005.8.4.>

1. 특별법에 의하여 설립된 국민운동단체로서 국가 또는 지방자치단체의 출연 또는 보조를 받는 단체(바르게살기운동협의회·새마을운동협의회·한국자유총연맹을 말한다)
2. 법령에 의하여 정치활동이나 공직선거에의 관여가 금지된 단체
3. 후보자(후보자가 되고자 하는 자를 포함한다. 이하 이 조에서 같다), 후보자의 배우자와 후보자 또는 그 배우자의 직계존·비속과 형제자매나 후보자의 직계비속 및 형제자매의 배우자(이하 "후보자의 가족"이라 한다)가 설립하거나 운영하고 있는 단체
4. 특정 정당(창당준비위원회를 포함한다. 이하 이 조에서 같다) 또는 후보자를 지원하기 위하여 설립된 단체
5. 삭제 <2005.8.4.>
6. 선거운동을 하거나 할 것을 표방한 노동조합 또는 단체

② 사회단체 등이 공명선거추진활동을 함에 있어서는 항상 공정한 자세를 견지

하여야 하며, 특정 정당이나 후보자의 선거운동에 이르지 아니하도록 유의하여야 한다.

③ 각급선거관리위원회(읍·면·동선거관리위원회를 제외한다)는 사회단체 등이 불공정한 활동을 하는 때에는 경고·중지 또는 시정명령을 하여야 하며, 그 행위가 선거운동에 이르거나 선거관리위원회의 중지 또는 시정명령을 이행하지 아니하는 때에는 고발 등 필요한 조치를 하여야 한다. <개정 2005.8.4.>

제10조의2(선거부정감시단) ① 각급선거관리위원회(읍·면·동선거관리위원회는 제외한다)는 선거부정을 감시하기 위하여 선거부정감시단을 둔다. <개정 2008.2.29.>

② 선거부정감시단은 선거운동을 할 수 있는 자로서 정당의 당원이 아닌 중립적이고 공정한 자 중에서 중앙선거관리위원회규칙으로 정하는 바에 따라 10명 이내로 구성한다. 다만, 선거일 전 60일(선거일 전 60일 후에 실시사유가 확정된 보궐선거등의 경우 그 선거의 실시사유가 확정된 때)부터 선거일 후 10일까지는 중앙선거관리위원회 및 시·도선거관리위원회는 10인 이내의, 구·시·군선거관리위원회는 20인 이내의 인원을 추가하여 구성할 수 있다. <개정 2008.2.29., 2010.1.25.>

③ 삭제 <2008.2.29.>

④ 삭제 <2008.2.29.>

⑤ 삭제 <2008.2.29.>

⑥ 선거부정감시단은 관할 선거관리위원회의 지휘를 받아 이 법에 위반되는 행위에 대하여 증거자료를 수집하거나 조사활동을 할 수 있다. <개정 2008.2.29.>

⑦선거부정감시단의 소속원에 대하여는 예산의 범위 안에서 수당 또는 실비를 지급할 수 있다.

⑧선거부정감시단의 구성·활동방법 및 수당·실비의 지급 기타 필요한 사항은 중앙선거관리위원회규칙으로 정한다.

[본조신설 2000.2.16.]

제10조의3(사이버선거부정감시단) ① 중앙선거관리위원회는 인터넷을 이용한 선거부정을 감시하기 위하여 중앙선거관리위원회규칙으로 정하는 바에 따라 5인 이상 10인 이하로 구성된 사이버선거부정감시단을 설치·운영하여야 한다. 다만, 선거일 전 60일(선거일 전 60일 후에 실시사유가 확정된 보궐선거등의 경우 그 선거의 실시사유가 확정된 때)부터 선거일 후 10일까지는 10인 이내의 인원을 추가하여 구성할 수 있다. <신설 2008.2.29.>

② 시·도선거관리위원회는 인터넷을 이용한 선거부정을 감시하기 위하여 선거

일전 120일(선거일전 120일후에 실시사유가 확정된 보궐선거등에 있어서는 그 선거의 실시사유가 확정된 후 5일)부터 선거일까지 30인 이내로 구성된 사이버선거부정감시단을 설치·운영하여야 한다. <개정 2008.2.29.>

③ 사이버선거부정감시단은 정당의 당원이 아닌 중립적이고 공정한 자로 구성한다. <개정 2008.2.29.>

④ 제10조의2 제6항부터 제8항까지의 규정은 사이버선거부정감시단에 준용한다. 이 경우 "선거부정감시단"은 "사이버선거부정감시단"으로 본다. <개정 2008.2.29.>

[본조신설 2004.3.12.]

제11조(후보자 등의 신분보장) ① 대통령선거의 후보자는 후보자의 등록이 끝난 때부터 개표종료시까지 사형·무기 또는 장기 7년 이상의 징역이나 금고에 해당하는 죄를 범한 경우를 제외하고는 현행범인이 아니면 체포 또는 구속되지 아니하며, 병역소집의 유예를 받는다. <개정 1995.5.10.>

② 국회의원선거, 지방의회의원 및 지방자치단체의 장의 선거의 후보자는 후보자의 등록이 끝난 때부터 개표종료시까지 사형·무기 또는 장기 5년 이상의 징역이나 금고에 해당하는 죄를 범하였거나 제16장 벌칙에 규정된 죄를 범한 경우를 제외하고는 현행범인이 아니면 체포 또는 구속되지 아니하며, 병역소집의 유예를 받는다. <신설 1995.5.10.>

③ 선거사무장·선거연락소장·선거사무원·회계책임자·투표참관인·사전투표참관인과 개표참관인(예비후보자가 선임한 선거사무장·선거사무원 및 회계책임자는 제외한다)은 해당 신분을 취득한 때부터 개표종료시까지 사형·무기 또는 장기 3년 이상의 징역이나 금고에 해당하는 죄를 범하였거나 제230조부터 제235조까지 및 제237조부터 제259조까지의 죄를 범한 경우를 제외하고는 현행범인이 아니면 체포 또는 구속되지 아니하며, 병역소집의 유예를 받는다. <개정 2011.7.28., 2014.1.17.>

[제목개정 2011.7.28.]

제12조(선거관리) ① 중앙선거관리위원회는 이 법에 특별한 규정이 있는 경우를 제외하고는 선거사무를 통할·관리하며, 하급선거관리위원회(투표관리관 및 사전투표관리관을 포함한다. 이하 이 조에서 같다) 및 제218조에 따른 재외선거관리위원회와 제218조의2에 따른 재외투표관리관의 위법·부당한 처분에 대하여 이를 취소하거나 변경할 수 있다. <개정 2005.8.4., 2009.2.12., 2014.1.17.>

② 시·도선거관리위원회는 지방의회의원 및 지방자치단체의 장의 선거에 관한 하급선거관리위원회의 위법·부당한 처분에 대하여 이를 취소하거나 변경할 수

있다. <개정 1995.4.1., 2005.8.4.>

③ 구·시·군선거관리위원회는 당해 선거에 관한 하급선거관리위원회의 위법·부당한 처분에 대하여 이를 취소하거나 변경할 수 있다.

제13조(선거구선거관리) ① 선거구선거사무를 행할 선거관리위원회(이하 "선거구선거관리위원회"라 한다)는 다음 각호와 같다. <개정 2000.2.16., 2005.8.4.>

1. 대통령선거 및 비례대표전국선거구국회의원(이하 "비례대표국회의원"이라 한다)선거의 선거구선거사무는 중앙선거관리위원회
2. 특별시장·광역시장·도지사(이하 "시·도지사"라 한다)선거와 비례대표선거구시·도의회의원(이하 "비례대표시·도의원"이라 한다)선거의 선거구선거사무는 시·도선거관리위원회
3. 지역선거구국회의원(이하 "지역구국회의원"이라 한다)선거, 지역선거구시·도의회의원(이하 "지역구시·도의원"이라 한다)선거, 지역선거구자치구·시·군의회의원(이하 "지역구자치구·시·군의원"이라 한다)선거, 비례대표선거구자치구·시·군의회의원(이하 "비례대표자치구·시·군의원"이라 한다)선거 및 자치구의 구청장·시장·군수(이하 "자치구·시·군의 장"이라 한다)선거의 선거구선거사무는 그 선거구역을 관할하는 구·시·군선거관리위원회[제29조(지방의회의원의 증원선거)제3항 또는「선거관리위원회법」제2조(設置)제6항의 규정에 의하여 선거구선거사무를 행할 구·시·군선거관리위원회가 지정된 경우에는 그 지정을 받은 구·시·군선거관리위원회를 말한다]

② 제1항에서 "선거구선거사무"라 함은 선거에 관한 사무중 후보자등록 및 당선인결정 등과 같이 당해 선거구를 단위로 행하여야 하는 선거사무를 말한다.

③ 선거구선거관리위원회 또는 직근 상급선거관리위원회는 선거관리를 위하여 특히 필요하다고 인정하는 때에는 중앙선거관리위원회가 정하는 바에 따라 당해 선거에 관하여 관할선거구안의 선거관리위원회가 행할 선거사무의 범위를 조정하거나 하급선거관리위원회 또는 그 위원으로 하여금 선거구선거관리위원회의 직무를 행하게 할 수 있다.

④ 제3항의 규정에 의하여 선거구선거사무를 행하는 하급선거관리위원회의 위원은 선거구선거관리위원회위원의 정수에 산입하지 아니하며, 선거구선거관리위원회의 의결에 참가할 수 없다.

⑤ 구·시·군선거관리위원회 또는 읍·면·동선거관리위원회가 천재·지변 기타 부득이한 사유로 그 기능을 수행할 수 없는 때에는 직근 상급선거관리위원회는 직접 또는 다른 선거관리위원회로 하여금 당해 선거관리위원회의 기능이 회복

될 때까지 그 선거사무를 대행하거나 대행하게 할 수 있다. 다른 선거관리위원회로 하여금 대행하게 하는 경우에는 대행할 업무의 범위도 함께 정하여야 한다. <개정 2005.8.4.>

⑥ 제5항의 규정에 의하여 선거사무를 대행하거나 대행하게 한 때에는 대행할 선거관리위원회와 그 업무의 범위를 지체없이 공고하고, 상급선거관리위원회에 보고하여야 한다.

제14조(임기개시) ① 대통령의 임기는 전임대통령의 임기만료일의 다음날 0시부터 개시된다. 다만, 전임자의 임기가 만료된 후에 실시하는 선거와 궐위로 인한 선거에 의한 대통령의 임기는 당선이 결정된 때부터 개시된다. <개정 2003.2.4.>

② 국회의원과 지방의회의원(이하 이 항에서 "의원"이라 한다)의 임기는 총선거에 의한 전임의원의 임기만료일의 다음 날부터 개시된다. 다만, 의원의 임기가 개시된 후에 실시하는 선거와 지방의회의원의 증원선거에 의한 의원의 임기는 당선이 결정된 때부터 개시되며 전임자 또는 같은 종류의 의원의 잔임기간으로 한다.

③ 지방자치단체의 장의 임기는 전임지방자치단체의 장의 임기만료일의 다음 날부터 개시된다. 다만, 전임지방자치단체의 장의 임기가 만료된 후에 실시하는 선거와 제30조(지방자치단체의 폐치·분합시의 선거 등) 제1항 제1호 내지 제3호에 의하여 새로 선거를 실시하는 지방자치단체의 장의 임기는 당선이 결정된 때부터 개시되며 전임자 또는 같은 종류의 지방자치단체의 장의 잔임 기간으로 한다.

제2장 선거권과 피선거권

제15조(선거권) ① 19세 이상의 국민은 대통령 및 국회의원의 선거권이 있다. 다만, 지역구국회의원의 선거권은 19세 이상의 국민으로서 제37조 제1항에 따른 선거인명부작성기준일 현재 다음 각 호의 어느 하나에 해당하는 사람에 한하여 인정된다. <개정 2011.11.7., 2014.1.17.>

1. 해당 국회의원지역선거구 안에 주민등록이 되어 있는 사람
2. 「재외동포의 출입국과 법적 지위에 관한 법률」 제6조 제1항에 따라 국내거소신고를 하고 국내거소신고인명부(이하 "국내거소신고인명부"라 한다)에 3개월 이상 계속하여 올라 있는 사람으로서 해당 국회의원지역선거구 안에 국내거소신고가 되어 있는 사람

② 19세 이상으로서 제37조 제1항에 따른 선거인명부작성기준일 현재 다음 각 호의 어느 하나에 해당하는 사람은 그 구역에서 선거하는 지방자치단체의 의회의원 및 장의 선거권이 있다. <개정 2009.2.12., 2011.11.7., 2014.1.17.>

1. 해당 지방자치단체의 관할 구역에 주민등록이 되어 있는 사람
2. 국내거소신고인명부에 3개월 이상 계속하여 올라 있는 국민으로서 해당 지방자치단체의 관할구역에 국내거소신고가 되어 있는 사람
3. 「출입국관리법」 제10조에 따른 영주의 체류자격 취득일 후 3년이 경과한 외국인으로서 같은 법 제34조에 따라 해당 지방자치단체의 외국인등록대장에 올라 있는 사람

[2009.2.12. 법률 제9466호에 의하여 2007.6.28. 헌법재판소에서 헌법불합치결정된 이 조 제2항 제1호를 개정함.]

[제목개정 2011.11.7.]

제16조(피선거권) ① 선거일 현재 5년 이상 국내에 거주하고 있는 40세 이상의 국민은 대통령의 피선거권이 있다. 이 경우 공무로 외국에 파견된 기간과 국내에 주소를 두고 일정기간 외국에 체류한 기간은 국내거주기간으로 본다. <개정 1997.1.13.>

② 25세 이상의 국민은 국회의원의 피선거권이 있다.

③ 선거일 현재 계속하여 60일 이상(공무로 외국에 파견되어 선거일전 60일후에 귀국한 자는 선거인명부작성기준일부터 계속하여 선거일까지) 당해 지방자치단체의 관할구역안에 주민등록(국내거소신고인명부에 올라 있는 경우를 포함한다. 이하 이 조에서 같다)이 되어 있는 주민으로서 25세 이상의 국민은 그 지방의회의원 및 지방자치단체의 장의 피선거권이 있다. 이 경우 60일의 기간은 그 지방자치단체의 설치·폐지·분할·합병 또는 구역변경(제28조 각 호의 어느 하나에 따른 구역변경을 포함한다)에 의하여 중단되지 아니한다. <개정 1998.4.30., 2009.2.12.>

④ 제3항 전단의 경우에 지방자치단체의 사무소 소재지가 다른 지방자치단체의 관할 구역에 있어 해당 지방자치단체의 장의 주민등록이 다른 지방자치단체의 관할 구역에 있게 된 때에는 해당 지방자치단체의 관할 구역에 주민등록이 되어 있는 것으로 본다. <개정 2009.2.12.>

[2009.2.12. 법률 제9466호에 의하여 2007.6.28. 헌법재판소에서 헌법불합치결정된 이 조 제3항을 개정함.]

제17조(연령산정기준) 선거권자와 피선거권자의 연령은 선거일 현재로 산정한다.

제18조(선거권이 없는 자) ① 선거일 현재 다음 각 호의 어느 하나에 해당하는 자는 선거권이 없다. <개정 2004.3.12., 2005.8.4.>

1. 금치산선고를 받은 자
2. 금고 이상의 형의 선고를 받고 그 집행이 종료되지 아니하거나 그 집행을 받지 아니하기로 확정되지 아니한 자
3. 선거범, 「정치자금법」 제45조(정치자금부정수수죄) 및 제49조(선거비용관련 위반행위에 관한 벌칙)에 규정된 죄를 범한 자 또는 대통령·국회의원·지방의회의원·지방자치단체의 장으로서 그 재임중의 직무와 관련하여 「형법」(「특정범죄가중처벌 등에 관한 법률」 제2조에 의하여 가중처벌되는 경우를 포함한다) 제129조(수뢰, 사전수뢰) 내지 제132조(알선수뢰)·「특정범죄가중처벌 등에 관한 법률」 제3조(알선수재)에 규정된 죄를 범한 자로서, 100만원 이상의 벌금형의 선고를 받고 그 형이 확정된 후 5년 또는 형의 집행유예의 선고를 받고 그 형이 확정된 후 10년을 경과하지 아니하거나 징역형의 선고를 받고 그 집행을 받지 아니하기로 확정된 후 또는 그 형의 집행이 종료되거나 면제된 후 10년을 경과하지 아니한 자(형이 실효된 자도 포함한다)
4. 법원의 판결 또는 다른 법률에 의하여 선거권이 정지 또는 상실된 자

② 제1항 제3호에서 "선거범"이라 함은 제16장 벌칙에 규정된 죄와 「국민투표법」 위반의 죄를 범한 자를 말한다. <개정 2005.8.4.>

③ 「형법」 제38조에도 불구하고 제1항 제3호에 규정된 죄와 다른 죄의 경합범에 대하여는 이를 분리 선고하고, 선거사무장·선거사무소의 회계책임자(선거사무소의 회계책임자로 선임·신고되지 아니한 사람으로서 후보자와 통모(通謀)하여 해당 후보자의 선거비용으로 지출한 금액이 선거비용제한액의 3분의 1 이상에 해당하는 사람을 포함한다) 또는 후보자(후보자가 되려는 사람을 포함한다)의 직계존비속 및 배우자에게 제263조 및 제265조에 규정된 죄와 이 조 제1항 제3호에 규정된 죄의 경합범으로 징역형 또는 300만원 이상의 벌금형을 선고하는 때(선거사무장, 선거사무소의 회계책임자에 대하여는 선임·신고되기 전의 행위로 인한 경우를 포함한다)에는 이를 분리 선고하여야 한다. <개정 2010.1.25.>

[단순위헌, 2012헌마409, 2014.1.28. 공직선거법(2005.8.4. 법률 제7681호로 개정된 것) 제18조 제1항 제2호 중 '유기징역 또는 유기금고의 선고를 받고 그 집행유예기간 중인 자'에 관한 부분은 헌법에 위반된다.]

[헌법불합치, 2012헌마409, 2014.1.28. 공직선거법 제18조 제1항 제2호 중 '유기징역 또는 유기금고의 선고를 받고 그 집행이 종료되지 아니한 자'에 관한 부분

은 헌법에 합치되지 아니한다. 위 법률조항 부분은 2015.12.31.을 시한으로 입법자가 개정할 때까지 계속 적용된다.]

제19조(피선거권이 없는 자) 선거일 현재 다음 각 호의 어느 하나에 해당하는 자는 피선거권이 없다. <개정 2013.12.30., 2014.2.13.>

1. 제18조(선거권이 없는 자) 제1항 제1호·제3호 또는 제4호에 해당하는 자
2. 금고 이상의 형의 선고를 받고 그 형이 실효되지 아니한 자
3. 법원의 판결 또는 다른 법률에 의하여 피선거권이 정지되거나 상실된 자
4. 「국회법」 제166조(국회 회의 방해죄)의 죄를 범한 자로서 다음 각 목의 어느 하나에 해당하는 자(형이 실효된 자를 포함한다)
   가. 500만원 이상의 벌금형의 선고를 받고 그 형이 확정된 후 5년이 경과되지 아니한 자
   나. 형의 집행유예의 선고를 받고 그 형이 확정된 후 10년이 경과되지 아니한 자
   다. 징역형의 선고를 받고 그 집행을 받지 아니하기로 확정된 후 또는 그 형의 집행이 종료되거나 면제된 후 10년이 경과되지 아니한 자
5. 제230조 제6항의 죄를 범한 자로서 벌금형의 선고를 받고 그 형이 확정된 후 10년을 경과하지 아니한 자(형이 실효된 자도 포함한다)

제3장 선거구역과 의원정수

제20조(선거구) ① 대통령 및 비례대표국회의원은 전국을 단위로 하여 선거한다. <개정 2000.2.16., 2005.8.4.>

② 비례대표시·도의원은 당해 시·도를 단위로 선거하며, 비례대표자치구·시·군의원은 당해 자치구·시·군을 단위로 선거한다. <신설 2005.8.4.>

③ 지역구국회의원, 지역구지방의회의원(지역구시·도의원 및 지역구자치구·시·군의원을 말한다. 이하 같다)은 당해 의원의 선거구를 단위로 하여 선거한다. <개정 2000.2.16., 2005.8.4.>

④ 지방자치단체의 장은 당해 지방자치단체의 관할구역을 단위로 하여 선거한다.

제21조(국회의 의원정수) ① 국회의 의원정수는 지역구국회의원과 비례대표국회의원을 합하여 299인으로 하되, 각 시·도의 지역구 국회의원 정수는 최소 3인으로 한다. 다만, 세종특별자치시의 지역구국회의원 정수는 1인으로 한다. <개정 2000.2.16., 2004.3.12., 2012.2.29.>

② 하나의 국회의원지역선거구에서 선출할 국회의원의 정수는 1인으로 한다.

제22조(시·도의회의 의원정수) ① 시·도별 지역구시·도의원의 총 정수는 그 관할 구역 안의 자치구·시·군(하나의 자치구·시·군이 2 이상의 국회의원지역선거구로 된 경우에는 국회의원지역선거구를 말하며, 행정구역의 변경으로 국회의원지역선거구와 행정구역이 합치되지 아니하게 된 때에는 행정구역을 말한다) 수의 2배수로 하되, 인구·행정구역·지세·교통, 그 밖의 조건을 고려하여 100분의 14의 범위에서 조정할 수 있다. 다만, 자치구·시·군의 지역구시·도의원정수는 최소 1명으로 한다. <개정 2014.2.13.>

② 제1항에도 불구하고 「지방자치법」 제7조 제2항에 따라 시와 군을 통합하여 도농복합형태의 시로 한 경우에는 시·군통합후 최초로 실시하는 임기만료에 의한 시·도의회의원선거에 한하여 해당 시를 관할하는 도의회의원의 정수 및 해당 시의 도의회의원의 정수는 통합 전의 수를 고려하여 이를 정한다. <개정 1998.4.30., 2005.8.4., 2010.1.25.>

③ 제1항 및 제2항의 기준에 의하여 산정된 의원정수가 19명 미만이 되는 광역시 및 도는 그 정수를 19명으로 한다. <개정 1998.4.30., 2002.3.7., 2010.1.25.>

④ 비례대표시·도의원정수는 제1항 내지 제3항의 규정에 의하여 산정된 지역구시·도의원정수의 100분의 10으로 한다. 이 경우 단수는 1로 본다. 다만, 산정된 비례대표시·도의원정수가 3인 미만인 때에는 3인으로 한다. <신설 1995.4.1.>

[제목개정 2014.2.13.]

[2010.1.25. 법률 제9974호에 의하여 2007. 3. 29. 헌법재판소에서 헌법불합치 결정된 이 조를 개정함]

제23조(자치구·시·군의회의 의원정수) ① 시·도별 자치구·시·군의회 의원의 총 정수는 별표 3과 같이 하며, 자치구·시·군의회의 의원정수는 당해 시·도의 총 정수 범위 내에서 제24조(선거구획정위원회)의 규정에 따른 당해 시·도의 자치구·시·군의원선거구획정위원회가 자치구·시·군의 인구와 지역대표성을 고려하여 중앙선거관리위원회규칙이 정하는 기준에 따라 정한다.

② 자치구·시·군의회의 최소정수는 7인으로 한다.

③ 비례대표자치구·시·군의원정수는 자치구·시·군의원 정수의 100분의 10으로 한다. 이 경우 단수는 1로 본다.

[전문개정 2005.8.4.]

제24조(선거구획정위원회) ① 국회의원지역선거구와 자치구·시·군의원지역선거구(이하 "자치구·시·군의원지역구"라 한다)의 공정한 획정을 위하여 국회에 국

회의원선거구획정위원회를, 시·도에 자치구·시·군의원선거구획정위원회를 각각 둔다. <개정 2005.8.4.>

② 국회의원선거구획정위원회는 국회의장이 교섭단체대표의원과 협의하여 11인 이내의 위원으로 구성하되, 학계·법조계·언론계·시민단체 및 선거관리위원회가 추천하는 자중에서 위촉하여야 한다. <신설 2004.3.12., 2005.8.4.>

③ 자치구·시·군의원선거구획정위원회는 11인 이내의 위원으로 구성하되, 학계·법조계·언론계·시민단체와 시·도의회 및 시·도선거관리위원회가 추천하는 자 중에서 시·도지사가 위촉하여야 한다. <신설 2005.8.4.>

④ 국회의원·지방의회의원 및 정당의 당원은 국회의원선거구획정위원회 및 자치구·시·군의원선거구획정위원회(이하 "선거구획정위원회"라 한다)의 위원이 될 수 없다. <개정 2005.8.4.>

⑤ 선거구획정위원회의 위원은 명예직으로 하되, 일비·여비 기타의 실비를 받을 수 있다.

⑥ 선거구획정위원회로부터 선거구획정업무에 필요한 자료의 요청을 받은 국가기관 및 지방자치단체는 지체없이 이에 따라야 한다.

⑦ 선거구획정위원회는 제25조 제1항 및 제26조 제2항에 규정된 기준에 따라 선거구획정안을 마련하고, 그 이유 그 밖의 필요한 사항을 기재한 보고서를 당해 국회의원 또는 자치구·시·군의원의 임기만료에 의한 선거의 선거일 전 6개월까지 국회의원선거구획정위원회는 국회의장에게, 자치구·시·군의원선거구획정위원회는 시·도지사에게 제출하여야 한다. <개정 2005.8.4., 2010.1.25.>

⑧ 국회의원선거구획정위원회는 선거구획정안을 마련함에 있어서 국회에 의석을 가진 정당에게 선거구획정에 대한 의견진술의 기회를 부여하여야 한다. <신설 2004.3.12., 2005.8.4.>

⑨ 자치구·시·군의원선거구획정위원회는 선거구획정안을 마련함에 있어서 국회에 의석을 가진 정당과 당해 자치구·시·군의 의회 및 장에 대하여 의견진술의 기회를 부여하여야 한다. <신설 2005.8.4.>

⑩ 국회가 국회의원지역선거구에 관한 규정을 개정하거나, 시·도의회가 자치구·시·군의원지역구에 관한 조례를 개정하는 때에는 선거구획정위원회의 선거구획정안을 존중하여야 한다. <개정 2005.8.4.>

⑪ 국회의원선거구획정위원회의 구성 및 운영 그 밖에 필요한 사항은 국회규칙으로 정하며, 자치구·시·군의원선거구획정위원회의 구성 및 운영 그 밖에 필요한 사항은 대통령령으로 정한다. <개정 2005.8.4.>

제25조(국회의원지역구의 획정) ① 국회의원지역선거구(이하 "국회의원지역구"라 한다)는 시·도의 관할구역안에서 인구·행정구역·지세·교통 기타 조건을 고려하여 이를 획정하되, 자치구·시·군의 일부를 분할하여 다른 국회의원지역구에 속하게 하지 못한다. 다만, 제21조(국회의 의원정수)제1항 본문 후단의 요건을 갖추기 위하여 부득이한 경우에는 그러하지 아니하다. <개정 2004.3.12., 2012.2.29.>

② 국회의원지역구의 명칭과 그 구역은 별표 1과 같이 한다.

[2004.3.12. 법률 제7189호에 의하여 2001.10.25. 헌법재판소에서 헌법불합치 결정된 별표1을 개정함.]

[헌법불합치, 2012헌마192, 2014.10.30. 공직선거법(2012. 2. 29. 법률 제11374호로 개정된 것) 제25조 제2항 별표1 국회의원지역선거구구역표는 헌법에 합치되지 아니한다. 공직선거법(2012. 2. 29. 법률 제11374호로 개정된 것) 제25조 제2항 별표1 국회의원지역선거구구역표는 2015. 12. 31.을 시한으로 입법자가 개정할 때까지 계속 적용된다.]

제26조(지방의회의원선거구의 획정) ① 시·도의회의원지역선거구(이하 "시·도의원지역구"라 한다)는 인구·행정구역·지세·교통 그 밖의 조건을 고려하여 자치구·시·군(하나의 자치구·시·군이 2 이상의 국회의원지역구로 된 경우에는 국회의원지역구를 말하며, 행정구역의 변경으로 국회의원지역구와 행정구역이 합치되지 아니하게 된 때에는 행정구역을 말한다)을 구역으로 하거나 분할하여 이를 획정하되, 하나의 시·도의원지역구에서 선출할 지역구시·도의원정수는 1명으로 하며, 그 시·도의원지역구의 명칭과 관할구역은 별표 2와 같이 한다. <개정 1995.4.1., 2010.1.25.>

② 자치구·시·군의원지역구는 인구·행정구역·지세·교통 그 밖의 조건을 고려하여 획정하되, 하나의 자치구·시·군의원지역구에서 선출할 지역구자치구·시·군의원정수는 2인 이상 4인 이하로 하며, 그 자치구·시·군의원지역구의 명칭·구역 및 의원정수는 시·도조례로 정한다. <개정 2005.8.4.>

③ 제1항 또는 제2항의 규정에 따라 시·도의원지역구 또는 자치구·시·군의원지역구를 획정하는 경우 하나의 읍·면(「지방자치법」 제4조의2 제3항에 따라 행정면을 둔 경우에는 행정면을 말한다. 이하 같다)·동(「지방자치법」 제4조의2 제4항에 따라 행정동을 둔 경우에는 행정동을 말한다. 이하 같다)의 일부를 분할하여 다른 시·도의원지역구 또는 자치구·시·군의원지역구에 속하게 하지 못한다. <개정 1995.4.1., 2005.8.4., 2010.1.25.>

④ 자치구·시·군의원지역구는 하나의 시·도의원지역구 내에서 획정하여야 하며, 하나의 시·도의원지역구에서 지역구자치구·시·군의원을 4인 이상 선출하는 때에는 2개 이상의 지역선거구로 분할할 수 있다. <신설 2005.8.4.>

제27조(임기중 국회의원지역구를 변경한 때의 선거유예) 인구의 증감 또는 행정구역의 변경에 따라 별표 1의 개정에 의한 국회의원지역구의 변경이 있더라도 임기만료에 의한 총선거를 실시할 때까지는 그 증감된 국회의원지역구의 선거는 이를 실시하지 아니한다.

제28조(임기중 지방의회의 의원정수의 조정 등) 인구의 증감 또는 행정구역의 변경에 따라 지방의회의 의원정수·선거구 또는 그 구역의 변경이 있더라도 임기만료에 의한 총선거를 실시할 때까지는 그 증감된 선거구의 선거는 이를 실시하지 아니한다. 다만, 지방자치단체의 구역변경이나 설치·폐지·분할 또는 합병이 있는 때에는 다음 각호에 의하여 당해 지방의회의 의원정수를 조정하고, 제3호 단서·제5호 또는 제6호의 경우에는 증원선거를 실시한다. <개정 1995.4.1., 2005.8.4.>

1. 지방자치단체의 구역변경으로 선거구에 해당하는 구역의 전부가 다른 지방자치단체에 편입된 때에는 그 편입된 선거구에서 선출된 지방의회의원은 종전의 지방의회의원의 자격을 상실하고 새로운 지방의회의원의 자격을, 선거구에 해당하는 구역의 일부가 다른 지방자치단체에 편입된 때에는 그 편입된 구역이 속하게 된 선거구에서 선출된 지방의회의원은 그 구역이 변경된 날부터 14일 이내에 자신이 속할 지방의회를 선택하여 당해 지방의회에 서면으로 신고하여야 하며 그 선택한 지방의회가 종전의 지방의회가 아닌 때에는 종전의 지방의회의원의 자격을 상실하고 새로운 지방의회의원의 자격을 취득하되, 그 임기는 종전의 지방의회의원의 잔임기간으로 하며, 그 재임기간에는 제22조(시·도의회의 의원정수) 또는 제23조(자치구·시·군의회의 의원정수)의 규정에 불구하고 그 재직의원수를 각각 의원정수로 한다. 이 경우 새로운 지방의회의원의 자격을 취득한 지방의회의원의 주민등록이 종전의 지방자치단체의 관할구역안에 되어 있는 때에는 그 구역이 변경된 날부터 14일 이내에 새로운 지방자치단체의 관할구역으로 주민등록을 이전하여야 하며, 그 구역이 변경된 날부터 14일 이내에 자신이 속할 지방의회를 신고하지 아니한 때에는 그 구역이 변경된 날부터 14일이 되는 날 현재 당해 지방의회의원의 주민등록지를 관할하는 지방자치단체의 지방의회에 신고한 것으로 본다.

2. 2 이상의 지방자치단체가 합하여 새로운 지방자치단체가 설치된 때에는 종전의 지방의회의원은 같은 종류의 새로운 지방자치단체의 지방의회의원으로 되어 잔임기간 재임하며, 그 잔임기간에는 제22조 또는 제23조의 규정에 불구하고 그 재직의원수를 각각 의원정수로 한다.
3. 하나의 지방자치단체가 분할되어 2이상의 지방자치단체가 설치된 때에는 종전의 지방의회의원은 후보자등록당시의 선거구를 관할하게 되는 지방자치단체의 지방의회의원으로 되어 잔임기간 재임하며, 그 잔임기간에는 제22조 또는 제23조의 규정에 불구하고 그 재직의원수를 각각 의원정수로 한다. 이 경우 비례대표시·도의원은 당해 시·도가 분할·설치된 날부터 14일이내에 자신이 속할 시·도의회를 선택하여 당해 시·도의회에 서면으로 신고하여야 하고, 비례대표자치구·시·군의원은 당해 자치구·시·군이 분할·설치된 날부터 14일 이내에 자신이 속할 자치구·시·군의회를 선택하여 당해 자치구·시·군의회에 서면으로 신고하여야 한다. 다만, 재직의원수가 제22조 또는 제23조의 규정에 의한 새로운 의원정수의 3분의 2에 미달하는 때에는 의원정수에 미달하는 수만큼의 증원선거를 실시한다.
4. 시가 광역시로 된 때에는 종전의 시의회의원과 당해 지역에서 선출된 도의회의원은 종전의 지방의회의원의 자격을 각각 상실하고 광역시의회의원의 자격을 취득하되, 그 임기는 종전의 도의회의원의 잔임기간으로 하며, 그 잔임기간에는 제22조의 규정에 불구하고 그 재직의원수를 의원정수로 한다.
5. 읍 또는 면이 시로 된 때에는 시의회를 새로 구성하되, 최초로 선거하는 의원의 수는 당해 시·도의 자치구·시·군의원선거구획정위원회가 새로 정한 의원정수로부터 당해 지역에서 이미 선출된 군의회의원정수를 뺀 수로 하고, 종전의 당해 지역에서 선출된 군의회의원은 시의회의원이 된다. 이 경우 새로 선출된 의원정수를 합한 수를 제23조의 규정에 따른 시·도별 자치구·시·군의회의원의 총정수로 한다.
6. 제4호의 경우 자치구가 아닌 구가 자치구로 된 때에는 자치구의회를 새로 구성하며, 그 의원정수는 당해 시·도의 자치구·시·군의원선거구획정위원회가 새로 정한다. 이 경우 새로 정한 의원 정수를 합한 수를 제23조의 규정에 따른 시·도별자치구·시·군의회의원의 총정수로 한다.

제29조(지방의회의원의 증원선거) ① 제28조(임기중 지방의회의 의원정수의 조정 등)제3호 단서·제5호 또는 제6호의 규정에 의한 증원선거는 제22조(시·도의회의 의원정수)·제23조(자치구·시·군의회의 의원정수) 또는 제26조(지방의회의

원선거구의 획정)의 규정에 의하여 새로 획정한 선거구에 의하되, 종전 지방의회의원이 없거나 종전 지방의회의원의 수가 그 선거구의 의원정수에 미달되는 선거구에 대하여 실시한다.

② 제1항의 선거구획정에 있어서 종전 지방의회의원의 선거구는 그 의원의 후보자등록 당시의 주소지를 관할하는 선거구로 하며, 새로 획정한 하나의 선거구 안에 종전 지방의회의원의 수가 그 선거구의 새로 정한 의원정수를 넘는 때에는 임기만료에 의한 총선거를 실시할 때까지 제22조 또는 제23조의 규정에 불구하고 그 넘는 의원수를 합한 수를 당해 선거구의 의원정수로 한다.

③ 제1항의 증원선거에 관한 사무는 당해 구·시·군선거관리위원회가 설치되지 아니한 경우에는 시·도선거관리위원회가 지정하거나 그 구역을 관할하던 종전의 구·시·군선거관리위원회로 하여금 그 선거사무를 행하게 할 수 있다.

제30조(지방자치단체의 폐치·분합시의 선거 등) ① 지방자치단체의 설치·폐지·분할 또는 합병이 있는 때에는 다음 각호에 의하여 당해 지방자치단체의 장을 선거한다. <개정 1995.4.1.>

1. 시·자치구 또는 광역시가 새로 설치된 때에는 당해 지방자치단체의 장은 새로 선거를 실시한다.
2. 하나의 지방자치단체가 분할되어 2 이상의 같은 종류의 지방자치단체로 된 때에는 종전의 지방자치단체의 장은 새로 설치된 지방자치단체중 종전의 지방자치단체의 사무소가 위치한 지역을 관할하는 지방자치단체의 장으로 되며, 그 다른 지방자치단체의 장은 새로 선거를 실시한다. 이 경우 종전의 지방자치단체의 사무소가 다른 지방자치단체의 관할구역안에 있는 때에는 지방자치단체의 분할에 관한 법률제정시 새로 선거를 실시할 지방자치단체를 정하여야 한다.
3. 2 이상의 같은 종류의 지방자치단체가 합하여 새로운 지방자치단체가 설치된 때에는 종전의 지방자치단체의 장은 그 직을 상실하고, 새로운 지방자치단체의 장에 대해서는 새로 선거를 실시한다.
4. 지방자치단체가 다른 지방자치단체에 편입됨으로 인하여 폐지된 때에는 그 폐지된 지방자치단체의 장은 그 직을 상실한다.

② 지방자치단체의 명칭만 변경된 경우에는 종전의 지방자치단체의 장은 변경된 지방자치단체의 장이 되며, 변경 당시의 잔임기간 재임한다.

③ 이 법에서 "같은 종류의 지방자치단체"라 함은 「지방자치법」 제2조(지방자치단체의 종류)제1항에 의한 같은 종류의 지방자치단체를 말한다. <개정 2005.8.4.>

제31조(투표구) ① 읍·면·동에 투표구를 둔다.

② 구·시·군선거관리위원회는 하나의 읍·면·동에 2 이상의 투표구를 둘 수 있다. 이 경우 읍·면의 리(「지방자치법」 제4조의2 제4항에 따라 행정리를 둔 경우에는 행정리를 말한다. 이하 같다)의 일부를 분할하여 다른 투표구에 속하게 할 수 없다. <개정 2005.8.4., 2010.1.25.>

③ 투표구를 설치 또는 변경하거나 선거를 실시하는 때에는 구·시·군선거관리위원회는 중앙선거관리위원회규칙이 정하는 바에 따라 투표구의 명칭과 그 구역을 공고하여야 한다.

제32조(구역의 변경 등) ① 제37조(名簿作成)제1항의 선거인명부작성기준일부터 선거일까지의 사이에 선거구의 구역·행정구역 또는 투표구의 구역이 변경된 경우에도 당해 선거에 관한 한 그 구역은 변경되지 아니한 것으로 본다. <개정 2005.8.4.>

② 지방자치단체나 그 행정구역의 관할구역의 변경없이 그 명칭만 변경된 경우에는 별표 1·별표 2·별표 3 및 제26조(지방의회의원선거구의 획정)제2항의 규정에 의한 시·도조례중 국회의원지역구명·선거구명 및 그 구역의 행정구역명은 변경된 지방자치단체명이나 행정구역명으로 변경된 것으로 본다. <개정 2005.8.4.>

제4장 선거기간과 선거일

제33조(선거기간) ① 선거별 선거기간은 다음 각호와 같다. <개정 2002.3.7., 2004.3.12.>

1. 대통령선거는 23일
2. 국회의원선거와 지방자치단체의 의회의원 및 장의 선거는 14일
3. 삭제 <2002.3.7.>

② 삭제 <2004.3.12.>

③ “선거기간”이란 다음 각 호의 기간을 말한다. <개정 2011.7.28.>

1. 대통령선거: 후보자등록마감일의 다음 날부터 선거일까지
2. 국회의원선거와 지방자치단체의 의회의원 및 장의 선거: 후보자등록마감일 후 6일부터 선거일까지

[제목개정 2011.7.28.]

제34조(선거일) ① 임기만료에 의한 선거의 선거일은 다음 각호와 같다. <개정

1998.2.6., 2004.3.12.>

1. 대통령선거는 그 임기만료일전 70일 이후 첫번째 수요일
2. 국회의원선거는 그 임기만료일전 50일 이후 첫번째 수요일
3. 지방의회의원 및 지방자치단체의 장의 선거는 그 임기만료일전 30일 이후 첫번째 수요일

② 제1항의 규정에 의한 선거일이 국민생활과 밀접한 관련이 있는 민속절 또는 공휴일인 때와 선거일전일이나 그 다음날이 공휴일인 때에는 그 다음주의 수요일로 한다. <개정 2004.3.12.>

제35조(보궐선거 등의 선거일) ① 대통령의 궐위로 인한 선거 또는 재선거(제3항의 규정에 의한 재선거를 제외한다. 이하 제2항에서 같다)는 그 선거의 실시사유가 확정된 때부터 60일 이내에 실시하되, 선거일은 늦어도 선거일 전 50일까지 대통령 또는 대통령권한대행자가 공고하여야 한다. <개정 2009.2.12.>

② 보궐선거·재선거·증원선거와 지방자치단체의 설치·폐지·분할 또는 합병에 의한 지방자치단체의 장 선거는 다음 각 호에 따른다. <개정 2000.2.16., 2004.3.12., 2005.8.4., 2011.7.28.>

1. 지역구국회의원·지방의회의원 및 지방자치단체의 장의 보궐선거·재선거, 지방의회의원의 증원선거는 전년도 10월 1일부터 3월 31일까지의 사이에 그 선거의 실시사유가 확정된 때에는 4월중 마지막 수요일에 실시하고, 4월 1일부터 9월 30일까지의 사이에 그 선거의 실시사유가 확정된 때에는 10월중 마지막 수요일에 실시한다. 이 경우 선거일에 관하여는 제34조(선거일)제2항의 규정을 준용한다.
2. 지방자치단체의 설치·폐지·분할 또는 합병에 의한 지방자치단체의 장 선거는 그 선거의 실시사유가 확정된 때부터 60일 이내에 실시하되, 선거일은 관할선거구선거관리위원회위원장이 해당 지방자치단체의 장(직무대행자를 포함한다)과 협의하여 선거일 전 30일까지 공고하여야 한다.

③ 제197조(선거의 일부무효로 인한 재선거)의 규정에 의한 재선거는 확정판결 또는 결정의 통지를 받은 날부터 30일 이내에 실시하되, 관할선거구선거관리위원회가 그 재선거일을 정하여 공고하여야 한다.

④ 이 법에서 "보궐선거 등"이라 함은 제1항 내지 제3항 및 제36조(연기된 선거 등의 선거일)의 규정에 의한 선거를 말한다.

⑤ 이 법에서 "선거의 실시사유가 확정된 때"라 함은 다음 각호에 해당하는 날을 말한다. <개정 2000.2.16., 2004.3.12.>

1. 대통령의 궐위로 인한 선거는 그 사유가 발생한 날
2. 지역구국회의원의 보궐선거는 중앙선거관리위원회가, 지방의회의원 및 지방자치단체의 장의 보궐선거는 관할선거구선거관리위원회가 그 사유의 통지를 받은 날
3. 재선거는 그 사유가 확정된 날(법원의 판결 또는 결정에 의하여 확정된 경우에는 관할선거구선거관리위원회가 그 판결이나 결정의 통지를 받은 날). 이 경우 제195조(재선거)제2항의 규정에 의한 재선거에 있어서는 보궐선거의 실시사유가 확정된 때를 재선거의 실시사유가 확정된 때로 본다.
4. 지방의회의원의 증원선거는 새로 정한 선거구에 관한 별표 2 또는 시·도조례의 효력이 발생한 날
5. 지방자치단체의 설치·폐지·분할 또는 합병에 의한 지방자치단체의 장 선거는 당해 지방자치단체의 설치·폐지·분할 또는 합병에 관한 법률의 효력이 발생한 날
6. 연기된 선거는 제196조(선거의 연기)제3항의 규정에 의하여 그 선거의 연기를 공고한 날
7. 재투표는 제36조의 규정에 의하여 그 재투표일을 공고한 날

[제목개정 2011.7.28.]

第36조(연기된 선거 등의 선거일) 제196조(선거의 연기)의 규정에 의한 연기된 선거를 실시하는 때에는 대통령선거 및 국회의원선거에 있어서는 대통령이, 지방의회의원 및 지방자치단체의 장의 선거에 있어서는 관할선거구선거관리위원회위원장이 각각 그 선거일을 정하여 공고하여야 하며, 제198조(천재·지변 등으로 인한 재투표)의 규정에 의한 재투표를 실시하는 때에는 관할선거구선거관리위원회위원장이 재투표일을 정하여 공고하여야 한다. <개정 2000.2.16.>

<부록 7> 공직선거법 제108조 여론조사 결과 공표 금지

제108조(여론조사의 결과공표금지 등) ① 누구든지 선거일 전 6일부터 선거일의 투표마감시각까지 선거에 관하여 정당에 대한 지지도나 당선인을 예상하게 하는 여론조사(모의투표나 인기투표에 의한 경우를 포함한다. 이하 이 조에서 같다)의 경위와 그 결과를 공표하거나 인용하여 보도할 수 없다. <개정 1997.11.14., 2005.8.4.>

② 누구든지 선거일전 60일(선거일전 60일 후에 실시사유가 확정된 보궐선거등에서는 그 선거의 실시사유가 확정된 때)부터 선거일까지 선거에 관한 여론조사를 투표용지와 유사한 모형에 의한 방법을 사용하거나 후보자(후보자가 되고자 하는 자를 포함한다. 이하 이 조에서 같다) 또는 정당(창당준비위원회를 포함한다. 이하 이 조에서 같다)의 명의로 선거에 관한 여론조사를 할 수 없다. 다만, 제57조의2 제2항에 따른 여론조사는 그러하지 아니하다. <개정 1997.11.14., 2008.2.29., 2010.1.25.>

③ 다음 각 호의 어느 하나에 해당하는 자를 제외하고는 누구든지 선거일 전 180일부터 선거일의 투표마감시각까지 선거에 관하여 정당에 대한 지지도나 당선인을 예상하게 하는 여론조사(공표·보도를 목적으로 하지 아니하는 여론조사를 포함한다)를 실시하려면 여론조사의 목적, 표본의 크기, 조사지역·일시·방법, 전체 설문내용 등 선거여론조사기준으로 정하는 사항을 여론조사 개시일 전 2일까지 관할 선거관리위원회에 서면으로 신고하여야 한다. <신설 2010.1.25., 2014.2.13.>

1. 제3자로부터 여론조사를 의뢰받은 여론조사 기관·단체(제3자의 의뢰 없이 직접 하는 경우는 제외한다)
2. 정당[창당준비위원회와 「정당법」 제38조(정책연구소의 설치·운영)에 따른 정책연구소를 포함한다]
3. 「방송법」 제2조(용어의 정의)에 따른 방송사업자
4. 전국 또는 시·도를 보급지역으로 하는 「신문 등의 진흥에 관한 법률」 제2조(정의)에 따른 신문사업자 및 「잡지 등 정기간행물의 진흥에 관한 법률」 제2조(정의)에 따른 정기간행물사업자
5. 「뉴스통신 진흥에 관한 법률」 제2조(정의)에 따른 뉴스통신사업자
6. 제3호부터 제5호까지의 사업자가 관리·운영하는 인터넷언론사
7. 전년도 말 기준 직전 3개월 간의 일일 평균 이용자 수 10만명 이상인 인터넷

언론사

④ 관할 선거관리위원회는 제3항에 따른 신고 내용이 선거여론조사기준을 충족하지 못한다고 판단되는 때에는 여론조사실시 전까지 보완할 것을 요구할 수 있다. 이 경우 보완요구에 이의가 있는 때에는 관할 선거여론조사공정심의위원회에 서면으로 이의신청을 할 수 있다. ＜신설 2014.2.13.＞

⑤ 누구든지 선거에 관한 여론조사를 하는 경우에는 피조사자에게 여론조사기관·단체의 명칭, 주소 또는 전화번호와 조사자의 신분을 밝혀야 하고, 해당 조사대상의 전계층을 대표할 수 있도록 피조사자를 선정하여야 하며, 다음 각 호의 어느 하나에 해당하는 행위를 하여서는 아니된다. ＜신설 1997.11.14., 2010.1.25., 2012.2.29., 2014.2.13.＞

1. 특정 정당 또는 후보자에게 편향되도록 하는 어휘나 문장을 사용하여 질문하는 행위
2. 피조사자에게 응답을 강요하거나 조사자의 의도에 따라 응답을 유도하는 방법으로 질문하거나, 피조사자의 의사를 왜곡하는 행위
3. 오락 기타 사행성을 조장할 수 있는 방법으로 조사하는 행위
4. 피조사자의 성명이나 성명을 유추할 수 있는 내용을 공개하는 행위

⑥ 누구든지 선거에 관한 여론조사의 결과를 공표 또는 보도하는 때에는 조사의뢰자와 조사기관·단체명, 피조사자의 선정방법, 표본의 크기(연령대별·성별 표본의 크기를 포함한다), 조사지역·일시·방법, 표본오차율, 응답률, 질문내용, 조사된 연령대별·성별 표본 크기의 오차를 보정한 방법 등을 함께 공표 또는 보도하여야 하며, 선거에 관한 여론조사를 실시한 기관·단체는 조사설계서·피조사자 선정·표본추출·질문지작성·결과분석 등 조사의 신뢰성과 객관성의 입증에 필요한 자료와 수집된 설문지 및 결과분석자료 등 해당 여론조사와 관련있는 자료일체를 해당 선거의 선거일 후 6개월까지 보관하여야 한다. ＜신설 1997.11.14., 2010.1.25., 2012.2.29., 2014.2.13.＞

⑦ 선거일 전 180일부터 선거일의 투표마감시각까지 선거에 관하여 정당에 대한 지지도나 당선인을 예상하게 하는 여론조사를 실시한 기관·단체가 해당 여론조사 결과를 공표·보도하려는 때에는 그 전에 해당 여론조사의 조사설계서·피조사자선정·표본추출·질문지작성·결과분석 등 선거여론조사기준으로 정하는 사항을 중앙선거여론조사공정심의위원회 홈페이지에 등록하여야 한다. ＜개정 2014.2.13.＞

⑧ 누구든지 다음 각 호의 어느 하나에 해당하는 행위를 하여서는 아니 된다.

<신설 2014.2.13.>

1. 선거일 전 180일부터 선거일의 투표마감시각까지 제7항에 따라 중앙선거여론조사공정심의위원회 홈페이지에 등록되지 아니한 선거에 관하여 정당에 대한 지지도나 당선인을 예상하는 여론조사 결과를 공표 또는 보도하는 행위
2. 선거여론조사기준을 따르지 아니하고 공표 또는 보도를 목적으로 선거에 관하여 정당에 대한 지지도나 당선인을 예상하게 하는 여론조사를 하거나 그 결과를 공표 또는 보도하는 행위

⑨ 다음 각 호의 어느 하나에 해당하는 때에는 해당 여론조사를 실시한 기관·단체에 제6항에 따라 보관 중인 여론조사와 관련된 자료의 제출을 요구할 수 있으며, 그 요청을 받은 기관·단체는 지체 없이 이에 따라야 한다. <신설 2012.2.29., 2014.2.13.>

1. 관할 선거구선거관리위원회가 공표 또는 보도된 여론조사와 관련하여 이 법을 위반하였다고 인정할 만한 상당한 이유가 있다고 판단되는 때
2. 선거여론조사공정심의위원회가 공표 또는 보도된 여론조사결과의 객관성·신뢰성에 대하여 정당 또는 후보자로부터 서면으로 이의신청을 받거나 제8조의8 제7항 제2호에 따른 심의를 위하여 필요하다고 판단되는 때

⑩ 누구든지 야간(오후 10시부터 다음 날 오전 7시까지를 말한다)에는 전화를 이용하여 선거에 관한 여론조사를 실시할 수 없다. <신설 2010.1.25., 2012.2.29., 2014.2.13.>

⑪ 여론조사의 신고, 이의신청, 자료제출 요구 절차, 그 밖에 필요한 사항은 중앙선거관리위원회규칙으로 정한다. <신설 2012.2.29., 2014.2.13.>

찾아보기

[저자 약력]

김 욱

연세대학교 정치외교학 학사
미국 아이오와대학교(University of Iowa) 정치학 석사 및 박사
전) 미국 아이오와주립대학교(Iowa State University) 강사
현대경제연구원 연구위원
스웨덴 남스톡홀름대학교 교환교수
한국선거학회 회장
현) 배재대학교 정치언론안보학과 교수
한국지방정치학회 회장
한국사회과학데이터센터 부소장

주요 논문

2002. "선거와 정치주식시장."「한국정치학회보」.
2004. "한국 지역주의의 지역별 특성과 변화 가능성: 대전 충청 지역을 중심으로."「21세기정치학회보」.
2005. "An Analysis of the 16th Presidential Election in Korea."「選擧研究」.
2006. "쉬운 참여와 어려운 참여: 대전과 목포지역 젊은이의 가치정향과 정치참여."「정치정보연구」.(공저)
2009. "정치문화의 변동과 가치갈등: 탈물질주의를 중심으로."「21세기정치학회보」.
2010. "촛불시위와 한국 시위문화의 변동."「한국정당학회보」.
2010. "Comparing Voting Participation in Korea and Taiwan: With Focus on the Effects of Macro Factors on the Micro Level Relationships."「비교민주주의연구」.(공저)
2013. "The Stability and Volatility of Partisan Support among Korean Voters."「비교민주주의연구」.
2013. "투표참여와 다른 유형의 정치참여 간의 연계성 분석."「정치.정보연구」.
2014. "A Comparative Study of the Linkage between Voting Participation and Other Forms of Participation."「세계지역연구논총」.

주요 저서

1998.「한국의 선거2: 제15대 대통령선거를 중심으로」(공저). 서울: 푸른길.
1999.「한국의 선거3: 1998년 지방선거를 중심으로」(공저). 서울: 푸른길.
2002.「한국의 선거4」(공저). 서울: 한국사회과학데이터센터.
2002.「한국의 선거제도1」(공저). 서울: 한국사회과학데이터센터.
2005.「한국시민의식의 동태」(공저). 일본 동경: 게이오대학.
2005.「정치참여와 탈물질주의: 한국과 스웨덴의 비교」. 서울: 집문당.
2006.「한국의 선거5」(공저). 서울: 오름.
2009.「18대 총선 현장리포트」(공저). 서울: 푸른길.
2011.「한국의 선거 60년: 이론과 실제」(공저). 서울: 오름.
2012.「한국의 사회변동과 탈물질주의」(공저). 서울: 오름.
2016.「미국정치와 정부」(역서). 서울: 명인문화사.

한국의 선거 60년사 ④

노태우, 김영삼 정부의 선거:
민주화 과정의 출발과 지역주의의 폭발

초판인쇄 2016년 11월 15일
초판발행 2016년 11월 20일

지은이 김 욱
펴낸이 김중용

총괄기획 박노일
편 집 심성보 · 김인숙

펴낸곳 마인드탭 MIND TAP
경기도 파주시 책향기로 441, 1004동 1004호(동패동, 책향기마을)
등록 제406-2014-000093호
전 화 070)7550-3758 팩 스 02)718-8554
홈페이지 www.mindtap.co.kr 이메일 pnc@pncmedia.co.kr
ISBN 979-11-86672-41-9 94340
979-11-86672-36-5 (세트)

※ 마인드탭은 피앤씨미디어의 자매 브랜드입니다.

정 가 20,000원